Venturi, Scott Brown and associates

Editorial Gustavo Gili, S.A.

08029 Barcelona Rosselló, 87-89. Tel. 322 81 61
México, Naucalpan 53050 Valle de Bravo, 21. Tel. 560 60 11

venturi scott brown
and associates

Frederic Schwartz / Carolina Vaccaro

GG®

Traducción del italiano, autorizada por Nicola Zanichelli Editore, S.p.A., Bologna/
Authorized translation from Italian language edition published by Zanichelli

Traducción/Translation
Carlos Sáenz de Valicourt/Graham Thomson

Concepto gráfico de la cubierta/Cover graphic concept
Quim Nolla

Coordinación editorial de/Edited by
Anna Piccinini

Ninguna parte de esta publicación, incluido el diseño de la cubierta, puede reproducirse, almacenarse o transmitirse de ninguna forma, ni por ningún medio, sea éste eléctrico, químico, mecánico, óptico, de grabación o de fotocopia, sin la previa autorización escrita por parte de la Editorial. La editorial no se pronuncia, ni expresa ni implícitamente, respecto a la exactiud de la información contenida en este libro, razón por la cual no puede asumir ningún tipo de responsabilidad en caso de error u omisión.

All rights reserved. No part of this work covered by the copyright hereon may be reproduced or used in any form or by any means —graphic, electronic, or mechanical, including photocopying, recording, taping, or information storage and retrieval systems— without written permission of the publisher. The publisher makes no representation, express or implied, with regard to the accuracy of the information contained in this book and cannot accept any legal responsibility or liability for any errors or omissions that may be made.

© 1991 Nicola Zanichelli Editore, S.p.A., Bologna
   and for this updated edition Editorial Gustavo Gili, S.A., Barcelona 1995

ISBN: 84-252-1626-5
Depósito legal: B. 14.628-1995
Printed in Spain by Ingoprint, S.A. - Barcelona

Índice

8	Introducción
20	Agradecimientos
22	Casa James B. Duke, Instituto de Bellas Artes, Universidad de Nueva York, Nueva York, NY.
24	Casa en la playa. Proyecto.
27	Casa Vanna Venturi, Chestnut Hill, Filadelfia, PA.
32	Franklin Delano Roosevelt Memorial Park, Washington, DC. Proyecto de concurso.
34	Sede social para la North Penn Visiting Nurses' Association, Ambler, PA.
36	Guild House, Filadelfia, PA.
38	Restaurante Grand´s, Filadelfia, PA.
40	Ayuntamiento de North Canton, OH. Proyecto.
42	Copley Square, Boston, MA. Proyecto de concurso.
44	Consultorio médico Varga-Brigio, Bridgeton, NJ.
46	Parque de bomberos n°. 4, Columbus, OH.
48	Casa Frug, Princeton, NJ. Primer proyecto.
50	Casa Frug, Princeton, NJ. Segundo proyecto.
52	National Football Hall of Fame, Rutgers University, New Brunswick, NJ. Proyecto de concurso.
55	Parque de bomberos Dixwell, New Haven, CT.
57	Casa Lieb, Loveladies, NJ.
60	Casa Hersey, Hyannisport, MA. Proyecto.
62	Casa D'Agostino, Clinton, NY. Proyecto.
64	Casa Wike, Devon, PA. Proyecto.
66	Iglesia de San Francisco de Sales, Filadelfia, PA.
68	Plan urbanístico para South Street, Filadelfia, PA. Proyecto.
70	Edificio para el Departamento de Humanidades, Universidad del Estado de Nueva York, Purchase, NY.
72	Edificio para el Departamento de Matemáticas, Universidad de Yale, New Haven, CT. Proyecto de concurso.
76	Centro cívico, Thousand Oaks, CA. Proyecto de concurso.
78	Plan urbanístico para California City, CA. Proyecto.
80	Casa Trubek y Casa Wislocki, Nantucket Island, MA.
84	Casa Brant, Greenwich, CT.
86	Franklin Court, Filadelfia, PA.
88	Exposición Internacional del Bicentenario, Filadelfia, PA. Proyecto.
90	Estudio sobre las afueras de la ciudad, Filadelfia, PA.
91	Museo de Arte Allen Memorial, Oberlin, OH.

Index

8	Introduction
20	Acknowledgments
22	James B. Duke House, Institute of Fine Arts, New York University, New York, NY.
24	House on the Beach. Project.
27	Vanna Venturi House, Chestnut Hill, Philadelphia, PA.
32	Franklin Delano Roosevelt Memorial Park, Washington, DC. Competition project.
34	Headquarters for the North Penn Visiting Nurses' Association, Ambler, PA.
36	Guild House, Philadelphia, PA.
38	Grand's Restaurant, Philadelphia, PA.
40	North Canton City Hall, OH. Project.
42	Copley Square, Boston, MA. Competition project.
44	Varga-Brigio Medical Office, Bridgeton, NJ.
46	Fire Station n°. 4, Columbus, OH.
48	Frug House, Princeton, NJ. First project.
50	Frug House, Princeton, NJ. Second project.
52	National Football Hall of Fame, Rutgers University, New Brunswick, NJ. Competition project.
55	Dixwell Fire Station, New Haven, CT.
57	Lieb House, Loveladies, NJ.
60	Hersey House, Hyannisport, MA. Project.
62	D'Agostino House, Clinton, NY. Project.
64	Wike House, Devon, PA. Project.
66	Saint Francis de Sales Church, Philadelphia, PA.
68	Urban plan for South Street, Philadelphia, PA. Project.
70	Humanities Department Building, State University of New York, Purchase, NY.
72	Mathematics Building, Yale University, New Haven, CT. Competition project.
76	Civic Center, Thousand Oaks, CA. Competition project.
78	Urban Plan for California City, CA. Project.
80	Trubek House and Wislocki House, Nantucket Island, MA.
84	Brant House, Greenwich, CT.
86	Franklin Court, Philadelphia, PA.
88	Bicentennial International Exhibition, Philadelphia, PA. Project.
90	City Edges Study, Philadelphia, PA.
91	Allen Memorial Art Museum, Oberlin, OH.
94	Faculty Club, Penn State University, State College, PA.
96	Tucker House, Westchester County, NY.
99	Brant-Johnson House, Vail, CL.
102	Brant House, Tuckers Town, Bermuda.
105	Eclectic Houses. Theoretical study.

94	Faculty Club, Universidad del Estado de Pensilvania, State College, PA.		107	Western Plaza, Washington, DC.
96	Casa Tucker, Westchester County, NY.		109	Marlborough-Blenheim Hotel and Casino, Atlantic City, NJ. Addition and Restoration project.
99	Casa Brant-Johnson, Vail, CL.			
102	Casa Brant, Tuckers Town, Bermuda.		110	Best Showroom, Oxford Valley, Philadelphia, PA.
105	Casas eclécticas. Estudio teórico.			
107	Western Plaza, Washington, DC.		112	Showroom for Basco, Philadelphia, PA.
109	Hotel y casino Marlborough-Blenheim, Atlantic City, NJ. Proyecto de ampliación y restauración.		113	Visitors' Center, Hartwell Lake, GA. Competition project.
			115	Science Museum, Charlotte, NC. Project.
110	Salón de exposiciones de productos Best, Oxford Valley, Filadelfia, PA.		116	Nichol's Alley Jazz Club, Houston, TX. Project.
112	Salón de exposiciones para Basco, Filadelfia, PA.		118	Urban Renewal Plan for Washington Avenue, Miami Beach, FL.
113	Centro de Visitantes, Hartwell Lake, GA. Proyecto de concurso.		119	Urban Design Plan for Princeton, NJ. Project.
115	Museo de la Ciencia, Charlotte, NC. Proyecto.		120	House inspired by Mount Vernon, Greenwich, CT. Project.
116	Club de jazz Nichol's Alley, Houston, TX. Proyecto.		122	Country House, New Castle County, DL.
			125	Coxe-Hayden House and Studio, Block Island, RI.
118	Plan urbanístico de recuperación para Washington Avenue, Miami Beach, FL.		128	Furniture for Knoll International, New York, NY.
119	Plan de desarrollo para Princeton, NJ. Proyecto.		130	Museum of Decorative Arts, Frankfurt-am-Main, Germany. Competition project.
120	Casa inspirada en Mount Vernon, Greenwich, CT. Proyecto.		132	Westway State Park and Highway Project, New York, NY.
122	Casa de campo, New Castle County, DL.			
125	Casa y estudio Coxe-Hayden, Block Island, RI.		134	Urban Rehabilitation Plan for Hennepin Avenue, Minneapolis, MN. Project.
128	Muebles para Knoll International, Nueva York, NY.		135	Tree House, Childrens' Zoo, Philadelphia, PA.
130	Museo de Artes Decorativas, Frankfurt am Main, Alemania. Proyecto de concurso.		137	Gordon Wu Hall, Butler College, Princeton University, NJ.
			141	Commercial and Residential Building, Khulafa Street, Baghdad, Iraq. Project
132	Westway State Park, Nueva York, NY. Proyecto.		143	Mosque, Baghdad, Iraq. Competition project.
134	Plan de rehabilitación urbana para Hennepin Avenue, Minneapolis, MN. Proyecto.		147	Laguna Gloria Art Museum, Austin, TX. Project.
135	Tree House (Zoo para niños), Filadelfia, PA.		149	Lewis Thomas Molecular Biology Laboratories, Princeton University, NJ.
137	Gordon Wu Hall, Butler College, Universidad de Princeton, NJ.		151	Kalpakjian House, Glen Clove, NY.
141	Edificio comercial y residencial en Khulafa Street, Bagdad, Irak. Proyecto		154	Urban Plan for Republic Square, Austin, TX.
			155	Urban Plan for the Center of Memphis, TN.
143	Mezquita en Bagdad, Irak. Proyecto de concurso.		157	The Big Apple, Times Square, New York, NY. Project.
147	Museo de Arte Laguna Gloria, Austin, TX. Proyecto.		159	Obelisk for the exhibition *Progetto Roma*, Rome, Italy. Project.
149	Laboratorios de Biología molecular Lewis Thomas, Universidad de Princeton, NJ.		160	Furniture for ARC, New York, NY.
			161	*Italian Village* tea service for Swid Powell, New York, NY.
151	Casa Kalpakjian, Glen Clove, NY.			
154	Plan urbanístico para Republic Square, Austin, TX.		162	Set of porcelain for Swid Powell, New York, NY.
155	Plan urbanístico para el centro de Memphis, TN.		163	Ponte dell'Accademia, Venice Biennale, Venice, Italy. Competition project.
157	La Gran Manzana, Times Square, Nueva York, NY. Proyecto.		164	Monument in Marconi Plaza, Philadelphia, PA.
159	Obelisco para la exposición *Progetto Roma*, Roma, Italia. Proyecto.		166	Clinical Research Building, University of Pennsylvania, Philadelphia, PA.
160	Muebles para ARC, Nueva York, NY.		168	Sainsbury Wing, National Gallery, London, England.
161	Juego de té *Italian Village* para Swid Powell, Nueva York, NY.			
162	Juego de porcelana para Swid Powell, Nueva York, NY.		174	Seattle Museum of Art, Seattle, WA.
			178	San Diego Museum of Contemporary Art, La Jolla, CA.
163	Puente de la Academia, Bienal de Venecia, Italia. Proyecto de concurso.		180	Fisher and Bendheim Hall, Princeton University, NJ.

164	Monumento en Marconi Plaza, Filadelfia, PA.		183	Gordon and Virginia MacDonald Medical Research Laboratories, University of California, Los Angeles, CA.
166	Edificio de Investigaciones clínicas, Universidad de Pensilvania, Filadelfia, PA.		185	House in Seal Harbour, MA.
168	Ala Sainsbury, National Gallery, Londres, Gran Bretaña.		189	Philadelphia Orchestra Hall, Philadelphia, PA.
174	Museo de Arte de Seattle, WA.		195	Campus Plan for Dartmouth College, Hanover, NH. Project.
178	Museo de Arte Contemporáneo de San Diego, La Jolla, CA.		197	Cuckoo clock for Alessi, Italy.
180	Fisher and Bendheim Hall, Universidad de Princeton, NJ.		198	United States pavilion for Expo'92, Seville, Spain. Competition project.
183	Laboratorios de Investigación médica Gordon and Virginia MacDonald, Universidad de California, Los Ángeles, CA.		202	Restoration of the Furness Building, University of Pennsylvania, Philadelphia, PA.
185	Casa en Seal Harbour, MA.		206	West Foyer Renovation, Philadelphia Museum of Art, PA.
189	Philadelphia Orchestra Hall, Filadelfia, PA.		208	MASS MoCA, North Adams, MA.
195	Plan urbanístico para Dartmouth College, Hanover, NH. Proyecto.		210	Christopher Columbus Monument, Philadelphia, PA.
197	Reloj de cuco para Alessi, Italia.		212	Memorial Hall, Harvard University, Cambridge, MA.
198	Pabellón de Estados Unidos para la Expo'92, Sevilla, España. Proyecto de concurso.		216	The Charles P. Stevenson, Jr. Library, Bard College, Annandale-on-Hudson, NY.
202	Biblioteca Furness, Universidad de Pensilvania, Filadelfia, PA.		220	Princeton Club of New York, New York, NY.
206	Restauración del vestíbulo oeste, Museo de Arte de Filadelfia, PA.		222	The Children's Museum of Houston, Houston, TX.
208	MASS MoCA, North Adams, MA.		226	Institute for Advanced Science and Technology Phase I Research Laboratory Building, University of Pennsylvania, Philadelphia, PA.
210	Monumento a Cristobal Colón, Filadelfia, PA.			
212	Memorial Hall, Universidad de Harvard, Cambridge, MA.		228	Perris Civic Center, CA.
216	Biblioteca Charles P. Stevenson, Jr., Bard College, Annandale-on-Hudson, NY.		230	Center for the Study of Human Disease, Yale School of Medicine, New Haven, CT.
220	Princeton Club of New York, NY.		232	Stedelijk Museum, Amsterdam, Netherlands.
222	Museo infantil de Houston, TX.		234	ICA Exhibition, Institute of Contemporary Art, University of Pennsylvania, PA.
226	Edificio del laboratorio de investigación, Institute for Advanced Science and Technology (Fase I), Universidad de Pensilvania, PA.		236	The New York City Police Academy Competition, South Bronx, NY.
228	Centro Cívico Perris, CA.		238	Reedy Creek Fire Station, Disney World, Orlando, FL.
230	Centro para el estudio de las enfermedades humanas, Facultad de Medicina de Yale, New Haven, CT.		239	Regional Government Building for Toulouse, France.
232	Museo Stedelijk, Amsterdam, Holanda.		242	The New Student Center Complex, University of Delaware, Newark, DL.
234	Exposición ICA, Instituto de Arte Contemporáneo, Universidad de Pensilvania, PA.		244	Civic Center Cultural Complex, Denver, CL.
236	Academia de adiestramiento para la Policía de Nueva York, South Bronx, NY.		248	Whitehall Ferry Terminal, New York, NY.
238	Sede para los servicios de emergencia de la Reedy Creek, Walt Disney World, Orlando, FL.		252	Times Square Hotel, New York, NY.
			254	Biographies
239	Hôtel du Departement de Haute Garonne, Toulouse, Francia.		260	Chronology of buildings and projects
			270	Principal writings by Robert Venturi and Denise Scott Brown
242	The New Student Center Complex, Universidad de Delaware, Newark, DL.			
244	Civic Center Cultural Complex, Denver, CL.			
248	Terminal del Transbordador Whitehall, Nueva York, NY.			
252	Hotel Times Square, Nueva York, NY.			
254	Biografías			
260	Cronología de obras y proyectos			
270	Principales escritos de Robert Venturi y Denise Scott Brown			

Introducción

Hacia una arquitectura, de Le Corbusier, y *Complejidad y contradicción en la arquitectura*, de Robert Venturi, son los dos textos teóricos que más han influido en la arquitectura moderna y contemporánea. Ambos provocaron —el primero, en 1923; el segundo, en 1966— un estado de desorientación en sus respectivos panoramas arquitectónicos. Acogidos por la crítica como verdaderos tratados de arquitectura, lo que tienen en común ambos textos, aparte de su carácter polémico y vanguardista, es el tipo de planteamiento estético de la historia de la arquitectura que establecen sus autores. Ambos utilizan la historia como fuente natural del proyecto, y las cualidades ideológicas de ella inferidas son, en gran medida, el resultado de una intuición estética. Stanislaus von Moos subraya que *Complejidad y contradicción* supone la tentativa de dar un criterio teórico al uso del análisis estético en arquitectura, estableciendo una consonancia entre la historia y la realidad actual; en ese sentido, no produce una fractura con la tradición moderna, sino que se inscribe en la continuidad de una particular obsesión que aquélla siempre ha tenido, la de aprender de la experiencia histórica a la luz de las cuestiones estéticas.

Es pues un libro sobre la forma, en el que las arquitecturas del pasado, vistas a través de un análisis y una comparación crítica, pueden ser leídas —mediante una nueva clave— en relación al presente. No es casual que Venturi escribiera, en su prefacio a la segunda edición (1977), que habría preferido ponerle como título *Complejidad y contradicción en la forma arquitectónica*.

Si las teorías de Le Corbusier representaron el manifiesto «heroico» de un vuelco total en la manera de hacer arquitectura, Venturi, enlazando con un sentimiento pluralístico y fenomenológico típicamente americano, se plantea de manera absolutamente «antiheroica» un *manifiesto amable*.

«Me gustan la complejidad y la contradicción en arquitectura. Pero me desagradan la incoherencia y la arbitrariedad de la arquitectura incompetente y las rebuscadas complicaciones del pintoresquismo o el expresionismo. En su lugar, me refiero a una arquitectura compleja y contradictoria, basada en la riqueza y ambigüedad de la expe-

Introduction

Towards an Architecture by Le Corbusier and *Complexity and Contradiction in Architecture* by Robert Venturi are the two theoretical texts which have exercised the greatest influence on modern and contemporary architecture. Both provoked —the first in 1923, the second in 1966— a sense of disorientation in the architectural panorama of the time.

Hailed by the critics as authentic treatises on architecture, what these two texts have in common, apart from their polemical and avant-garde character, is the type of aesthetic approach to the history of architecture adopted by their respective authors. Both turn to history as the natural source of the project, and take the ideological qualities derived from this source as largely the product of aesthetic intuition. Stanislaus von Moos emphasizes the way in which *Complexity and Contradiction* represents an attempt at providing a theoretical criteria for the use of aesthetic analysis in architecture, establishing a dialogue between history and present-day reality; in this regard, the book should be read not as marking a break with the modern tradition but as belonging within the continuity of a particular idea which has an ongoing presence in that tradition: that of learning from the experience of history as a means of approaching aesthetic questions.

It is a book which deals with the ways in which the architecture of the past, understood through comparative critical analysis, may be read using a new key — the relation to the present. It is significant that in the preface to the second edition of the book (1977) Venturi remarks that he would have preferred a rather different title: *Complexity and Contradiction in Architectonic Form*.

If Le Corbusier's theories represented the "heroic" manifesto of a total revolution in the way of making architecture, Venturi, linking in to a pluralistic and phenomenological sentiment that is typically American, here presents us in absolutely "anti-heroic" fashion with a *friendly manifesto* .

"I like complexity and contradiction in architecture. I do not like the incoherence or arbitrariness of incompetent architecture nor the precious intricacies of picturesqueness or expressionism. Instead, I speak of a complex and contradictory architecture based on

riencia moderna, incluyendo la experiencia que es intrínseca al arte [...]. Ésta [la arquitectura] debe incorporar la difícil unidad de la inclusión, en lugar de la fácil unidad de la exclusión. "Más no es menos" (*more is no less*). En esta última sentencia queda explícita la polémica con la ortodoxia del Movimiento Moderno.»

La «difícil unidad de la inclusión» evoca una arquitectura de la adaptación continua, la idea de una arquitectura *apropiada*. El concepto de arquitectura *apropiada*, repite a menudo Venturi, expresa las múltiples formas a través de las cuales ésta logra establecer conexiones con el contexto, la historia, la tradición disciplinar y las circunstancias. No es nada más que el principio del ajuste continuo, fruto del conocimiento de que el espacio se conforma por inclusión de fragmentos, de la contradicción, de la improvisación, y por las tensiones que todos ellos producen. Un principio similar se extiende inevitablemente a la escala de la ciudad, y de ahí la sustancial inspiración que Venturi extrae de las fachadas de la ciudad italiana, con sus interminables ajustes a las contradictorias exigencias interiores y exteriores.

Las fuentes literarias de Venturi nos iluminan sobre algunas cuestiones. Thomas Eliot y William Empson son citados, respectivamente, a propósito del concepto de tradición como una secuencia de obras modificadas por cada nueva obra que se agrega a la anterior, y el elogio de la ambigüedad como «efecto» de una visión ecléctica y empírica. Para Eliot, no compete al poeta encontrar nuevos sentimientos, sino utilizar los sentimientos cotidianos y, una vez elaborados, extraer de ellos sensaciones que no están presentes en la realidad de los sentimientos. Escribe Venturi: «Los poetas, coincidiendo con Eliot, emplean aquella leve, perpetua alteración del lenguaje, palabras permanentemente yuxtapuestas en combinaciones nuevas e inesperadas». Este planteamiento equivale a decir que un nuevo producto demasiado parecido a los del pasado no nos hará adelantar; pero también, que un producto demasiado diferente no nos resulta aprehensible.

En *Seven Types of Ambiguity* [Siete tipos de ambigüedad], Empson se atrevió a considerar lo que siempre se había tildado de deficiencia de la poesía, la imprecisión de significado, como su principal virtud. La ambigüedad se inscribe en la tradición de búsqueda empírica típica del pensamiento anglosajón y norteamericano. No en vano, la poesía americana se ha ejercido siempre en

the richness and ambiguity of modern experience, including that experience which is inherent in art. [...] [Architecture] must embody the difficult unity of inclusion rather than the easy unity of exclusion. More is not less." This last sentence gives explicit statement to Venturi's critique of the orthodoxy of the Modern Movement.

The "difficult unity of inclusion" evokes an architecture of continual adaptation, the idea of an *appropriate* architecture. The concept of *appropriate* architecture, as Venturi is so fond of saying, expresses the multiplicity of forms through which architecture contrives to establish connections with the context, history, the tradition of the discipline and the specific circumstances. It is simply the principle of continual adjustment, product of the understanding that space is formed from the inclusion of fragments, from contradiction, from improvisation, and from the tensions to which these give rise. A similar principle is inevitably extended onto the city scale, which brings us to the substantial inspiration Venturi draws from the facades of the Italian city, with their numerous adjustments to the competing and contradictory interior and exterior demands.

Venturi's literary sources sheds light on a number of questions. T. S. Eliot and William Empson are respectively summoned to voice the concept of tradition as the sequence of works modified by the addition of each new work to its predecessors, and in praise of ambiguity as an "effect" of an eclectic and empirical vision. For Eliot, the poet's task is not to discover new emotions, but to employ everyday feelings in order to draw forth from sensations that are not to be found in the everyday reality of feelings. Venturi writes, "Poets, according to Eliot, employ 'that perpetual slight alteration of language, words permanently juxtaposed in new and sudden combinations". This approach amounts to saying, on the one hand, that a new product which too closely resembles those of the past does not move us forward; but on the other hand it also means that a product which is too different will be incomprehensible.

In *Seven Types of Ambiguity*, Empson dared to propose that what had always been considered poetry's great defect, imprecision of meaning, might be its greatest virtue. Ambiguity is thus inscribed in a tradition of empirical investigation that is central to British and American thinking. And it is surely significant that American poetry has always resisted to the European concept of the "masterwork"; indeed, from Whitman to Stevens it

oposición al concepto europeo de «obra maestra»; en efecto, desde Whitman hasta Stevens, podríamos encontrar toda una tradición de la imperfección.

Así pues, para Venturi no se trata tanto de encontrar nuevas formas, como de trabajar con las ya existentes, en «combinaciones nuevas e inesperadas». Esta visión lleva implícita la libre y constante utilización que hacen los arquitectos de los elementos convencionales. En muchos de sus proyectos, el empleo de la ventana cuadrada —por ejemplo, en la casa para Vanna Venturi o en el Parque de bomberos n.º 4— tiene principalmente motivos simbólicos. El aislamiento de ciertos elementos convencionales, como subraya von Moos, obliga al observador a percibirlos estéticamente, como formas puras, análogamente a lo que hizo Jasper Johns con la bandera americana. Sobre la recuperación del concepto de imprecisión de significado, emerge una postura que alinea en idéntico plano cuestiones primarias y aspectos secundarios o marginales —e incluso irrelevantes— que tradicionalmente habían sido escasamente considerados. Con la caracterización de los fenómenos contradictorios en arquitectura —el fenómeno e-e (elementos con doble significado), el elemento de doble función, la idea de que el significado de una arquitectura reside en el contraste, el uso de elementos convencionales de manera no convencional—, Venturi muestra en el libro casi todas las fuentes históricas importantes de su obra; de ellas surge la predilección por ciertos períodos históricos y por algunos de sus personajes. Ante todo, el Manierismo, que por su papel desacralizador indudablemente ha desarrollado en los autores una voluntad de examinar con nuevos ojos lo que los arquitectos consideraban como «feo» o «desviado»; el Barroco, en el que el factor rigurosamente geométrico constituye un medio de la composición, pero no el fin; el Rococó, como manifestación exasperada de la quebrantación de un estilo; e incluso Miguel Ángel y Palladio (en cierta medida, este último tal vez constituya la influencia más importante en sentido histórico, porque, como sostiene Denise Scott Brown, Palladio juega un papel importante en la arquitectura americana); obviamente, Borromini; y, finalmente, Hawksmoor, Vanbrugh, Soane y Lutyens, una generación de arquitectos ingleses en cuya obra predominó la calidad de la paradoja, de la ambigüedad y de la protesta vernácula frente al formalismo de aquella época. Entre los modernos, Sullivan y Furness, y, sobre todo, Le Corbusier y Alvar Aalto,

presents us with an entire tradition of the imperfect.

Thus, for Venturi the object is not to discover new forms, but to work with existing forms in "new and sudden combinations". This approach is implicit in the free use of conventional elements to which architects continually resort. In many of Venturi's projects, the use of the square window —as, for example, in the Vanna Venturi House or in Fire Station n°. 4— has a primarily symbolic function. The isolation of certain conventional elements, as von Moos remarks, obliges the observer to perceive them aesthetically, as pure forms, analogous to Jasper Johns' treatment of the American flag. Having reinstated the concept of the imprecision of meaning, what emerges is a posture which aligns on the same plane both primary issues and secondary or marginal —even irrelevant— aspects which have traditionally received little attention. With his characterization of the contradictory phenomena in architecture — the e-e phenomenon (elements with a double meaning), the element with a dual function, the idea that meaning in architecture lies in contrast, the use of conventional elements in unconventional ways— Venturi reveals in the book virtually all the major historical sources which have shaped his work; these are the basis for his predilection for certain periods in history and certain historical figures. Above all, Mannerism, whose desanctifying spirit undoubtedly provides the basis for a willingness to look with new eyes at what was considered "ugly" or "out of place" by the architects of the time; the Baroque, in which the rigorously geometrical factor constitutes a means of composition, but not an end; the Rococo, as the exasperated expression of the decadence of a style; and even Michelangelo and Palladio (the latter to some extent constitutes the most important historical influence, given that Denise Scott Brown considers Palladio to have played a major part in American architecture); Borromini, obviously, and — finally —Hawksmoor, Vanbrugh, Soane and Lutyens: a generation of English architects in whose work the quality of paradox, ambiguity and vernacular protest against the formalism of the time predominated. Of the moderns, Sullivan and Furness and, above all, Le Corbusier and Alvar Aalto, these latter for having demonstrated that, even within a functionalist ideology, it is possible to conceive of an eloquent use of abstract forms. The contradiction between the interior and the exterior is evidence, more than any other aspect, of the most important idea of the

estos dos últimos por haber demostrado que, aún desde la ideología del funcionalismo, es posible concebir un empleo elocuente de las formas abstractas.
La contradicción entre el interior y el exterior evidencia, más que ninguna otra, la cuestión más importante en el proyecto. Venturi sostiene que el contraste entre el interior y el exterior puede ser una de las manifestaciones principales de la contradicción en arquitectura. Esta afirmación se contrapone a la máxima del Movimiento Moderno por la cual el interior debe manifestarse al exterior. Según von Moos, tal contraposición es particularmente evidente en los edificios pequeños, donde se establece una escala monumental en la fachada gracias a su independencia respecto al interior. Bastará pensar en las dos versiones para la casa Frug, en el proyecto de la casa Hersey, o en los de la casa Tucker o la casa Brant-Johnson, edificios estos últimos con una relación más estrecha con el contexto.
El exterior se configura, pues, como envoltura autosuficiente que contiene articulaciones espaciales «contradictorias»; su papel principal es el de establecer un diálogo más libre con el lugar. A propósito de esto, Venturi pone el ejemplo de la Ville Savoye de Le Corbusier como modelo de contenedor rígido dentro del cual predomina una cierta complejidad espacial.
La fractura entre envoltura contenedora y espacios contenidos determina la aparición entre ambas de un área intermedia, adicional y ambivalente, comprendida entre espacios dominantes. Quedan claras las referencias a la organización espacial del urbanismo tardorromano y, sobre todo, a la lección de Alvar Aalto.
Uno de los axiomas de Aalto es que los límites de un espacio interior deben ser definidos por su carácter y por su función, y no por el volumen exterior. Éste es el motivo por el cual en su arquitectura a menudo aparecen esos espacios «sin identidad» entre la envoltura de un ambiente interior y la superficie exterior del edificio. Aalto siempre ha mostrado una tendencia a combinar diferentes tipos de espacio en un orden cerrado: el regular y el irregular, las formas diagonales y las ortogonales encuentran en sus edificios brillantes soluciones de cohabitación; los espacios residuales, empleados para funciones residuales, se convierten en elementos significativos del proyecto.
Es este ajustado juego el que parece interesar a Venturi, es decir, la combinación de familias de formas, de elementos ordinarios y únicos al objeto de construir una estructu-

projects. Venturi holds that the contrast between interior and exterior can be regarded as one of the principal manifestations of contradiction in architecture. This assertion runs counter to the Modern Movement's maxim that the interior should manifest itself on the exterior. According to von Moos, this position is particularly evident in the smaller buildings, where the monumental scale is established on the facade thanks to its independence from the interior. To see this we need only turn to the two versions of the Frug House, the project for the Hersey House or those for the Tucker House or the Brant-Johnson House: these latter buildings evoke a closer relationship with the context. The exterior is thus designed as a self-sufficient envelope which contains "contradictory" spatial articulations; its primary role is that of establishing a free dialogue with the context. Here Venturi offers us the example of Le Corbusier's Villa Savoye as a model of the rigid container within which a certain spatial complexity predominates.
The break between a containing envelope and contained spaces determines the appearance of an intermediate area, additional and ambivalent, embraced by both dominant spaces. There are clear references to the spatial organization of late Roman town planning and, above all, to Venturi's reading of Alvar Aalto.
One of Aalto's axioms was that the limits of an interior space should be defined by its own character and function, and not by the exterior volume. This is the reason for the frequent appearance in his architecture of spaces "without identity", between the envelope of the interior environment and the external surface of the building. There is in Aalto's work a constant tendency to combine different types of space within a closed order: the coexistence of regular and irregular, of diagonal and orthogonal forms is brilliantly resolved in his architecture; the residual spaces, employed for residual functions, become significant elements in the project.
It is this play within tight constraints which seems to interest Venturi; in other words, the combination of different families of forms, of common place and unique elements within the object of assembling a structure of meanings. This way of organizing space is immediately apparent from a study of the floor plans of many of Venturi and Scott Brown's projects. Perhaps the building which best illustrates this interest in Alvar Aalto is the Department of Humanities in Purchase, New York, although among their more recent

ra de significados. Observando las plantas de muchos de sus proyectos aflora esta manera de organizar el espacio. El edificio que mejor demuestra su interés por Alvar Aalto es el del Departamento de Humanidades de Purchase, Nueva York, aunque también entre sus proyectos más recientes, como el de la National Gallery de Londres o el del Museo de Seattle, resulta fácil encontrar espacios dominantes, intermedios y residuales, organizados jerárquicamente en envolturas autosuficientes.

La presencia de articulaciones intrincadas en un contenedor rígido denota la independencia entre la forma y la función. Tal independencia, en la perspectiva de un funcionalismo más efectivo, distingue esta arquitectura de la del Movimiento Moderno, y es la demostración de que la forma es capaz de afrontar una vida autónoma.

Abordar fachadas monumentales, junto y detrás de las cuales han sido «organizados» espacios funcionales y convencionales, conduce a la idea de que la arquitectura se puede obtener por planos superpuestos, o, de manera más genérica, nos lleva al concepto de *estratificación* y *transparencia*. En la arquitectura de Venturi, el muro oculta siempre el armazón estructural y se manifiesta como algo sutil, sobre el cual se *imprimen* variantes y jerarquías de uso del espacio. La transparencia, entendida como cualidad de organización de las formas y como contraste entre espacios explícitos y espacios implícitos, hace que se desarrolle una percepción simultánea de localizaciones espaciales diferentes. Proyectar por transparencia, por superposición, a menudo sugiere la transparencia del conjunto.

Y en este punto, hay que hablar de la relación entre Venturi y Louis Kahn.

Como sostiene Denise Scott Brown, tal relación no se basa tanto en el lenguaje empleado, como en la relación entre las formas. Lo que les une, además del hecho de concordar en el concepto de una arquitectura *apropiada*, es la noción de la «cosa en la cosa», la transparencia de los espacios «incluidos», y la estratificada yuxtaposición de las paredes y aberturas; la idea, pues, del doble estrato de muros con huecos contrastantes, donde las ventanas pueden volver a ser perforaciones sobre el muro. Esto es particularmente evidente en la casa para Vanna Venturi. Desde el exterior de la casa se percibe —a través de las grandes perforaciones y de la «muesca» vertical del muro de la fachada— la organización espacial en profundidad. Algo parecido sucede en la casa Lieb y en la casa Trubek, en el edificio para el

projects, such as the National Gallery in London or the Museum in Seattle, it is equally easy to find dominant, intermediary and residual spaces, hierarchically arranged in self-sufficient envelopes.

The presence of complex articulations inside a rigid container denotes the independence of form and function. This independence, envisaged as intrinsic to a more effective functionalism, distinguishes this architecture from that of the Modern Movement, and is the demonstration that the form is capable of taking on autonomous life.

The designing of monumental facades, alongside and behind functional and conventional spaces that have been "organized", inevitably leads to the idea that architecture can be arrived at through the superimposing of planes; more generically, it brings us to the concept of *stratification* and *transparency*. In Venturi's architecture, the wall always conceals the structural framework, manifesting itself as something subtle, on top of which variants and hierarchies of spatial use are *imprinted*. Transparency, understood as the quality of organization of the forms and the contrast between explicit and implicit spaces, encourages the development of a simultaneous perception of different spatial localizations. Designing on the basis of transparency, of superimposition, frequently implies the transparency of the whole.

And this is where we have to consider the relationship between Venturi and Louis Kahn.

As Denise Scott Brown sees it, this relationship is based not so much on the language employed as on the relations between form. What unites them, in addition to their concurring in the concept of an *appropriate* architecture, is the notion of the "thing inside the thing", the transparency of the "included" spaces and the stratified juxtaposition of walls and openings; the idea, of the double stratum of walls with contrasting voids, in which the windows are returned to being perforations in the wall. This is particularly evident in the house for Vanna Venturi. From the exterior of the house we perceive —by way of the large perforations and the vertical "notch" in the facade wall— the spatial organization in depth. Something similar happens with the Lieb House and the Trubek House, with the North Canton Town Hall, and with the Wike House, the latter "masked" by the subtle curving fifth facade, the large openings in which reveal a glimpse of a second frontal plane. The wall, point of transition between exterior and interior, becomes an

Ayuntamiento de North Canton, o en la casa Wike, «enmascarada» esta última por la curva y sutil quinta fachada, cuyas grandes aberturas dejan entrever un segundo plano frontal. El muro, punto de transición entre el exterior y el interior, deviene así hecho arquitectónico, abriendo las puertas a un modo de pensar más ligado a principios urbanísticos.

La idea de conjunto difícil, al cual dedica Venturi el último capítulo de *Complejidad y contradicción,* hace referencia a un concepto de conjunto de carácter híbrido. Un conjunto que se compone de varios elementos formales y simbólicos, *apropiado* a una arquitectura que resuelve los problemas, pero que también los manifiesta. Cuando el ya conocido binomio de *plain and fancy styles* (estilos sencillos y fantasiosos) coexiste en un mismo edificio, da a entender la aproximación híbrida de elementos originales y de elementos convencionales y corrientes. Una «unidad unitaria» de tipo barroco, en la que está implícita la idea de transformabilidad, y en la que ésta viene conquistada a través de una especialización uniforme de las partes, conforme a un concepto de belleza de lo «no-claro» contrapuesto a la unidad múltiple de origen clásico.

La idea de conjunto difícil se apoya en la técnica de la «inflexión», que se convierte así en el medio para distinguir las distintas partes, connotando la continuidad entre las mismas. La inflexión indica una dirección y hace surgir una relación entre un plano avanzado y otro retrasado. El elemento «inflexionado» depende de algo que está fuera de él mismo y en cuya dirección se inflexiona. En este sentido, resultan significativos los ejemplos del proyecto de la casa en la playa, cuya fachada anterior se inflexiona hacia el mar, y el Centro médico North Penn, en Ambler, en el que una esquina del edificio, anticipando una cierta técnica deconstructivista, se inflexiona hacia el patio para resolver la dualidad entre espacio abierto y envoltura cerrada. Por fin, en la reciente ampliación de la National Gallery, es todo el edificio el que se inflexiona para establecer un íntimo diálogo con el museo preexistente de Wilkins. La adopción de la forma inflexionada tiene sus raíces en Alvar Aalto y, principalmente, en la arquitectura manierista. Al igual que la envolvente exterior autónoma, la inflexión tiene el papel de establecer un diálogo con el contexto, aparte de conciliar funciones múltiples en un conjunto unitario.

El planteamiento manierista y el eclecticismo culto con que los arquitectos contemplan el proyecto, se deben, parcialmente, al interés

architectonic fact, opening the doors onto a way of thinking that has closer links with the principles of town planning.

The idea of the difficult complex, to which Venturi describes in the final chapter of *Complexity and Contradiction*, makes reference to a concept of the complex that is hybrid in character. A complex that is composed of various different formal and symbolic elements, *appropriate* to an architecture that resolves problems, yet at the same time makes them apparent. When the familiar duality of *plain* and *fancy* styles is found coexisting in the same building, this invites us to look for the hybrid approximation of original and conventional or commonplace elements. A "unitary unity" of a Baroque type, in which the idea of transformation is implicit, and in which this idea is overcome by means of a uniform specialization of the parts, is in conformity with a concept of "unclear" beauty, as opposed to the multiple unity of classical origin.

The idea of the difficult complex rests on the technique of "inflexion", which thus becomes the means of distinguishing the different parts while connoting the continuity between these. Inflexion indicates a direction and calls into being a relationship between an advanced and a receded plane. The "inflected" element is dependent on something which is outside of itself and in the direction of which it is inflected. In this regard it is worth noting the examples in the project for a House on the Beach, where the forward facade is inflected towards the sea, and the North Penn Health Center in Ambler, Pennsylvania, where one corner of the building, anticipating a particular reconstructivist technique, inflects towards a courtyard to resolve the duality between space and closed envelope. Finally, in the National Gallery, it is the entire building which is inflected in order to establish an intimate dialogue with the existing museum designed by Wilkins. The adoption of the inflected form has its roots in Alvar Aalto and, primarily, in Mannerist architecture. As with the autonomous exterior envelope, inflection discharges the role of establishing a dialogue with the context, in addition to reconciling multiple functions in a unitary complex.

The Mannerist posture and the cultured eclecticism with which these architects approach the project are due in part to their concern with producing a widely accessible art, capable of including low-art forms of expression —the recovery of vernacular forms and those proceding from mass society— alongside the more elevated forms of art.

13

por producir un arte ampliamente asequible, capaz de incluir formas de expresión pobres —la recuperación de las formas vernáculas y procedentes de la sociedad de masas— como la forma más elevada de arte.
Esta arquitectura se coloca así en la perspectiva de un «sentido común» reinventado, en la voluntad de hacer un arte «menos noble» destinado a satisfacer también las necesidades del hombre de la calle. La asunción de una conciencia colectiva expresa el convencimiento de que el pluralismo al que la contemporaneidad nos obliga, supone la aceptación de la heterogeneidad y de la diferencia como mediadoras para resistir a las imposiciones de las verdades simples e indiscutibles, para lograr una arquitectura dirigida a redescubrir sus innumerables tradiciones, regionales e históricas, locales en el espacio y en el tiempo.
El proyecto, pues, está dirigido al redescubrimiento de lo existente, sirviéndose de un material que *ya* está disponible. Cuando Venturi describe el Banco de Furness en Filadelfia, pone el acento sobre la cuestión: ...*Short story of a castle on a city street* (Ficción de un castillo en una calle de la ciudad), aclarando que la arquitectura nos da también esta posibilidad de contar historias sobre otras arquitecturas.
Entre los diversos temas por los que discurre esta obra quedan dos importantes capítulos que son, ciertamente, los más vinculados a la tradición americana: la influencia del *Shingle Style* y la influencia del Pop Art en sus técnicas y en la adopción de la imagen comercial.
Muchos proyectos de edificios de viviendas tienen evidentes referencias al *Shingle Style*. Ciertamente que este último se ha revelado como una fuente importantísima que ha permitido a los arquitectos encontrar casas «ordinarias» y «comunes», en el interior de las cuales han podido inferir exclusiones y contradicciones, con frecuencia «marginales» e irrelevantes, y extraer muchas lecciones concernientes a la «complejidad». Las casas Trubek y Wislocki, Coxe-Hayden y la última casa en Seal Harbor, son edificios que aluden con cierta impureza a un estilo vernáculo. En efecto, podemos encontrar evocaciones explícitas al *Shingle Style* —en los materiales, en las «formas» y en el uso de una cierta asimetría muy cercana a la simetría— junto a sofisticados detalles y un uso inteligente de los «fuera de escala» como medio para aumentar la «presencia» de esta arquitectura.
Sobre el uso de elementos convencionales, vale la pena detenerse un poco. Escribe

This architecture thus situates itself within the perspective of a reinvented "common sense", in the desire to make a "less noble" art, designed to satisfy the needs of the ordinary man and woman in the street. The assumption of a collective consciousness expresses the conviction that the obligatory pluralism of contemporary culture implies an acceptance of heterogeneity and difference as mediators in resisting the imposition of simple and indisputable truths, so as to achieve an architecture directed towards rediscovering its innumerable traditions, regional and historical, local in space and time.
In this way the project is oriented towards the rediscovery of the existing, availing itself of material that is *already* to hand. When Venturi describes a bank in Philadelphia by Furness, he places the accent on the issue, ... *Short story of a castle on a city street*, making it clear that architecture also presents us with the possibility of telling stories about other architectures.
Amongst the various themes present in this body of work, there still remain two major categories which are at the same time the ones most directly related to the American tradition: the influence of Shingle Style, and the impact of Pop Art on Venturi's techniques and in his adoption of the commercial image.
Many of the projects for residential buildings reveal the evident influences of the Shingle Style. There can be no doubt that this has proved to be a source of the greatest importance, one which has allowed these architects to find "ordinary" or "common" houses, in the interiors of which they have managed to infer exclusions and contradictions, frequently "marginal" and unassuming, and to draw many lessons with a bearing on "complexity". The Trubek and Wislocki Houses, the Coxe-Hayden House and the latest house in Seal Harbor, are all buildings which allude with a certain impurity to a vernacular style. In effect, we can find explicit evocations of the Shingle Style —in the materials, in the "forms" and in the use of a degree of assymetry that is very close to symmetry— alongside sophisticated details and an intelligent use of the "out of scale" as a means of augmenting the "presence" of this architecture.
Regarding the use of conventional elements, it is worth pausing for a moment. Venturi writes, "It was Le Corbusier who juxtaposed *objets trouvés* and common place elements, such as the Thonet chair, the officer's chair, cast iron radiators, and other

Venturi: «Le Corbusier fue quien yuxtapuso, con un cierto sentido irónico, las formas sofisticadas de su arquitectura a los *objects trouvés* y demás elementos cotidianos, como la silla Thonet, los radiadores de hierro fundido y otros productos industriales». Para Venturi, semejantes técnicas de proyecto aluden más a los artistas del Pop Art, quienes dan nuevos significados a los objetos corrientes y familiares a través de su descontextualización y de los cambios de escala. El lazo de unión con esta corriente artística, además de expresar la búsqueda de raíces americanas específicas, se manifiesta en el común interés por explorar la impura cultura popular a fin de garantizar a la obra un papel social.

En definitiva, la exploración de la cultura Pop se traduce en extraer consecuencias de las metodologías de análisis de la articulación de la sociedad de masas, a través de las técnicas específicas adoptadas por estos artistas: «Las cosas familiares, vistas en un contexto no familiar, adquieren ricos significados que son antiguos y nuevos a la vez»; «Una leve modificación dimensional del objeto familiar confiere elocuencia a su familiaridad». De ello se deduce que el significado de esta arquitectura cambia en relación al contexto.

La idea de la polivalencia de significado de los elementos convencionales y, por ello, del símbolo que en ellos se concreta, arranca en resumidas cuentas del principio de la asociación de ideas. De la adhesión a la cultura Pop deriva, además, el hecho de considerar la asociación como elemento de la arquitectura, y que los elementos cotidianos y convencionales, trasladados a un nuevo contexto y a una escala diferente, alcanzan nuevos significados. «Volver a lo cotidiano, preservar lo existente de "lo nuevo", promover lo convencional, son viejas prácticas para producir arte nuevo.» De esta manera, los autores han incorporado un amplio sector del panorama americano a su vocabulario arquitectónico, hallando así una vía de retorno hacia el simbolismo.

Denise Scott Brown entra oficialmente a formar parte del estudio en 1967. En 1972 se publica el libro *Aprendiendo de Las Vegas. El simbolismo olvidado de la forma arquitectónica*, abriendo así, definitivamente, la puerta al simbolismo en arquitectura. Van Moos subraya que este importante texto consagra la adopción por parte de los arquitectos de criterios más literarios y sociológicos. *Complejidad y contradicción*, por un lado, y *Aprendiendo de Las Vegas*, por otro, suministran la clave de lectura más apropiada

industrial objects, and the sophisticated forms of his architecture with any sense of irony". For Venturi, such project techniques primarily summon up the artists involved in creating Pop Art, who give new meanings to familiar everyday objects by translating them to a different context and altering their scale. The link with this movement in art, as well as expressing the search for specifically American roots, manifests itself in the shared interest in exploring impure popular culture as a means of ensuring that the work has a social role.

Essentially, the exploration of Pop culture took the form of drawing consequences from the methodologies for the analysis of the articulation of mass society, by way of the specific techniques these artists adopted: "Familiar things, seen in an unfamiliar context, become perceptually new as well as old"; "a slight change in the scale of the familiar object makes its very familiarity eloquent". From this it is evident that the meaning of this architecture changes in relation to the context.

The idea of the multiplicity of meanings of conventional elements, and thus of the symbol that is materialized in them, basically derives from the principle of association of ideas. And from the involvement in Pop culture comes the fact of considering association as an element in architecture, and the conviction that everyday conventional elements translated into a new context and onto a different scale achieve new meanings. "Going back to the everyday, preserving the existing in 'the new', promoting the conventional, these are old practices for producing new art". In this way, these architects have incorporated a broad spectrum of the American scene into their architectural vocabulary, and in so doing found a route taking them back to symbolism.

Denise Scott Brown officially took her place in the practice in 1967. 1972 saw the publication of the book *Learning from Las Vegas. The Forgotten Symbolism of Architectonic Form*, which thus definitively opened the door to symbolism in architecture. Van Moos accents the fact that this major text consecrates the architects' adoption of highly literary and sociological criteria. *Complexity and Contradiction in Architecture*, on the one hand, and *Learning from Las Vegas*, on the other, provide the best key to understanding the determining role which aesthetic judgement and the influence of social questions discharge in architecture.

For Denise Scott Brown, the receptiveness of American artists to outside influences has

para comprender el papel determinante que para su arquitectura tienen la valoración estética y la influencia de los temas sociales. Para Denise Scott Brown, la receptividad que el artista americano tiene hacia las influencias exteriores ha limitado su capacidad para usar la experiencia personal como material válido para su propia obra. En este sentido, el análisis sobre Las Vegas forma parte de la intención de aprender del paisaje americano, con el fin de determinar qué formas artísticas son originarias de América.
Los autores del libro, Robert Venturi, Denise Scott Brown y el asociado Steven Izenour, sostienen que aislar las formas y los símbolos para el análisis estético no implica indiferencia al papel social de la arquitectura: «Buscamos practicar una estética acorde con los rápidos cambios y el pluralismo; con el hecho de que no tenemos una única cultura del gusto, sino muchas». La idea es la de insertar en la arquitectura la realidad cotidiana de la gran ciudad, una realidad aún no experimentada que pueda servir como modelo.
Con respecto a la ciudad americana, se analizan las relaciones y combinaciones entre signos (símbolos) y edificios, entre arquitectura y simbolismo, con la intención de demostrar que en este paisaje existe un orden y una inesperada unidad. La polémica con el Movimiento Moderno reaflora en la tesis de que en Las Vegas se pueden aprender lenguajes menos restrictivos, que respondan a las necesidades sociales y estéticas de la época contemporánea, según la idea de que el cometido del artista es el de «seguir», además de «conducir», trabajando, sobre el efecto concreto de las necesidades y sobre las expectativas convencionales de la gente.
La defensa que hace Venturi de la arquitectura antigua vuelve a la lógica de responder a esas expectativas, usando el material que ya está a disposición, es decir, el reconocible, el cotidiano, el convencional. Desde esta óptica, se podría aventurar una comparación con Adolf Loos, en la medida en que los Venturi recuperan el funcionalismo, o sea, el sentido común de la belleza, observando también, en aquello que nos rodea, el gusto corriente y popular al final de consideraciones teóricas.
La poética de lo «feo» y de lo «ordinario», por contraposición a lo «heroico» y lo «original», se inscribe en esta observación no-valorativa del ambiente existente. La renuncia al «juicio» deviene parte integrante de este «tránsito» del arte popular al arte culto, y el proyecto se configura como un acto de

limited their capacity to use their own personal experience as valid material in their work. In this regard, the analysis of Las Vegas is part of an endeavour to understand the American landscape, with the aim of establishing which artistic forms are inherently American.
The book's authors, Robert Venturi, Denise Scott Brown and their associate Steven Izenour, put forward the thesis that the isolation of forms and symbols for aesthetic analysis does not imply an indifference to the social role of architecture: "We seek to practice an aesthetics in consonance with rapid change and pluralism; with the fact that we have not one single culture of taste, but many". The idea is that by inserting the everyday reality of the big city into architecture, a reality that has still to be experienced may serve as a model.
With respect to the city, the book analyzes the relationships and combinations effected between signs (symbols) and buildings, and between architecture and symbolism, with the aim of demonstrating that there is in this landscape both an order and an unexpected unity. The polemic with the Modern Movement comes to the fore again in the proposition that in Las Vegas it is possible to learn less restrictive languages which respond to the social and aesthetic needs of the contemporary epoch, in keeping with the idea that it is the task of the artist to "follow" as well as to "lead", working, indeed, on the concrete products of these needs and on people's conventional expectations.
The defense of the architecture of the past which Venturi offers goes back to the logic of responding to these expectations, using the materials already to hand; in otherwords, the recognizable, the everyday, the conventional. Viewed in these terms, we might venture here a comparison with Adolf Loos, to the extent that the Venturi team returns to functionalism, that is to say, to common-sense beauty, while at the same time observing, in everything around us, the presence of a common and popular taste at the end of all theoretical considerations.
The poetics of the "ugly" and the "common", as opposed to the "heroic" and the "original" belong within this non-judgemental observation of the existing scene. The rejection of "judgement" becomes an integral part of this "transit" of popular art into high art, and the project is approached as an act of capturing what ones sees, rather than what one experiences.
If personal American experience is taken as the material to be worked with, this practice

búsqueda de aquello que uno ve, más que de aquello que se quiere ver. Si la personal experiencia americana se convierte en el material con el que operar, este estudio se configura con la intención de buscar y aislar los componentes autónomos de la cultura americana respecto a la influencia europea.

La *strip* de Las Vegas viene identificada por los autores como el arquetipo de la *main street* norteamericana. De ahí la ecuación «Las Vegas es a la *strip* como Roma es a la *piazza*», o sea, «de Roma a Las Vegas». El lema es claro: demostrar que la cultura arquitectónica y urbanística americana tiene un referente autónomo respecto a la visión europea tradicional de la ciudad, y que, en este contexto, aprender de la *piazza* europea se ha convertido ya en una postura nostálgica. Por lo que los autores postulan no es por una nueva arquitectura vernácula, sino más bien por una cierta familiaridad con las anónimas arquitecturas comerciales, que se convierten en fuentes importantes de progreso. Al igual que para el artista Pop, no interesa tanto la realidad ordinaria como su elaboración; transformar lo ordinario en extraordinario, mostrar el valor de un viejo *cliché* usado en un nuevo contexto, extrayendo un nuevo significado para convertir en insólito lo ordinario. El símbolo es el resultado de esta elaboración; por definición, contiene tanto lo cotidiano como lo insólito; el primer aspecto se formaliza en la permanencia, mientras que el segundo viene dado por la distorsión de la forma, el cambio de escala y de contexto.

El análisis sobre Las Vegas —ciudad hasta ahora considerada como inclasificable por las disciplinas urbanísticas, y despreciativamente tildada de vulgar predominio de la imagen *kitsch*-comercial— teoriza sobre el hasta ahora repudiado «espacio abierto» del automóvil, «ennobleciendo» los aparcamientos y la gran escala de la calle. La estructura urbana se concibe como un modelo de desarrollo abierto e indeterminado, en el cual el concepto de lugar recobra su importancia fundamental. Aquí, la calle ya no queda definida por una pantalla continua de edificios, sino que es una secuencia de carteles y rótulos publicitarios.

El *billboard* —véase el proyecto para el National Football Hall of Fame, llamado por Venturi *Bill-Ding-Board,* que supone un compromiso explícito entre edificio (*building*) y cartel publicitario (*billboard*)—, además de ilustrar sobre la elección de la cualidad bidimensional para esta arquitectura, se convierte en la clave para su definición simbóli-

constitutes itself with the aim of seeking out and isolating the indigenous components of American culture with respect to the products of European influence.

The Strip in Las Vegas is thus identified in the book as the archetype of the American Main Street, leading to the equation "Las Vegas is to the strip what Rome is to the *piazza*"; or rather, "from Rome to Las Vegas". The purpose is perfectly clear: to show that American architecture and urbanism have their own indigenous cultural references independent of the traditional European vision of the city, and that in this context the idea of learning from the European *piazza* is inherently nostalgic. What the authors are calling for is not a new vernacular architecture but rather a degree of familiarity with commercial architectures in all their anonymity, which thus become significant mainsprings of progress. As with the Pop artist, what is interesting is not so much everyday reality itself as its treatment; the process of transforming the ordinary into the extraordinary, revealing the value in a tired old cliché by giving it a new context, drawing out a new meaning to make the commonplace surprising. The symbol is the result of this process of elaboration, containing by definition both the commonplace and the exceptional; the former materialized in the quality of permanence, the latter established by the distortion of the form and the change of scale and context.

The analysis of Las Vegas —a city previously regarded as unclassifiable by the disciplines of architecture and urban design, and dismissively conceived as the domain of the kitsch and the commercial— theorizes about the heretofore repudiated "open space" of the automobile, "ennobling" the car park and the grand scale of the street. The city's urban structure is viewed as a model of open, undetermined development, in which the concept of place regains its original and fundamental importance. Here, the street is no longer defined by a continuous screen of buildings, becoming instead a sequence of advertising posters and billboards.

The billboard —see the project for the National Football Hall of Fame, dubbed *Bill-Ding-Board* by Venturi in an explicit conflation of *building* and *billboard*— not only illustrates the purposive election of the two-dimensional quality for this architecture, but becomes the key to its symbolic definition; the adoption of the advertising image has here an evident symbolic value. The presence of signs on buildings has its archetypal origins in Roman inscriptions; their primary function is

ca; la adopción del grafismo publicitario tiene aquí un claro valor simbólico. Los rótulos en los edificios tienen como primer arquetipo las inscripciones romanas, y su función primaria es como elementos decorativos, razón por la cual la cualidad estética de los mismos tiene un valor superior a su función informativa. La intención evidente es la de darles mayor significación.

De aquí la teorización sobre el *shed* (tinglado) decorado, como estructura convencional que aplica los símbolos sobre sí misma: «No podemos construir edificios clásicos, pero los podemos representar a través de lo *aplicado* sobre la substancia del edificio». Algunos de los proyectos que han precedido al análisis sobre Las Vegas anticipan el uso del grafismo publicitario y del símbolo en arquitectura: el Grand´s Restaurant, la Guild House, el Parque de bomberos n.º 4 y el Parque de bomberos Dixwell. En los dos parques de bomberos se aplican las sugerencias de la *strip* de manera «comercial», a través de una marcada evocación de la bidimensionalidad. Los salones de exposiciones (*showrooms*) para Best y Basco aluden también a las temáticas comercial y vernácula. En estos dos proyectos existe una total simbiosis en la conjunción de información oral, gráfica y de «*shed* decorado».

La arquitectura indígena y ordinaria —pensemos hasta qué punto esa arquitectura evoca los primeros edificios que construyeron los pioneros en el oeste americano— se convierte así en un útil prototipo para el proyecto.

En apoyo de una teoría, o mejor aún —en virtud de sus bases, más empíricas que idealistas—, de un método «fundado» en la valla anunciadora, los autores facilitan una serie de ejemplos históricos: la catedral de Amiens es un cartel publicitario con un edificio detrás (envoltura); o el palacio italiano, que es el *shed* decorado por excelencia. La misma fachada de la National Gallery puede ser *leída* como una valla anunciadora aplicada sobre el edificio, representación del clasicismo del museo preexistente.

El *shed* decorado se eleva a prototipo arquitectónico; la decoración aplicada a su envoltura deviene la depositaria de los valores simbólicos a través de la referencia a formas familiares y como generadora de asociaciones de imágenes.

Mediante el binomio *duck* y *decorated shed* («pato» y «tinglado decorado»), se clasifica la arquitectura en dos «géneros»: como *duck*, el edificio cuya forma entera es escultórica y simbólica; como *decorated shed*, el edificio convencional con símbolos

decorative, so that their aesthetic quality is accorded a higher value than their informative function. The manifest intention is to endow them with a greater level of signification.

This is the basis for the theorizing of the decorated shed as a conventional structure which applies symbols to itself: "We cannot construct classical buildings, but we can represent them by means of what is *applied* to the building's substance". Some of the projects which predate the analysis of Las Vegas anticipate the use of the advertising image and the symbol in architecture: Grand's Restaurant, Guild House, Fire Station nº. 4 and the Dixwell Fire Station. With the two fire stations we see the application of the suggestions offered by the strip in commercial mode, through the accentuated evocation of two-dimensionality. The showrooms for Best and for Basco also allude to commercial and vernacular themes. In these two projects there is a total symbiosis in the conjunction of oral and graphic information and the "decorated shed".

Indigenous, commonplace architecture —we might bear in mind here the extent to which this architecture is evocative of the first buildings constructed by the early pioneers in the American West— thus becomes the effective prototype for the project.

In support of a theory, or better still —since its basis are more empirical than idealist— of a method "founded" on advertising, the architects put forward a series of historical examples: Amiens Cathedral is an advertising panel with a building behind it (envelope), while the Italian *palazzo* constitutes the decorated shed *par excellence*. The very facade of the National Gallery can be *read* as a publicity poster mounted onto the building, a representation of the classicism of the original museum.

The decorated shed is thus elevated to the status of architectonic prototype; the decoration applied to its skin becomes the repository of symbolic values by way of the reference to familiar forms and as the generator of associations of images.

The terms duck and decorated shed are used to classify architecture into two "genres": the term duck is assigned to a building whose entire form is sculptural and symbolic; the term decorated shed is assigned to a conventional building with symbols applied to its surface (decoration).

The decorated shed, considered in the wider perspective of the rediscovery of the concept of place, always has a main rhetorical facade (fancy) and a conventional and sim-

aplicados a su superficie (decoración). El *shed* decorado, desde una perspectiva más amplia de la recuperación del concepto de lugar, tiene siempre una fachada principal retórica (*fancy*) y una fachada posterior convencional y sencilla (*plain*) o *Mary Anne*. Este tema impregna la obra completa; a propósito de ello, Venturi ha elaborado el estudio teórico para las casas eclécticas.

El simbolismo deviene esencial. Los elementos ordinarios, sujetos del simbolismo, actúan como expresivas abstracciones arquitectónicas. No son simplemente ordinarios, sino que representan simbólica y estilísticamente la ordinariedad, agregándole después un significado literario.

Las fuentes inspiradoras de esta arquitectura emergen de la ciudad de todos los días, hecha de edificios modestos y espacios modestos con «adornos» simbólicos cuyo fin es caracterizar lenguajes formales que incluyen el simbolismo y los «adornos» retóricos. La ironía deviene el instrumento indispensable para comparar y combinar valores divergentes en una arquitectura ideada para una sociedad pluralista.

La dimensión social y cultural de esta obra camina paralelamente a las fuentes históricas de su simbolismo; el análisis social adquiere así un papel fundamental en las recetas arquitectónicas.

Con frecuencia, la labor de estos arquitectos ha sido calificada erróneamente como posmoderna. Aunque Venturi esté considerado como el padre filosófico de este movimiento, su obra, sea crítica o arquitectónica, se desmarca de los efectos ya señalados para esta tendencia, la cual insiste en una arquitectura regulada por otras leyes que las visuales. La diferencia substancial con el movimiento posmoderno, verdadero y particular sistema de propaganda histórica que establece conexiones indiscriminadas con todas las tradiciones, reside en aquel auténtico sentido de la historia y de lo social que, en Venturi, encuentra sus raíces en las culturas anglosajona y europea. Autenticidad alcanzada de las maneras en que tradicionalmente fue buscada: en los análisis estéticos y formales, y en el papel social de la arquitectura como agente generador de significados.

Lejos de proponerse como una «lógica» y «perenne» teoría de hacer arquitectura, sino más bien como un método de explorar y una sugerencia sobre ella, la obra de los Venturi, estacionada entre libertad y necesidad, consigue que en sus edificios se aúnen lo ordinario y apropiado con lo extraordinario e inesperado.

ple or *Mary Anne* rear facade (simple). This theme impregnates the entire body of work; in relation to it, Venturi developed his theoretical study for the Eclectic Houses.

Symbolism thus becomes essential. The ordinary elements, the subjects of symbolism, act as expressive architectonic abstractions. They are not simply ordinary, but rather represent ordinariness symbolically and stylistically, duly endowing this with a literary significance.

This architecture finds its sources of inspiration in the everyday work-a-day city, made up of modest buildings and modest spaces with symbolic "adornments" whose purpose is to characterize formal languages which include symbolism and rhetorical "adornments". Irony then becomes the indispensable instrument with which to compare and combine divergent values in an architecture conceived for a pluralist society.

The social and cultural dimensions of this oeuvre run parallel to the historical sources of its symbolism. social analysis thus takes on a fundamental role in the architectural approach.

The work of these architects has frequently been categorized erroneously as Postmodern. Although Venturi is considered to be the philosophical founding father of this movement, his work, whether critical or architectural, sets itself apart from the effects we have already noted with regard to Postmodernism, which insists on an architecture governed by laws other than the visual. The substantive difference from the Postmodern movement, that genuine and specific system of historical propaganda which establishes indiscriminate connections with all traditions, lies in that authentic sense of the historical and the social which in Venturi's work finds its roots in the Anglo-Saxon and European cultures. An authenticity achieved by the means in which it has traditionally been pursued: in aesthetic and formal analyses and in the social role of architecture as generator of significations.

Far from putting itself forward as a "logical" and "perennial" theory of how to make architecture, being rather a method of exploration and a suggestion with regard to this, the work of the Venturis, positioned between freedom and necessity, effectively ensures that in their buildings the ordinary and the appropriate combine with the extraordinary and the unexpected.

Agradecimientos

Todas las descripciones de los proyectos han sido elaboradas sobre la base del material original facilitado por el estudio Venturi, Scott Brown y Associates. En particular, las fuentes incluyen los siguientes textos: *Complejidad y contradicción en la arquitectura,* de Robert Venturi, *Aprendiendo de Las Vegas,* de Robert Venturi, Scott Brown y Steven Izenour, *A view from the Campidoglio: Selected Essays 1953/1984,* de Robert Venturi y Denise Scott Brown, y las descripciones de proyecto escritas por Robert Venturi, Scott Brown y Associates. Además, ha resultado de gran utilidad el libro de Stanislaus von Moos (SVM) *Venturi, Rauch y Scott Brown. Buildings and Projects.*
A menos que se especifique lo contrario, Robert Venturi es el director de todos los proyectos de arquitectura y diseño incluidos en este libro. Por consiguiente, solamente se especifica en aquellos casos en que Venturi no ha ejercido como tal.
El estudio Venturi, Scott Brown y Associates ha reconocido siempre que la arquitectura es el fruto de un trabajo colectivo. El alcance de este libro ha limitado la posibilidad de atribuir a cada una de las personas su contribución específica al proyecto. De cualquier modo, queremos recordar que son numerosas e importantes las contribuciones prestadas por diversos arquitectos, diseñadores, estudiantes y personal que ha trabajado en este trabajo sobre la obra de los últimos treinta años.
Queremos, por fin, agradecer la ayuda y asistencia prestada por: James Venturi, por su valiosa habilidad con el ordenador, Steven Izenour, Steve Estock, James Kolker, Ian Adamson, Linda Payne y Jean Barker, del estudio Venturi, Scott Brown y Associates; pero, sobre todos, a Robert Venturi y Denise Scott Brown, por su constante e insustituible apoyo.

Acknowledgments

All of the descriptions of projects have been composed by Frederic Schwartz and Carolina Vaccaro on the basis of the original material provided by the Venturi, Scott Brown and Associates studio. More specifically, the sources used include the following texts: *Complexity and Contradiction in Architecture,* by Robert Venturi, *Learning from Las Vegas,* by Robert Venturi, Denise Scott Brown and Steven Izenour, *A view from the Campidoglio: Selected Essays 1953/1984,* by Robert Venturi and Denise Scott Brown, and the project descriptions written by Venturi, Scott Brown and Associates. In addition, much useful material has been obtained from the book by Stanislaus von Moos (SVM) *Venturi, Rauch and Scott Brown. Buildings and Projects,* Rizzoli, New York.
Except where otherwise indicated, Robert Venturi was the project team leader on all of the architecture and design projects included in this book. Accordingly, the team leader is only specifically identified in those cases where Robert Venturi did not exercise that function.
The Venturi, Scott Brown and Associates studio has always recognized that architecture is the result of a collaborative effort. Restrictions of space in the present book make it impossible to acknowledge the specific contribution of each of the individuals involved with a particular project. However, we would like to note here that many and important contributions have been made by the numerous architects, designers, students and staff who have had a hand in putting together this study of the work of the last thirty years.
We would also like, finally, to express our gratitude for the help and assistance given by: Jimi Venturi, for his consummate skill with the the computer, Steven Izenour, Steve Estock, James Kolker, Ian Adamson, Linda Payne and Jean Baker from the Venturi, Scott Brown and Associates studio; but, above all, thanks to Robert Venturi and Densie Scott Brown for their constant and invaluable support.

1958/1960 Casa James B. Duke, Instituto de Bellas Artes, Universidad de Nueva York, Nueva York, Nueva York.
Restauración interior. R. Venturi, con Cope y Lippincott, arquitectos asociados.
El edificio, proyectado por Horace Trumbauer, está ubicado en la parte alta de la Quinta Avenida. Durante los años cincuenta se hizo donación del palacio a la Universidad de Nueva York para ser utilizado como escuela de graduados de Historia del Arte.
El enfoque de los proyectistas fue modificar el interior lo menos posible; la armonía entre lo antiguo y lo nuevo se crea mediante yuxtaposiciones contrastadas. Se estudiaron escrupulosamente las uniones entre los elementos preexistentes y los de proyecto, para mantener la identidad de cada una de las partes. Los cambios se realizaron exclusivamente mediante adiciones, y no con modificaciones de los elementos existentes. Los nuevos elementos (muebles corrientes y equipo estándar), dispuestos con sencillez y entendidos como mobiliario y no como arquitectura, se revalorizan aún más gracias a su insólita colocación.

1958/1960 James B. Duke House, Institute of Fine Art, New York University, New York, New York. Interior restoration. R. Venturi, with Cope and Lippincott, associate architects.
This building, designed by Horace Trumbauer, is located on upper Fifth Avenue. In the 1950s the house was donated to the University of New York for use as a History of Art graduate school.
The focus of the intervention was centered on modifying the interior as little as possible, and the harmony between old and new is created by means of contrasting juxtapositions. The connections between the existing elements and those of the new project were researched in order to preserve the individual identity of each of the parts. The changes are effected entirely through new additions, rather than the modification of existing elements. The new elements (standard furniture and fittings), positioned with simplicity and understood as furniture and not as architecture, acquire still greater value from their unusual setting.

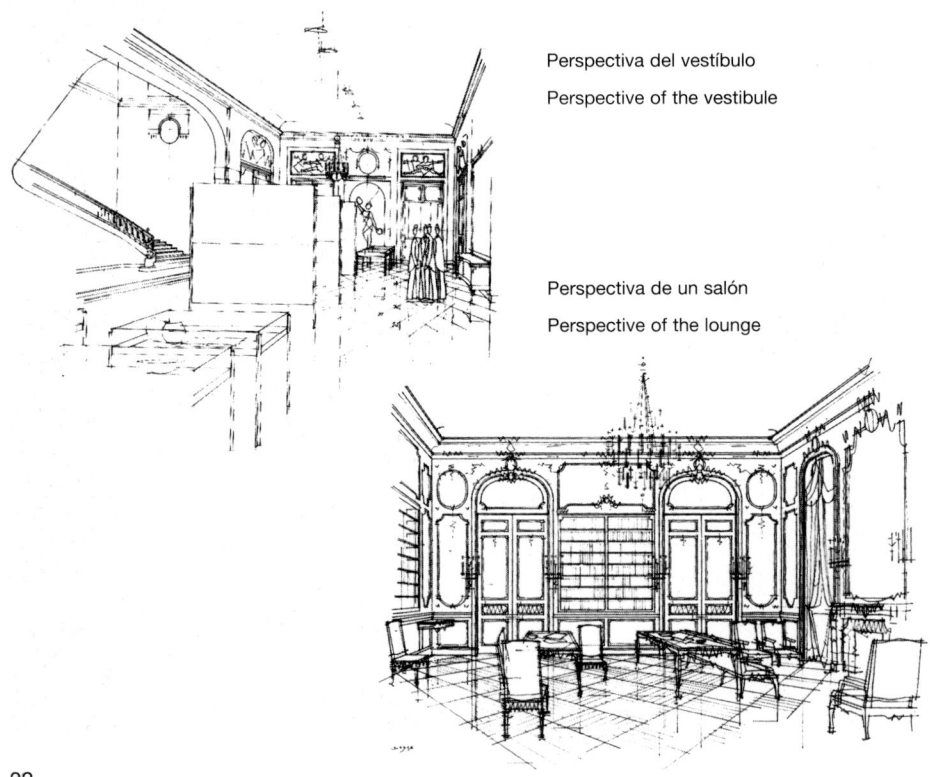

Perspectiva del vestíbulo

Perspective of the vestibule

Perspectiva de un salón

Perspective of the lounge

Salas y detalles de mobiliario

Rooms and details of the furniture

1959 Casa en la playa. Proyecto.
R. Venturi.
La casa está situada cara al mar, entre las dunas de la playa. El sistema constructivo previsto para las paredes es el denominado *ballon-frame* (método de prefabricación). La cubierta es de tablones clavados de forma que toda la estructura es a la vez una piel y un casi-armazón.
Desde el punto de vista expresivo, la casa sólo tiene dos alzados: el delantero, orientado hacia el mar, y el posterior, que tiene la entrada. La fachada delantera se diferencia de la posterior para expresar la «inflexión» direccional hacia el océano.
Debido a la compleja configuración en planta y alzado, la cubierta es, a la vez, de dos y de cuatro aguas; su forma simétrica original se distorsiona hacia los extremos del edificio, debido a diversas exigencias internas y a condicionamientos exteriores de orientación y de vistas.

1959 House on the Beach. Project.
R. Venturi.
The house stands amidst the dunes of the beach, overlooking the sea. The construction system designed for the walls is the *Balloon Frame* method of prefabricated assembly. The roof is formed of nailed boards, laid in such a way that the entire structure is at once a skin and a quasi-framework.
From the expressive viewpoint the house has only two elevations: the front, oriented towards the sea, and the rear, which contains the entrance. The front facade is differentiated from the rear in order to express the directional "inflection" towards the ocean. Because of the complex configuration of the plan and elevation, the house has both a hipped and a ridge roof; the originally symmetrical form is distorted towards the extremes of the building as a result of various internal requirements and external factors relating to the orientation and views.

Vista general de la maqueta

General view of the model

Alzado de la fachada principal (posterior)

Elevation of the main facade (rear)

Planta

Plan

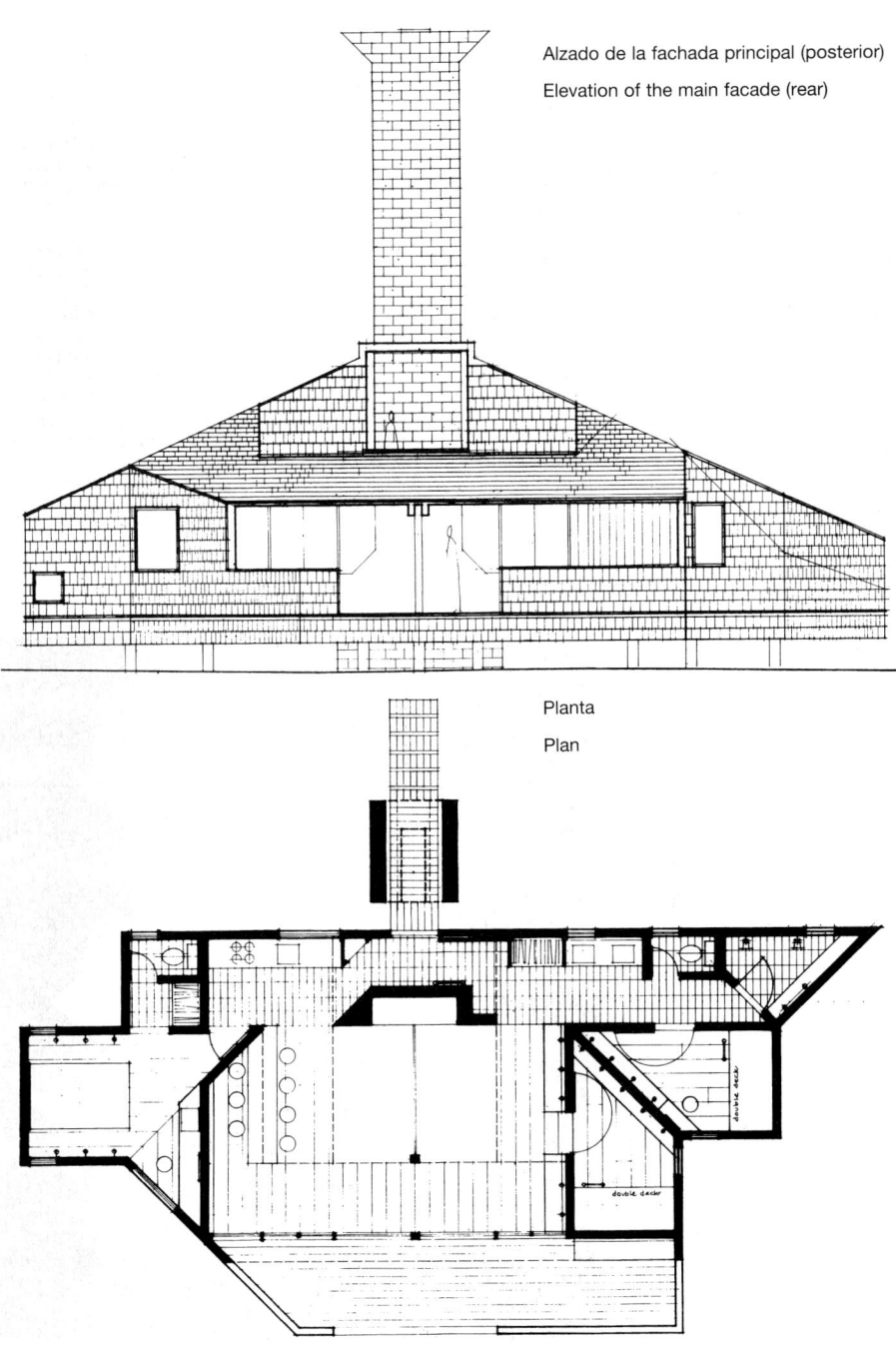

Vista lateral de la maqueta
Side view of the model

Sección transversal
Transverse section

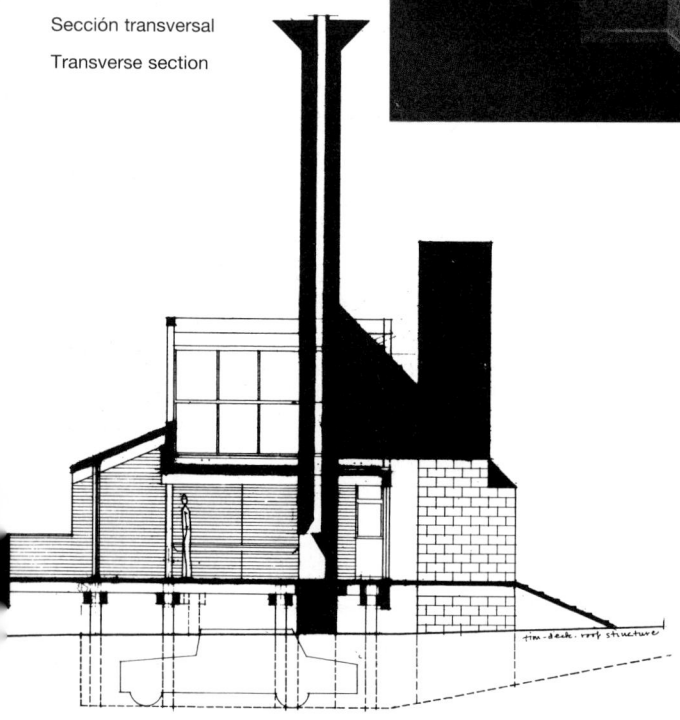

1959/1964 Casa Vanna Venturi, Chestnut Hill, Filadelfia, Pensilvania.
Venturi y Rauch.
La complejidad y la contradicción son claramente reconocibles: el edificio es, a la vez, simple y complejo, abierto y cerrado, grande y pequeño.
Tanto interior como exteriormente se presenta como una casa pequeña que usa dimensiones y escala arquitectónica grandes. La principal razón para el uso de la escala grande es la intención de equilibrar su complejidad. Venturi afirma que la complejidad de organización combinada con la pequeña escala, en edificios pequeños significa actividad. El uso de una escala grande en un edificio pequeño produce tensión.
Los espacios interiores son complejos en su forma e interrelación, lo que se corresponde tanto con la complejidad intrínseca del programa doméstico, como con ciertas singularidades propias de una casa individual.
La planta se organiza en torno a un núcleo central que contiene la chimenea, la escalera y la entrada; configuración que está lejos de ser clásica, porque generalmente las distribuciones clásicas priman el vacío central. A pesar de ello, el núcleo genera una simetría axial que se va disolviendo progresivamente hacia el perímetro exterior para resolver las necesidades particulares de los espacios: por ejemplo, la cocina, que queda a la derecha, varía respecto al dormitorio de mano izquierda. Dos elementos verticales, la chimenea hogar y la escalera, compiten, por así decirlo, por la posición central: por un lado, el hogar se deforma y desplaza ligeramente, al igual que el correspondiente tubo de salida de humos; por otro lado, la escalera reduce de repente su anchura y distorsiona su recorrido, a causa de la presencia de la chimenea. Esta rigidez casi palladiana de composición, posteriormente distorsionada, forma parte de la tradición manierista.
Por el contrario, la forma exterior —representada por el muro con las molduras y por la cubierta en forma de tímpano— es sencilla y compacta: representa la escala pública del edificio. La fachada delantera, con su

1959/1964 Vanna Venturi House, Chestnut Hill, Philadelphia, Pennsylvania.
Venturi and Rauch.
Complexity and contradiction are clearly recognizable here: the building is at once simple *and* complex, open *and* closed, big *and* small.
Internally and externally, the house presents itself as a small dwelling which employs the dimensions and architectonic scale of a large construction. The primary reason for the use of the large scale is the concern to balance its complexity. Complexity of organization combined with small scale signifies activity in a small building. The use of grand scale in a small building produces tension. The interior spaces are complex in form and interrelation, which corresponds both to the intrinsic complexity of the domestic program and to certain specific peculiarities of a house for a single person.
The plan is organized around a central core which contains the fireplace, the staircase and the entrance; a layout that is far from classical, since as a rule the classic distribution favors a central void. In spite of this, the core generates an axial symmetry which progressively dissolves as it approaches the external perimeter in order to resolve the particular requirements of the different spaces: for example, the kitchen to the right is at variance with the bedroom on the left. Two vertical elements, the chimney over the fireplace and the staircase, compete for the central position: on the one hand, the fireplace is slightly deformed and displaced, as is the flue carrying away the smoke; on the other hand, the staircase suddenly narrows and twists in the presence of the chimney. This almost Palladian compositional rigidity, subsequently distorted, is part of the Mannerist tradition.
By contrast, the form of the exterior —represented by the wall with its mouldings and the roof in the form of a pediment— is simple and compact: this represents the public scale of the building. The front facade, with its conventional combination of door, windows, chimney and pediment, gives the house

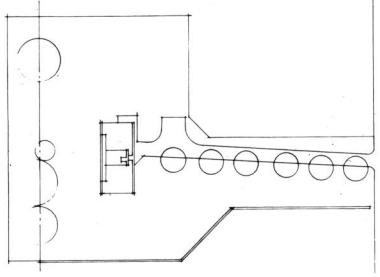

Planta general

Site plan

Fachada principal   Main facade

Fachada posterior   Rear facade

Alzado de la fachada principal

Elevation of the main facade

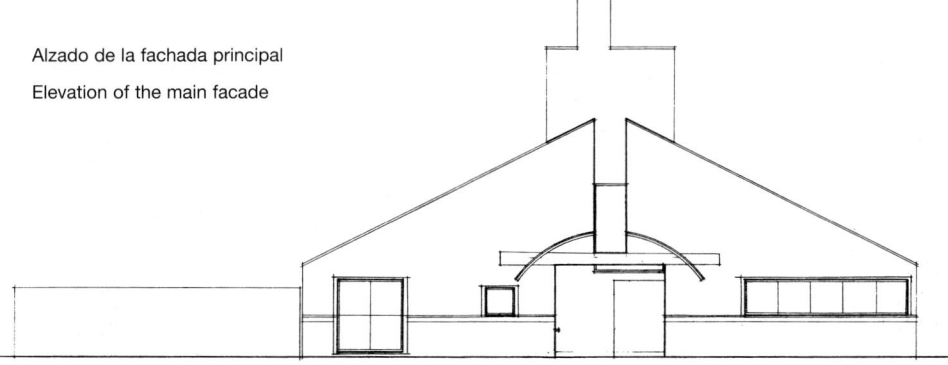

combinación convencional de puerta, ventanas, chimenea y tímpano, crea una imagen casi simbólica de una casa. Sin embargo, la complejidad interior se refleja también en el exterior. La variedad de localizaciones, tamaños y formas de las ventanas y de las perforaciones de los muros exteriores, así como la localización descentrada de la chimenea, contradicen la simetría global de la forma exterior. Los muros, tanto los de la parte delantera como los de la trasera, acentúan la sensación de espacio cerrado, pero permiten crear una expresión de abertura. Todo esto se evidencia con mayor fuerza aún en la parte central de la fachada princi-

an almost symbolic image. Nevertheless, the complexity of the interior is also reflected on the exterior. The variety of the positioning, sizes and forms of the windows and openings in the exterior walls, together with the decentralized location of the chimney, contradict the overall symmetry of the external form. The walls, in both the front and rear parts of the house, accentuate the sensation of a closed space while making it possible to create an expression of openness. All of this is evident with greater force in the central part of the main facade, where the external wall is superimposed on the other two walls which accommodate the

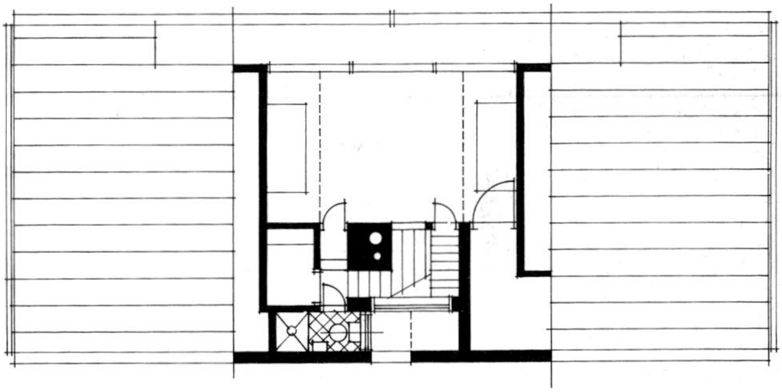

Planta piso

First floor plan

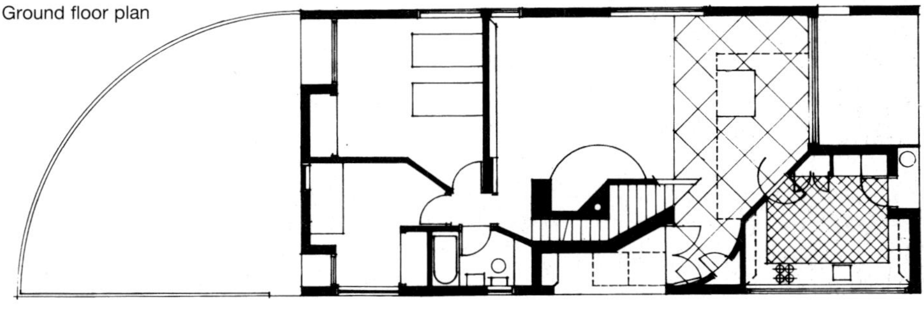

Planta baja

Ground floor plan

Sección transversal

Transverse section

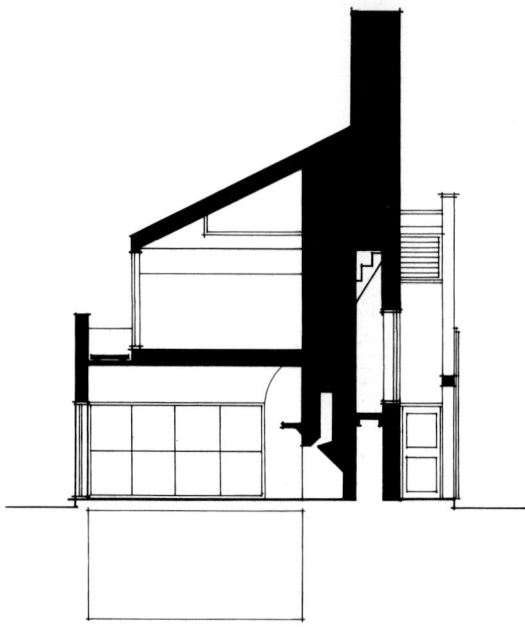

pal, donde el muro externo está superpuesto a los otros dos muros que albergan la escalera. Cada uno de estos tres estratos yuxtapone aberturas de dimensiones y posiciones diferentes, formándose un espacio estratificado más que un espacio interpenetrado.
En el libro *Complejidad y contradicción en la arquitectura,* Venturi ilustra las arquitecturas que constituyen la referencia formal de este edificio; el tímpano, con su gran muesca vertical, evoca explícitamente el «dualismo» de la casa Girasole, de Moretti.

staircase. Each of these three strata juxtaposes openings of different dimensions and positions, thus composing a stratified rather than an interpenetrated space.
In the book *Complexity and Contradiction in Architecture*, Venturi illustrates those architectures which constitute the formal references for this building; the pediment, with its great vertical slot, explicitly evokes the "dualism" of the Girasole apartment house by Moretti in Rome, Italy.

Sección longitudinal

Longitudinal section

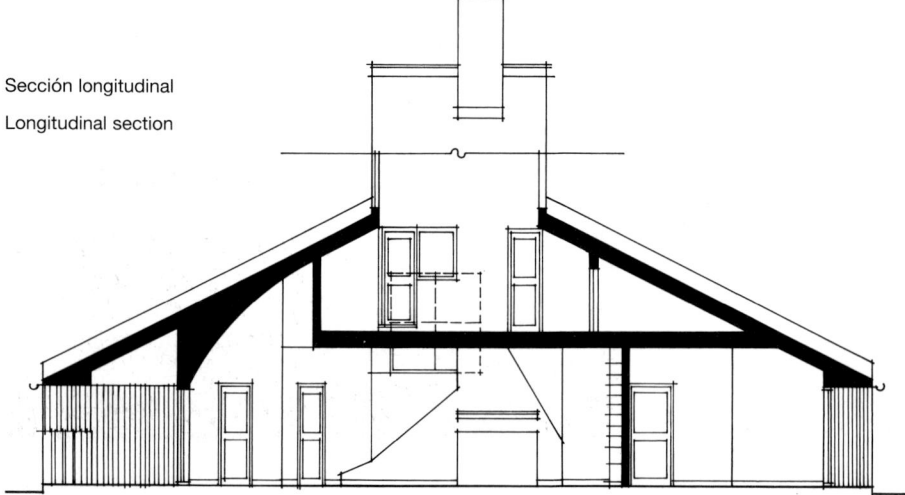

Vista de la escalera desde la planta piso
View of the stairs from the first floor

Sala de estar
Living room

Detalle interior
Detail of the interior

Vista interior del hogar
Interior view with the fireplace

1960 Franklin Delano Roosevelt Memorial Park, Washington, D.C.

Proyecto de concurso. Venturi y Short.
El proyecto propuso un volumen de tierra que contrastaba con las blancas formas escultóricas de los tres principales monumentos de Washington que existen en las cercanías. Los espacios diversificados que lo forman clarifican progresivamente sus respectivos destinos: en primer lugar, una *promenade* (paseo) abierta, de mármol blanco, a lo largo del Potomac, que reconoce y habilita la orilla del río para los peatones; una calle paralela contiene el aparcamiento de vehículos de los visitantes; y un terraplén cubierto de césped verde sirve de fondo a los cerezos de la explanada.

El complejo perfil curvo de la sección vertical en la orilla del río contiene multitud de rampas, escaleras y pasos peatonales, y una superficie ornamental en bajorrelieve. Para asegurar al máximo la continuidad, sugerida y real, esta curva se desarrolla a una escala convenientemente monumental y visible desde lejos.

La secuencia de parques ofrece una diversidad de espacios: un «cañón» estrecho para vehículos, un paso peatonal cerrado, un paseo al aire libre realzado, a su vez, por detalles tales como árboles y bancos, y, en el centro, alineada con el obelisco en memoria de Washington, una estrecha y larga perspectiva, atravesada por un pequeño puente para el tráfico automovilístico.

1960 Franklin Delano Roosevelt Memorial Park, Washington, D.C.

Competition project. Venturi and Short.
The project proposed a volume of earth which would contrast with the white sculptural forms of the three principal existing monuments in this part of Washington. The diversified spaces which compose it progressively clarify their respective destinations: in the first place, an open promenade in white marble running alongside the Potomac River, which acknowledges and adapts the riverbank for pedestrian use; a parallel street contains the parking spaces for visitors' cars; and a grassy embankment serves as backdrop for the cherry trees on the esplanade.

The complex curve of the vertical section on the riverbank contains a multitude of ramps, steps and pedestrian walkways, and an ornamental surface in bas-relief. In order to ensure the maximum degree of continuity, implied and real, this curve is developed on a conventional monumental scale, and is visible from a distance.

The sequence of parks offers a range of different spaces: a narrow "canyon" for vehicles, a covered walkway, an open-air walkway highlighted by details such as trees and benches and, in the center, aligned with the obelisk of the Washington Memorial, a long narrow prospect crossed by the little bridge for vehicular traffic.

Perspectiva seccionada de la *promenade*   Section perspective of the *promenade*

Planta general

Site plan

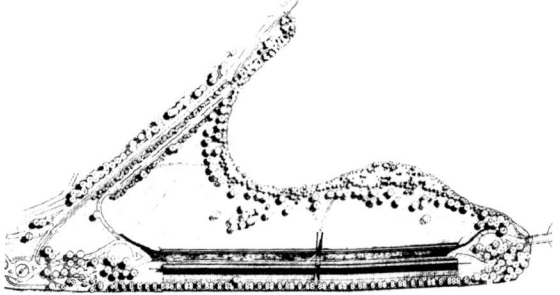

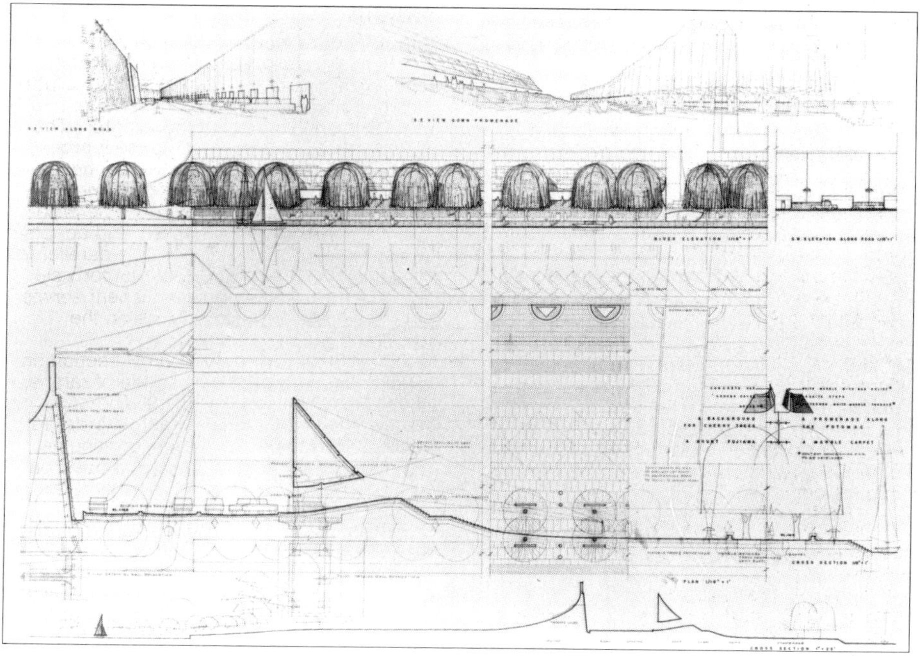

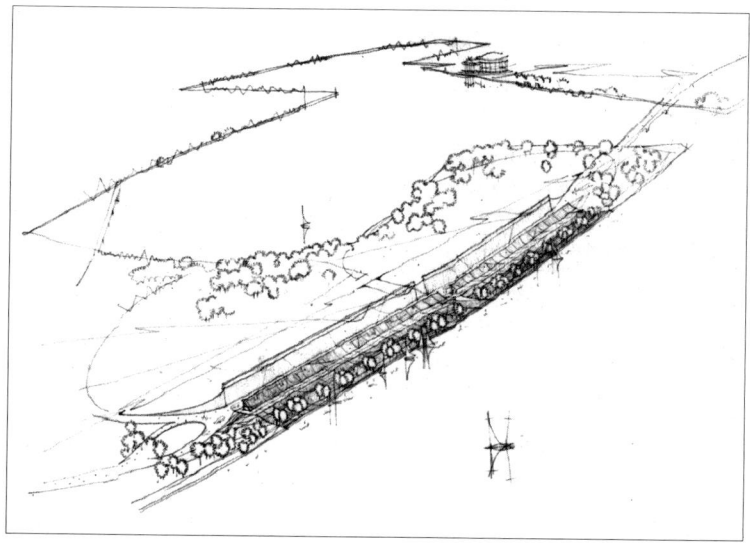

Superposición de plantas, secciones y perspectivas

Superimposition of plans, sections and perspectives

Perspectiva general

General perspective

1960/1963 Sede social para la North Penn Visiting Nurses' Association, Ambler, Pensilvania. Venturi y Short.
Las necesidades económicas impusieron un edificio de dimensiones modestas y construcción con tecnología convencional. El emplazamiento sugería el uso de una escala atrevida y de una forma simple que se equilibrase con los grandes edificios circundantes. El programa requería un interior complejo, con gran variedad de espacios y zonas de almacenamiento especiales.
Proyectado desde el exterior hacia el interior, el edificio resultante es como una «caja» distorsionada. La compleja disposición de las ventanas y aberturas exteriores, no sólo por sus dimensiones y tratamiento, contrasta con la simplicidad y el tamaño relativamente pequeño del edificio.
La intención de los arquitectos es la de «destruir la caja», no mediante continuidades espaciales, sino por medio de distorsiones circunstanciales.

1960/1963 Headquarters for the North Penn Visiting Nurses' Association, Ambler, Pennsylvania. Venturi and Short.
The limitations of the budget called for a building of modest dimensions, constructed with conventional technologies. The site suggested the adoption of a daring scale and a simple form which would be balanced by the grand buildings around it. The program demanded a complex interior, with a great variety of special spaces and storage areas.
Designed from the exterior through to the interior, the resulting building is like a distorted "box". The complex disposition of the windows and external openings, together with the dimensions and the treatment of these, contrasts with the simplicity and relatively small scale of the building.
The architects' intention was to "destroy the box", not by means of spatial continuities but by means of circumstantial distortions.

Planta de conjunto

Site plan

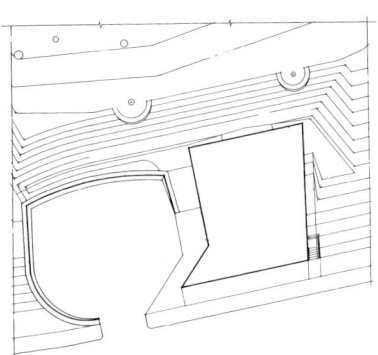

Planta baja y piso

Ground and first floor plans

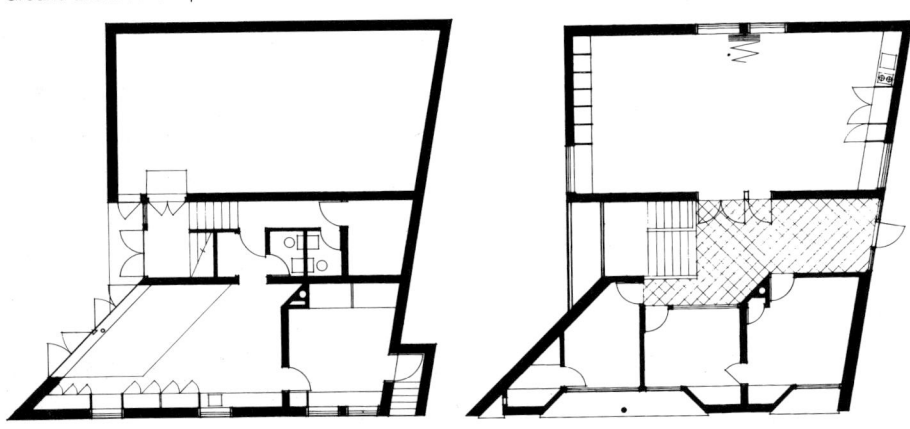

Vista de la entrada

View of the entrance

Vista general de las fachadas frontal y de acceso

General view of the front and entry facades

35

1960/1966 Guild House, Filadelfia, Pensilvania. Venturi y Rauch, con Cope y Lippincott.
La residencia de ancianos tiene 91 apartamentos de diversos tamaños. La planta tipo ofrece una cierta variedad de alojamientos, para responder a las diversas exigencias y permitir diferentes vistas y orientaciones; todo ello ha influido en la alteración de la retícula racional y regular de los pilares. La compleja organización de los espacios interiores contempla el máximo aprovechamiento del volumen habitable y la minimización del espacio de distribución. Las necesidades del proyecto y su modesto presupuesto determinaron el uso de elementos convencionales y de particulares medidas arquitectónicas.
La ornamentación exterior es explícita: refuerza, y a la vez contradice, la forma del edificio que adorna, y es en alguna medida simbólica. En la parte alta de la fachada, la lista formada por una hilera continua de ladrillos esmaltados en blanco, en combinación con el zócalo revestido del mismo material, dividen al edificio en tres franjas: planta baja, planta principal y ático. Ello contradice la escala de los seis pisos efectivos e iguales, sobre los cuales se ha superpuesto, aludiendo así a las proporciones del palacio renacentista. El conjunto de arco, terrazas y zócalo, unifica la fachada y, a modo de un orden gigante, deja en segundo plano la serie de los seis pisos, en favor de la escala y de la monumentalidad de la fachada central.
Las paredes exteriores de ladrillo rojo oscuro, con sus ventanas de doble guillotina, recuerdan las casas tradicionales entre medianeras de Filadelfia. Aunque familiares por su forma, el efecto que producen estas ventanas se aparta del convencional, por sus dimensiones insólitamente grandes y por la horizontalidad de sus proporciones: algo parecido a lo que sucede con la enorme y distorsionada imagen de la lata de sopa Campbell, de Andy Warhol, en la que los elementos convencionales se emplean de manera no convencional.

1960/1966 Guild House, Philadelphia, Pennsylvania. Venturi and Rauch, with Cope and Lippincott.
This residence for senior citizens has 91 apartments of different sizes. The typical floor plan offers some degree of variety of layout, in response to the diversity of requirements and to provide different views and orientations; all of this contributes to the alteration of the rational and regular sequence of the pillars. The complex organization of the interior spaces seeks to make the fullest possible use of the habitable volume while minimizing the distribution space. The requirements of the project and the modest budget determined the use of conventional construction elements and specific architectural measures.
The ornamentation on the exterior is explicit: it reinforces and at the same time contradicts the form of the building it adorns, and is to some extent symbolic. On the upper part of the facade, the line formed by a continuous course of white-enamelled bricks combines with the base clad in the same material to divide the building into three strips: ground floor, main floor and attic. This contradicts the scale of the six effective and equal floors, while alluding to the proportions of the Renaissance *palazzo*. The compositional group comprising arch, terraces and base unifies the facade, and like some gigantic order promotes the scale and monumentality of the central facade over the six floors.
The use of dark red brick for the external walls, with their double sash windows, recalls those of the traditional Philadelphia terraced house. Although their form is thus familiar, the effect produced by these windows is a departure from the conventional thanks to their unusually large dimensions and horizontal proportions: a somewhat similar process is at work in Andy Warhol's enormous, distorted image of the Campbell's soup can, where the conventional elements are employed in an unconventional way.

Perspectiva

Perspective

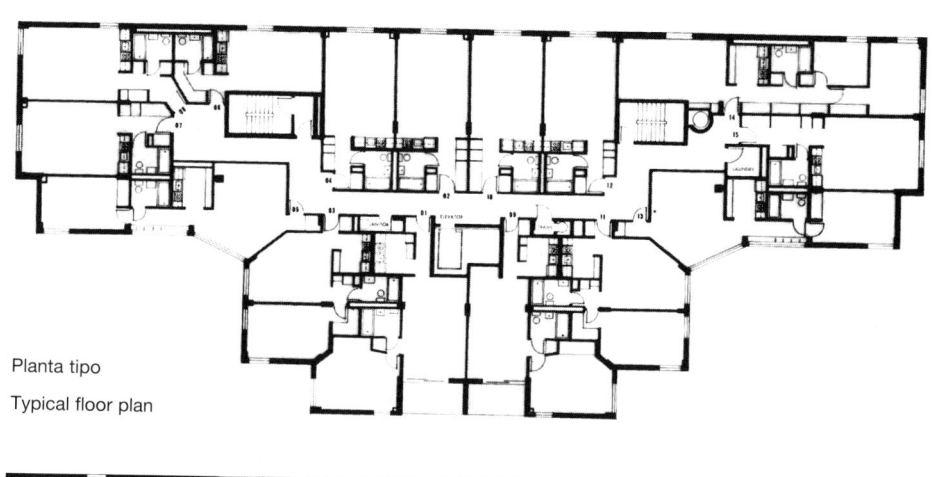

Planta tipo

Typical floor plan

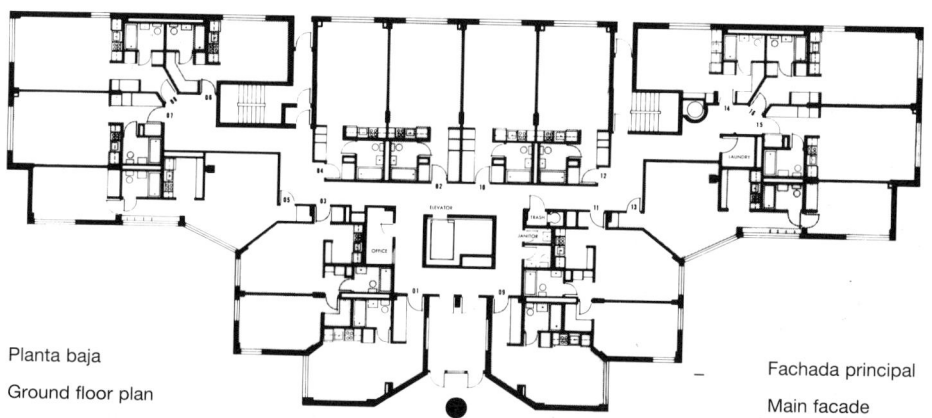

Planta baja

Ground floor plan

Fachada principal

Main facade

**1961/1962 Restaurante Grand's,
Filadelfia, Pensilvania.** Restauración.
Venturi y Short. Demolido.

La restauración del local comportaba la renovación de las dos casas adyacentes, en estado ruinoso. El restaurante debía ser un modesto establecimiento de barrio destinado a uso de los estudiantes. Teniendo en cuenta esta característica y el modestísimo presupuesto, los arquitectos decidieron hacer un empleo generoso de los símbolos y de los elementos convencionales, pero de tal forma que las cosas corrientes tomaran un nuevo significado en su nuevo contexto.
En la fachada, el rótulo esmaltado a la altura del primer piso resuelve netamente el juego simultáneo de unidad y dualidad, derivado de la composición del edificio preexistente.
La taza de porcelana esmaltada se transforma alternativamente de bidimensional en tridimensional, cambiando visualmente cuando el observador pasa por delante de ella. De noche, el rótulo resulta especialmente animado, con las letras iluminadas con luz blanca y el perfil de la taza delineado con el neón.
Tanto si se ven desde el interior como desde el exterior, las grandes letras y la taza-escultura señalan uno de los primeros usos del gigantismo gráfico en arquitectura.

**1961/1962 Grand's Restaurant,
Philadelphia, Pennsylvania.** Restoration.
Venturi and Short. Demolished.

The restoration of the restaurant involved the renovation of two neighboring houses, which were in a derelict state. The restaurant was to be a modest establishment, a local diner with a student clientele. Bearing this in mind, together with the very restricted budget, the architects decided to make generous use of conventional elements and symbols, but in such a way as to allow these ordinary things to take on a new significance in their new context.
On the facade, the enamelled sign at first-floor level neatly resolves the simultaneous play of unity and duality, derived from the composition of the existing building. The enamelled coffee cup shifts between two and three dimensions, changing in appearance as the observer walks past it. At night, the sign is particularly lively, with white light illuminating the letters and the silhouette of the cup outlined in neon.
Visible from both the interior and the exterior, the large letters and the cup-sculpture constitute one of the first uses of giant-sized graphics in architecture.

Fachada del restaurante

Facade of the restaurant

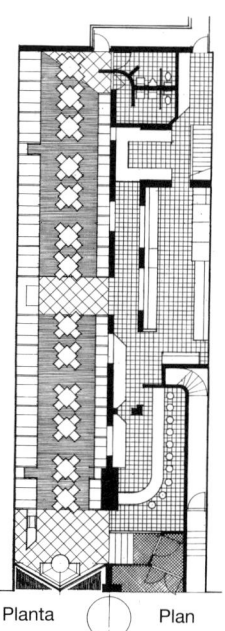

Planta / Plan

Rótulo, con la taza de porcelana esmaltada

The sign with the enamelled coffee cup

Vista interior de la sala

Interior view of the dining room

1965 Ayuntamiento de North Canton, Ohio. Proyecto. Venturi y Rauch, con Clarke y Rapuano.
El edificio del ayuntamiento forma parte de un plan urbanístico más amplio redactado para la ciudad de Ohio, del que también formaban parte un edificio para la YMCA (Young Men's Christian Association) y una biblioteca pública. Los edificios se relacionan urbanísticamente entre sí y con el centro de la ciudad.
El edificio del ayuntamiento es como un templo romano, por sus proporciones generales, por su posición aislada y también por su marcada direccionalidad: se privilegia su fachada principal en relación con la posterior. La contradicción de escala y de carácter entre la fachada principal y la trasera deriva tanto de la importante posición urbana que asume el edificio, como de su particular organización interna. La dicotomía del programa del ayuntamiento, entre espacios de «representación», por una parte, y oficinas administrativas, por otra, se ha articulado explícitamente mediante un pabellón frontal para los primeros, que conecta con una nave de oficinas para los segundos, ampliable esta última por la parte trasera del edificio, de ahí que éste se remate de forma «abierta».
Perpendicularmente a la calle se coloca una enorme bandera, para que se vea desde lejos como un anuncio comercial.

1965 North Canton City Hall, Ohio. Project. Venturi and Rauch, with Clarke and Rapuano.
The City Hall building is part of more extensive urban plan for this town in Ohio, which also includes a building for the YMCA and a public library. In urbanistic terms, the buildings interrelate with one another and with the city center of which they form part.
The City Hall building is like a Roman temple in terms of its general proportions, its isolated position and also its pronounced directionality: the main facade is privileged in relation to the rear. The contradiction of scale and character between main and rear facade also derives from the importance of the urban site which the building occupies, and from its highly individual internal organization. The dichotomy inherent in the program for the City Hall, divided into "representative" spaces on the one hand and administrative offices on the other, has been explicitly articulated by means of a frontal pavilion accommodating the former, which connects with the office wing containing the latter: provision has been made for extension to the rear of the building, so that the finishing here has been left "open".
The enormous flag positioned perpendicular to the street is visible from a distance, and serves to advertise the presence of the building.

Maqueta: fachada principal

Model: the main facade

Perspectiva

Perspective

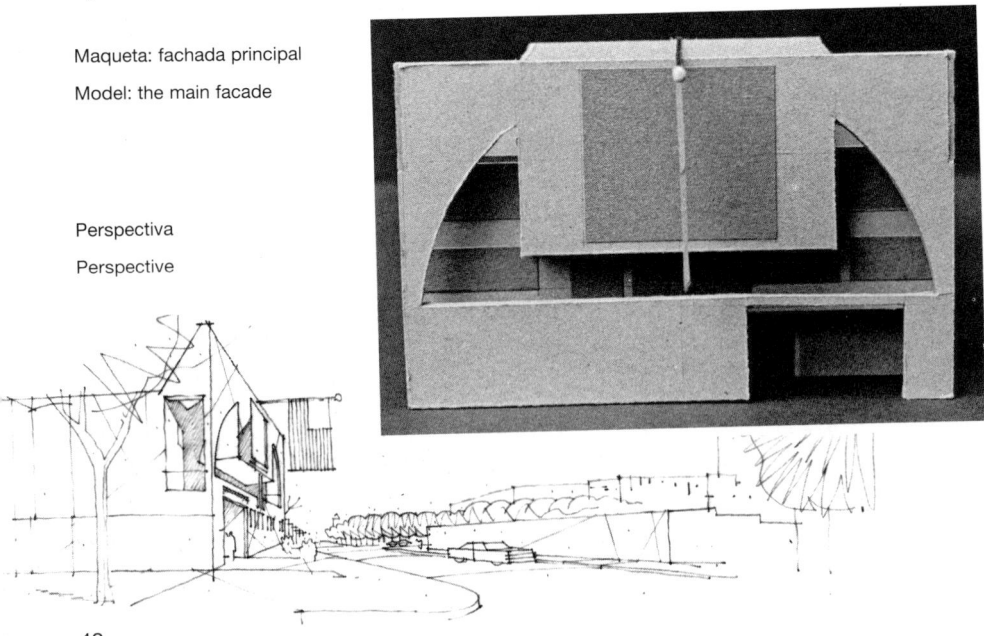

Perspectiva

Perspective

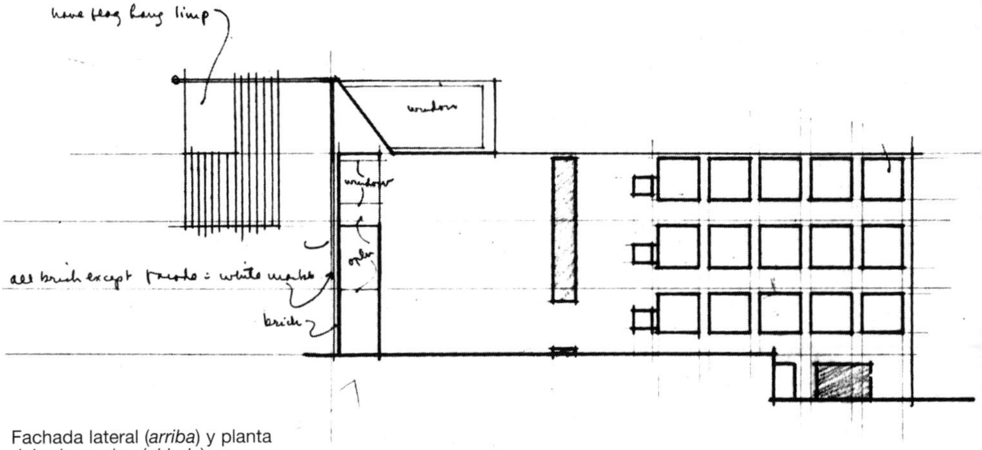

Fachada lateral (*arriba*) y planta del primer piso (*al lado*)

Side facade (*above*) and first floor plan (*opposite*)

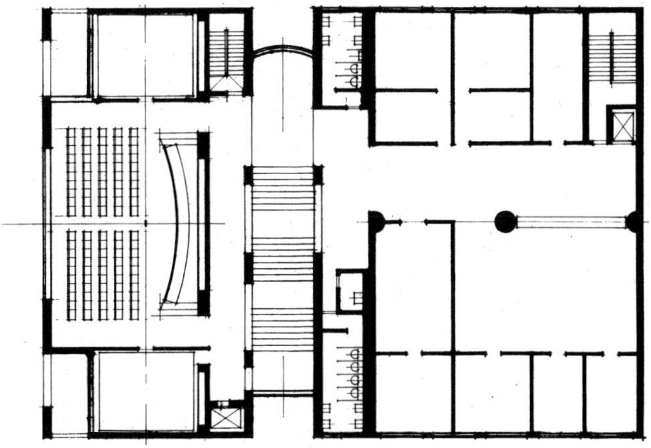

1965/1966 Copley Square, Boston, Massachusetts. Proyecto de concurso.
Venturi y Rauch.
La idea del proyecto para este concurso es la de una «no-*piazza*» rellena de un rico tejido de árboles.
En el nivel inferior existe un orden en retícula formado por terraplenes escalonados según unos desniveles de 1, 20 metros de altura aproximada. Esa cuadrícula reproduce en miniatura el trazado de la parte de Boston que rodea la plaza Copley, en una réplica de la jerarquía de las calles grandes, pequeñas y medianas que se encuentran en la ciudad real. La imitación en miniatura tiene el objeto de sugerir al visitante la unidad en la que se encuentra, pero que no puede abarcar visualmente.
La comprensión del todo desde dentro de una parte supone una contribución al sentido de unidad de un conjunto urbano complejo.

1965/1966 Copley Square, Boston, Massachusetts. Competition project.
Venturi and Rauch.
The idea behind this competition is that of a "*non-piazza*" occupied by a rich pattern of trees.
The lower level is ordered on the basis of a grid formed of stepped embankments, with differences in height of approximately 1.20 meters. This checkerboard pattern reproduces in miniature the layout of the area around Boston's Copley Square, replicating the hierarchy of streets —large, small and medium-sized— found in the real city. This imitation in miniature serves to indicate the unity of the urban context, which is not directly apparent to the eye.
The inclusion of the whole within a single part contributes to the perception of the unity of a complex urban environment.

Plano de emplazamiento

Site plan

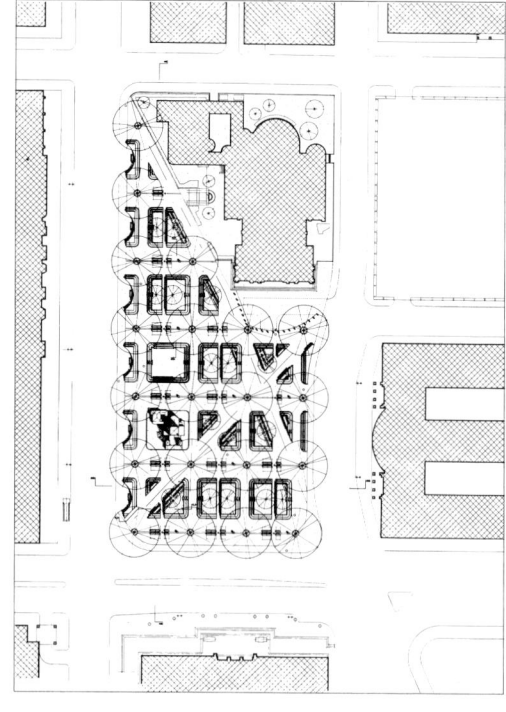

Pagina derecha arriba: Secciones de la plaza, diagrama de la iluminación nocturna. Detalle de la planta
Debajo: Vista axonométrica

Folloging page above: Sections through the square, night illumination diagram. Detail of the plan
Below: Axonometric view

42

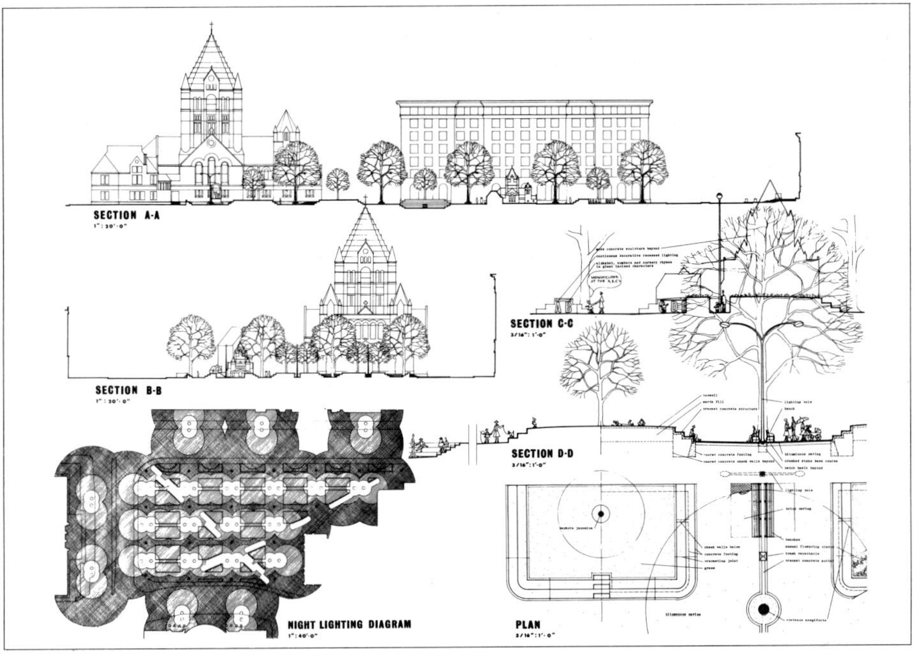
SECTION A-A
1" : 20'-0"
SECTION B-B
1" : 20'-0"
SECTION C-C
3/16" : 1'-0"
SECTION D-D
3/16" : 1'-0"
NIGHT LIGHTING DIAGRAM
1" : 40'-0"
PLAN
3/16" : 1'-0"

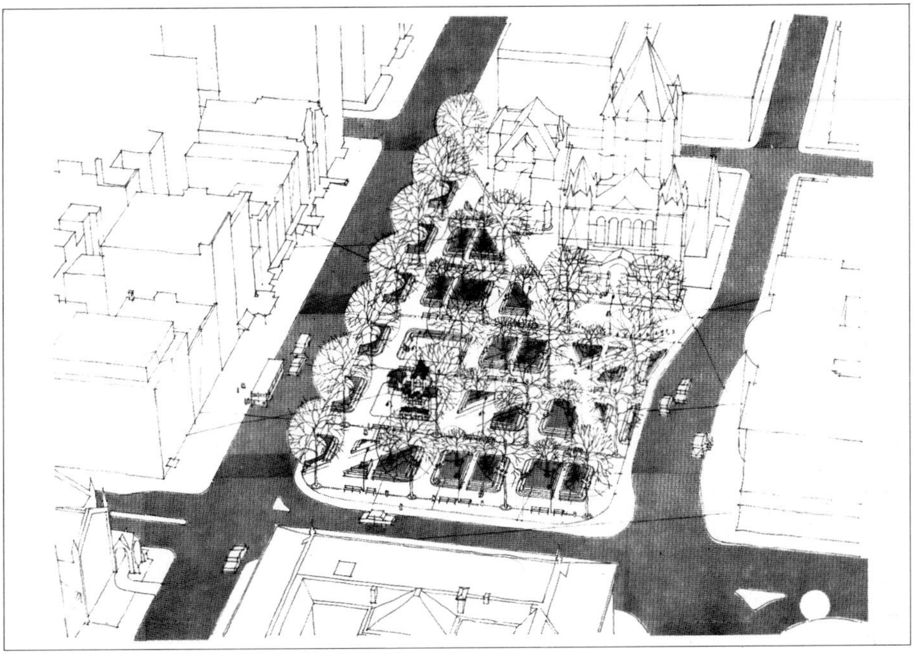

1965/1968 Consultorio médico Varga-Brigio, Bridgeton, New Jersey.
Ventury y Rauch.

Se trata de un consultorio médico para una ciudad pequeña, un «shed» decorado a propósito para un área situada en la esquina de dos calles. La implantación en diagonal se adapta al solar en esquina, dejando entre las calles un prado de césped, frente al edificio. La esquina del edificio terminada en ángulo agudo podría ser repetida en la parte opuesta, en caso de ampliación; de esta forma, el edificio diagonal se relaciona con la arquitectura circundante, cuya ubicación resulta un tanto «casual».

La pequeña «envoltura» aspira a la monumentalidad a través de su entrada decorada y de los elementos convencionales (ventanas). En su conjunto, el edificio es escrupulosamente *ordinario*: la única excepción la constituye el paño de fachada de la entrada.

1965/1968 Varga-Brigio Medical Office, Bridgeton, New Jersey.
Venturi and Rauch.

This doctors' office located in small town, is a "decorated shed" designed for a site on the corner of two streets. The diagonal placement is adapted to the corner site, leaving a grassy lawn in front of the building, between the two streets. The corner of the building which forms an acute angle could be repeated on the opposite side in case of future extension; in this way the diagonal building is related to the surrounding architecture with its somewhat "casual" disposition.

The small "envelope" aspires to monumentality by means of its decorated entrance and the conventional elements (the windows). In its entirety, the building is *ordinary*: the one exception is the entrance facade.

Vista de la fachada principal

View of the main facade

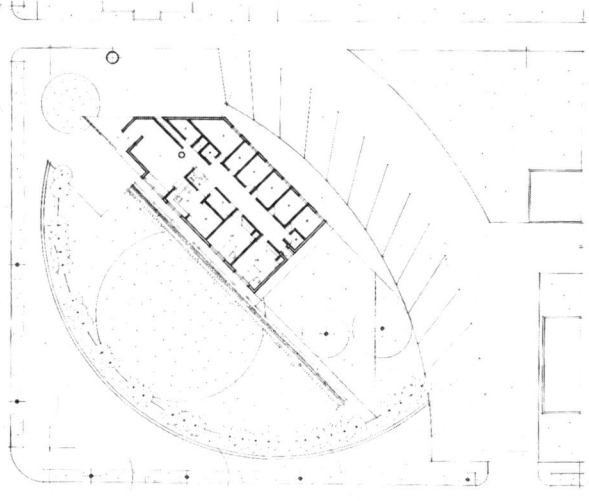

Vista en escorzo de la entrada

Oblique view of the entrance

Planta general

Ground floor plan

1965/1968 Parque de bomberos n.º 4, Columbus, Ohio. Venturi y Rauch.

El programa para este parque de bomberos requería un edificio sencillo y de fácil mantenimiento.

La planta es simple: se han destinado unos espacios casi iguales para garaje de las autobombas, a mano derecha, y para los dormitorios y guardias diurnas, a la izquierda, con una torre de servicio en el centro de la fachada principal. Por obvios motivos funcionales —el equipo de bomberos—, el dormitorio tiene menor altura libre que el resto; el desnivel se ha resuelto con un alto parapeto, para simplificar la fachada principal y aumentar la escala arquitectónica. El dibujo que configura la ladrillería yuxtapone sobre la fachada las proporciones ideales que, de otra forma, las funciones internas del edificio no habrían permitido. El ladrillo blanco, el rótulo dorado «Fire Station 4» en lo alto de la torre, y la misma torre, contribuyen a definir la cualidad y la importancia cívica del edificio. Estos elementos ejercen tanto la función de símbolos como de expresivas abstracciones arquitectónicas; no son simplemente *ordinarios,* sino que representan simbólica y estilísticamente la ordinariedad, enriqueciendo de este modo la arquitectura a la que, en este caso agregan un significado literario.

Incisivo y funcional, el edificio crea una imagen, ordinaria pero característica, de la actividad encomendada a un parque de bomberos.

1965/1968 Fire Station No. 4, Columbus, Ohio. Venturi and Rauch.

The program for this fire station called for an uncomplicated, easily maintained building. The plan is simple: virtually identical spaces are allocated for the garage for the fire engines, on the right, and for dormitories and duty rooms, on the left, with a service tower in the center of the main facade. For functional reasons, the dormitory is lower in height than the rest of the complex; the difference in height is resolved by means of a high parapet in order to simplify the main facade and increase the scale. The pattern of the brickwork juxtaposes on the facade those ideal proportions which the internal functions of the building would not otherwise have permitted. The white brick, the sign at the top of the tower reading "Fire Station 4", and the tower itself, all contribute to defining the civic quality and importance of the building. These elements function both as symbols and as architectonic abstractions; rather than being simply *ordinary*, they are in effect symbolic and stylistic representations of ordinariness, in this way enriching the architecture to which they here add a literary significance.

Incisive and functional, the building creates an image that is at once ordinary yet characteristic of the activity carried out in a fire station.

Vista de la fachada principal	View of the main facade

Alzado de la fachada principal
Elevation of the main facade

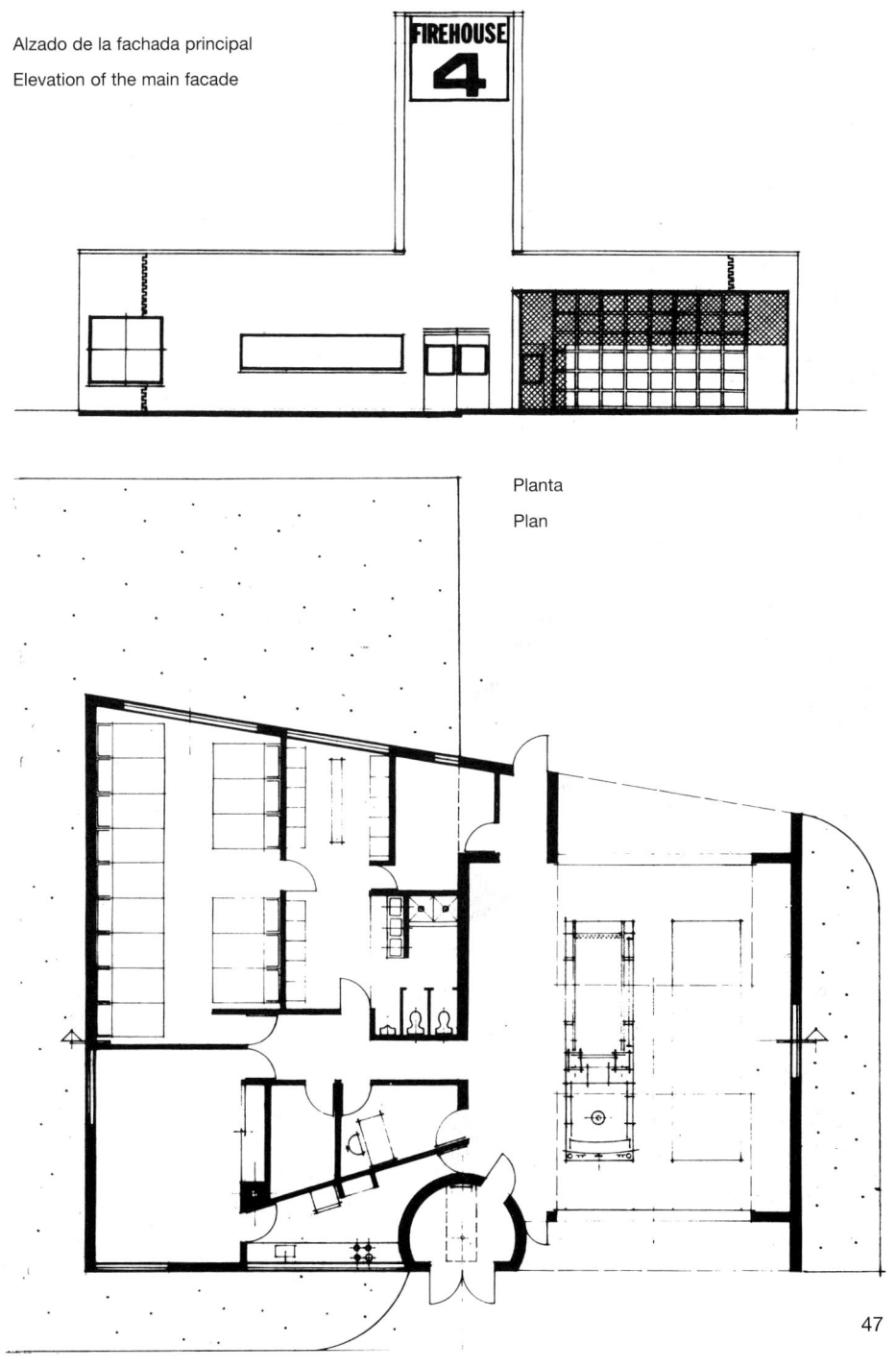

Planta
Plan

1966 Casa Frug, Princeton, New Jersey.
Primer proyecto. Venturi y Rauch.
El primer proyecto es para un terreno con una fuerte pendiente, y el segundo para un terreno llano, ambos adyacentes a una piscina, en una finca cercana a Princeton.
Entre los requerimientos del programa del cliente figuraban una habitación de invitados, una cubierta con fuerte voladizo y una sala de juegos independiente de la casa, para los niños.
El primer proyecto se centra en la vista del espejo de agua a través de una serie de ventanas en la fachada; tal orientación se refuerza en la sección de la cubierta, exageradamente baja en la fachada frontal y altísima en la posterior.

1966 Frug House, Princeton, New Jersey.
First project. Venturi and Rauch.
The first project was designed for a steeply sloping plot, the second for a level plot; each stands by a swimming pool on a site near Princeton.
The requirements of the client's program included a room for guests, a steeply pitched roof and a game room for the children, set apart from the house.
The first project is focused on the view of the mirror-like sheet of water through a series of windows set in the facade; this orientation is underlined by the roof section, exaggeratedly low over the front facade and very high at the rear.

Plantas *(de arriba abajo):* ático, planta segunda, planta primera, planta baja

Plans *(from top):* attic, second floor, first floor, ground floor

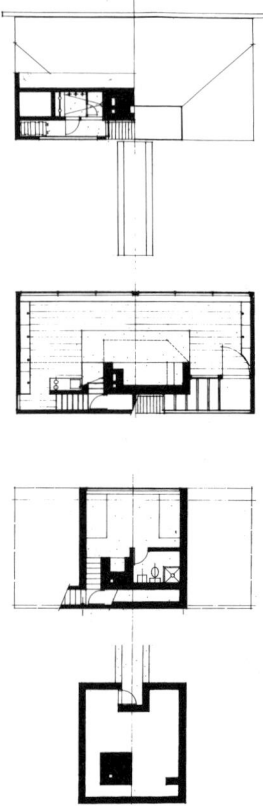

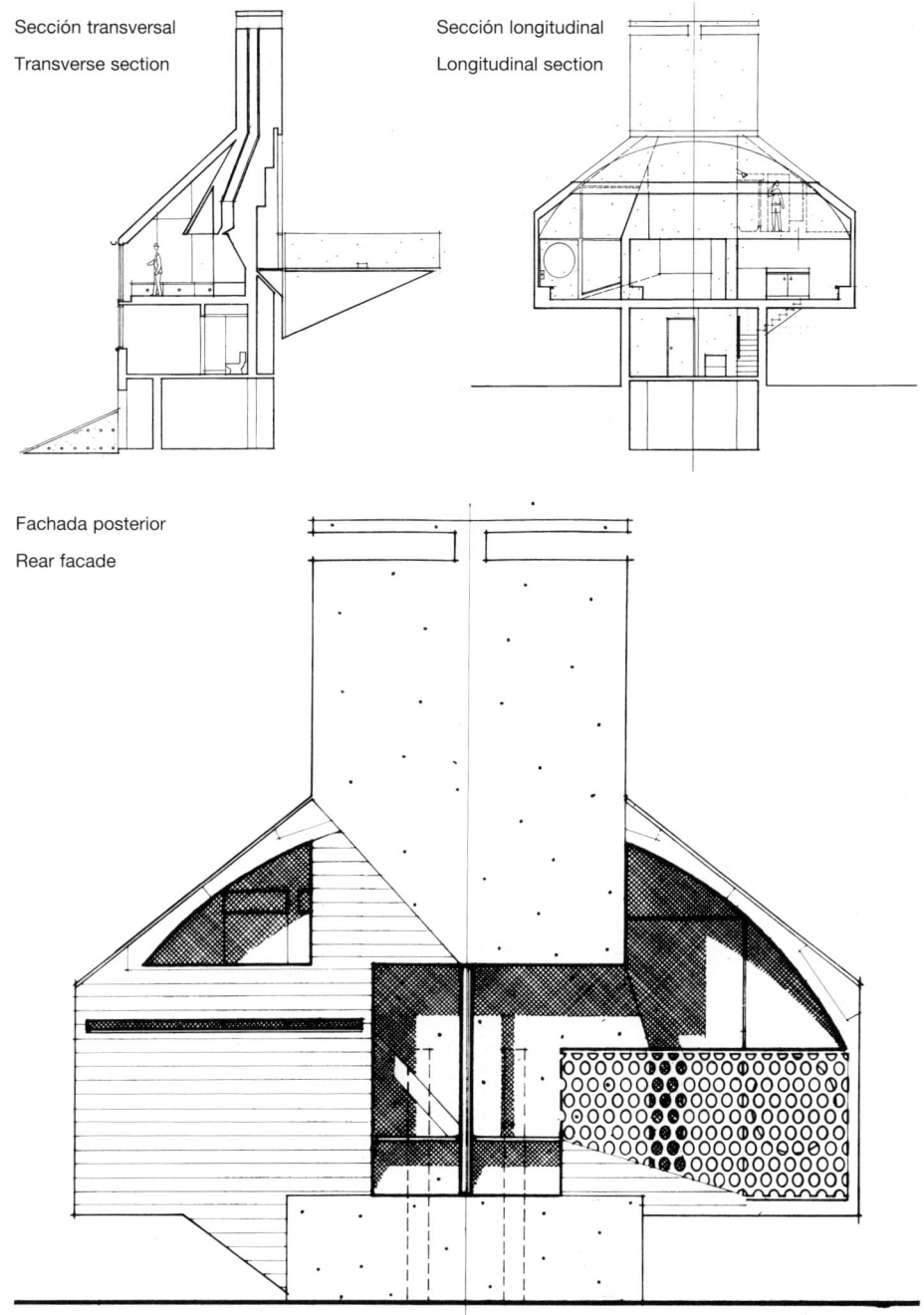

1966 Casa Frug, Princeton, New Jersey.
Segundo proyecto. Venturi y Rauch.
En el lado opuesto, localizado en un terreno llano, se ubica el segundo proyecto, frente a la piscina.
Exteriormente, el pequeño edificio está proyectado a una escala grande; interiormente, en cambio, está concebido a una escala más pequeña. El gran volumen de la chimenea, junto a la fachada compuesta por dos frentes superpuestos, crea recintos múltiples. La única abertura grande en la fachada más externa está dividida en dos partes por el muro de detrás, que acoge la puerta corredera.

1966 Frug House, Princeton, New Jersey.
Second project. Venturi and Rauch.
On the opposite side, the second project stands on a level plot, overlooking the swimming pool.
Externally, the small building is designed on a grand scale; in the interior, by contrast, the scale is more modest. The large volume of the fireplace chimney, abutting on the facade composed of two overlapping surfaces, creates multiple spaces. The single large opening in the more exterior facade is divided into two parts by the rear wall, which contains the sliding door.

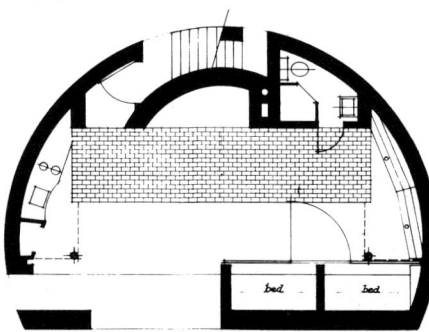
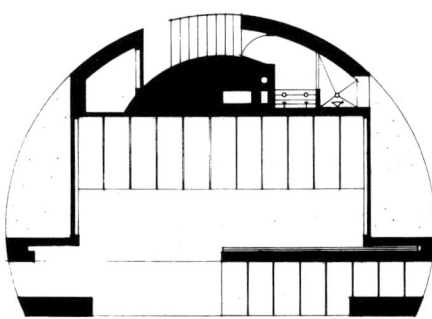

Plantas baja y piso

Ground and first floor plans

Maqueta: fachada principal

Model: main facade

Sección transversal

Transverse section

Alzado de la fachada principal

Elevation of the main facade

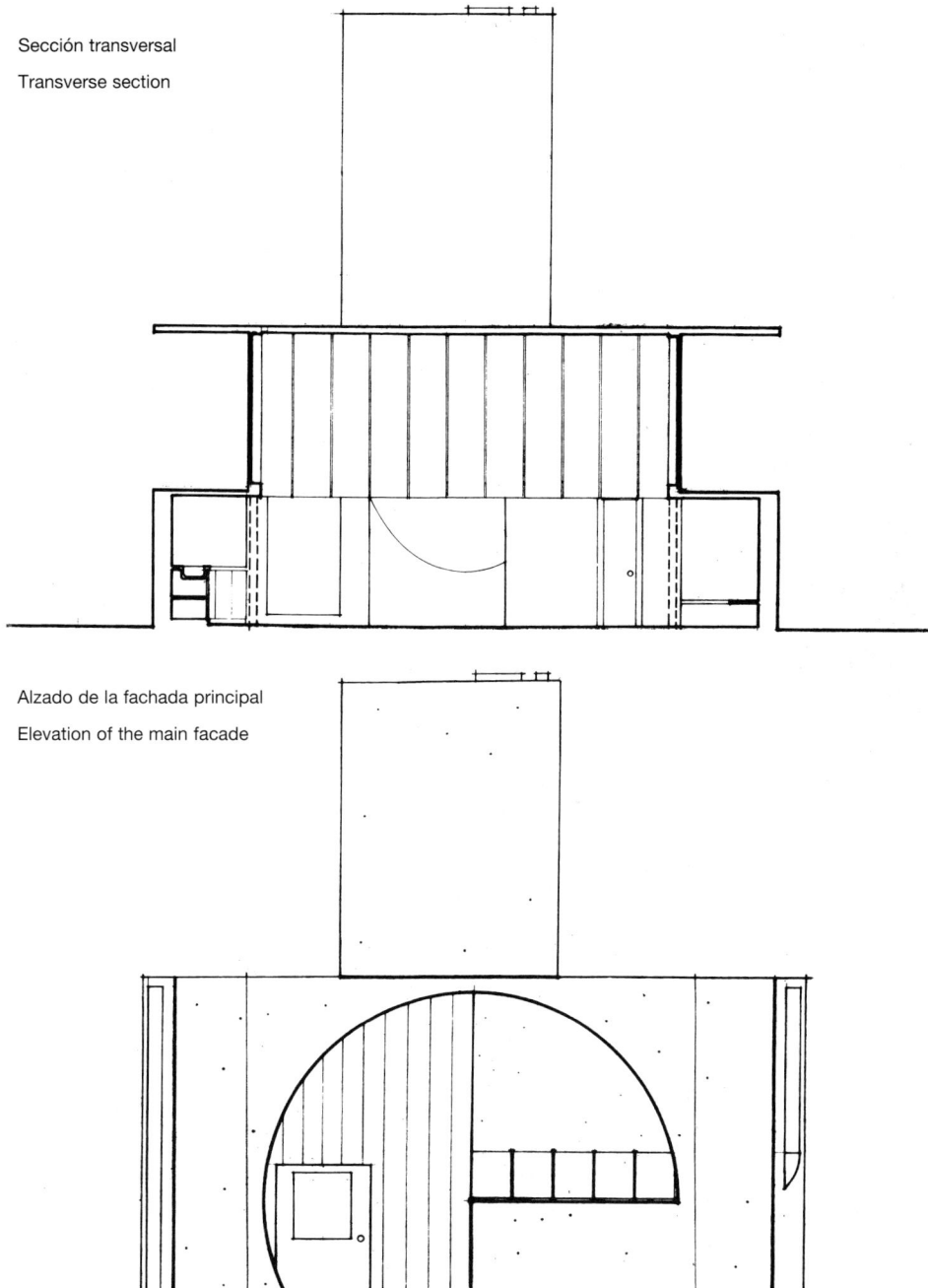

1967 National Football Hall of Fame, Rutgers University, New Brunswick, New Jersey. Proyecto de concurso.
Venturi y Rauch.

El programa de este museo, dedicado a la historia del fútbol americano, requería unas precisas y elaboradas relaciones entre los espacios destinados a actividades administrativas, de investigación, la biblioteca, los servicios de comedor y los espacios de exposición.

El proyecto, innovador en su género, está pensado como una arquitectura de la comunicación para grandes masas en movimiento, y combina proyecciones, gráficos y espacios arquitectónicamente tradicionales, creando una iconografía de los medios de comunicación de masas (películas, recuerdos, etc.) destinada al entretenimiento de un amplio público. La idea de que un espacio pueda ser transformado por la luz y por las imágenes no es nueva en el campo teatral, pero sí es un concepto relativamente reciente en arquitectura. El alto grado de interacción determinado por la rica combinación de movimientos y de escala está destinado a recrear el espíritu del estímulo, típico de los acontecimientos deportivos.

Exteriormente, el museo se presenta como un gran *Bill-Ding-Board*. Venturi lo define como un híbrido: edificio (*building*) y, a la vez, cartel publicitario *(billboard)*. Sobre la pantalla de la fachada principal (el *billboard*), una secuencia de imágenes acrecienta el sentido de anticipación del visitante a su llegada. El fondo del edificio (el *building*) es una tribuna que se asoma sobre el campo de fútbol.

1967 National Football Hall of Fame, Rutgers University, New Brunswick, New Jersey. Competition project.
Venturi and Rauch.

The program for this museum devoted to the history of American football called for very precise and elaborate relationships between the spaces housing administrative functions, research activities, library, dining facilities and exhibition spaces.

This innovative project was conceived as an architecture of communication for large masses of people in motion, and combines projected images, graphics and architectonically traditional spaces to create an iconography of the mass communication media (films, mementos, etc.) for the entertainment of a wide public. The idea that a space can be transformed by light and images is not new in the field of theatre, but is a relatively recent concept in architecture. The high degree of interaction determined by the rich combination of movements and scale is designed to recreate the spirit of stimulus typical of sporting events.

On the exterior, the museum presents itself as a great *Bill-Ding-Board*, which Venturi defines as a hybrid: both *building* and *billboard*. On the screen of the main facade, the *billboard*, a sequence of images raises the visitors' sense of anticipation on arrival. The rear part of the construction (the *building*) is a grandstand looking out over the football field.

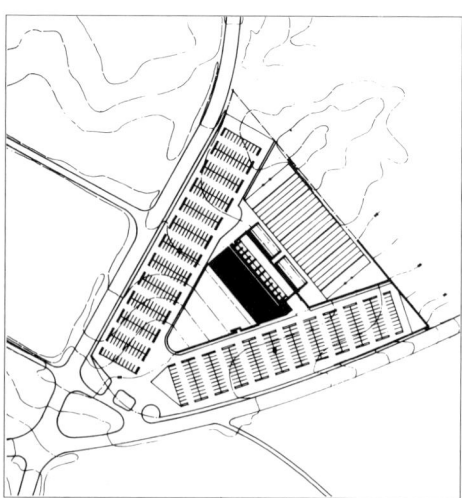

Plano de situación

Site plan

Maqueta: vista general de la fachada principal
Maqueta: vista general de la fachada posterior

Model: general view of the main facade
Model: general view of the rear facade

Planta del último piso
Plan of the top floor

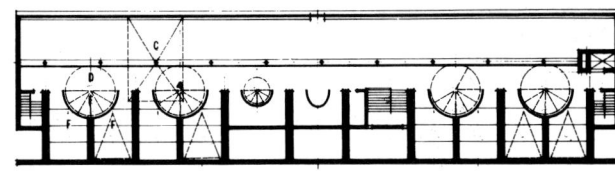

Planta del nivel del Hall of Fame
Plan of the Hall of Fame level

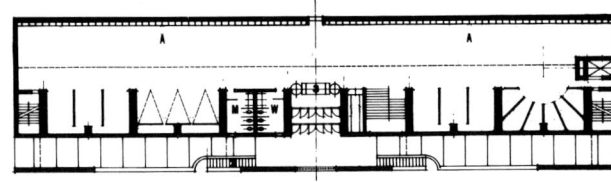

Planta baja
Ground floor plan

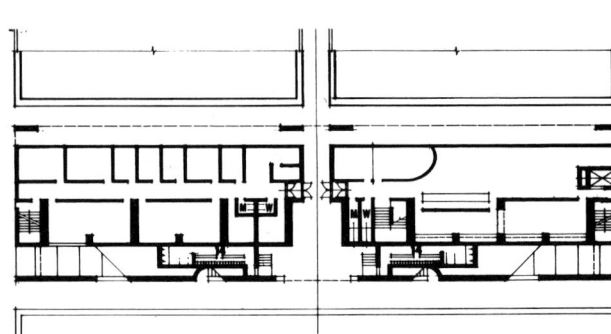

Perspectiva-*collage* del interior
Perspective collage of the interior

1967/1974 Parque de bomberos Dixwell, New Haven, Connecticut. Venturi y Rauch.
Como en el caso del Parque de bomberos n.º 4, el programa requería un espacio para las autobombas, espacios auxiliares, y un espacio de estar para los bomberos. Dado lo modesto del presupuesto y las funciones específicas, el edificio, de formas muy simples, resulta grande por su escala arquitectónica, ya que contiene elementos grandes en un volumen sencillo.

El rótulo de la fachada actúa como elemento de identificación, como sucede generalmente en la arquitectura cívica; pero en cuanto las letras llegan a la esquina del edificio, el muro que les sirve de soporte se rompe y avanza en vilo, evocando así un cartel de carreteras o publicitario. La esquina redondeada se presenta como la única característica arquitectónica que ayuda a vincular las dos fachadas a la calle. El dibujo del ladrillo policromado tiene el cometido de enriquecer la fachada frontal y enfatizar, una vez más, su escala arquitectónica «casi-cívica».

1967/1974 Dixwell Fire Station, New Haven, Connecticut. Venturi and Rauch.
As with Fire Station No. 4, the program called for a space for the fire engines, auxiliary spaces, and a rest area for the firemen. Considering the modest budget and the specific functions, the building, with its extremely simple forms, is large because of its architectonic scale and because it contains large elements within a simple volume.

The sign on the facade functions as an identifying element, as is generally the case with civic architecture; however, when the letters reach the corner of the building, the wall which serves as support breaks off and the letters continue in mid-air, thus evoking a road sign or a publicity poster. The rounded corner is presented as the one architectonic characteristic which serves to connect the two facades with the street. The pattern of different colors in the brickwork effectively enriches the front facade and emphasizes once again its "quasi-civic" architectonic scale.

Fragmento de la fachada de acceso, con el «muro-rótulo»

Partial view of the entry facade, with the "sign-wall"

Planta
Plan

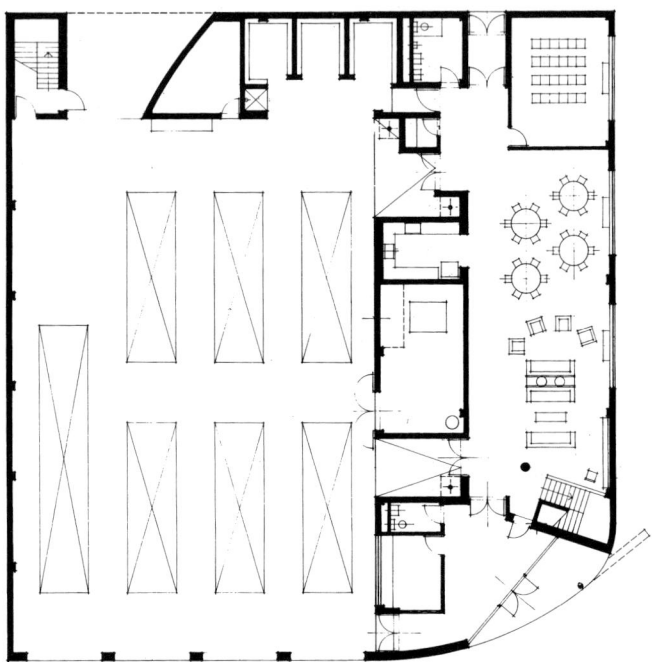

Fachada principal
Main facade

1967/1969 Casa Lieb, Loveladies, New Jersey. Venturi y Rauch.
Un *shed* ordinario con elementos convencionales. Los materiales son los tradicionales empleados en las casas junto al mar en Long Beach Island: ripias (*shingles*) de asbesto con relieve que imita el veteado de la madera. El revestimiento más oscuro de la parte baja alude a la solidez de un zócalo tradicional.
La presencia de los pocos elementos no convencionales de que consta el edificio resulta extraordinariamente explícita, como ocurre con la escalera —de anchura decreciente gradualmente del exterior al interior—, o con la gran ventana redonda, que recuerda el altavoz de una radio de los años treinta.
Ordinaria y sofisticada, su arquitectura se inspira tanto en la tradición vernácula como en su contexto específico; aunque esta casita resulta grande en su escala arquitectónica, a diferencia de las construcciones que la circundan, al mismo tiempo está estrechamente emparentada con ellas.

1967/1969 Lieb House, Loveladies, New Jersey. Venturi and Rauch.
This house is an ordinary *shed* with conventional elements. The materials are the ones traditionally employed for houses near the sea on Long Beach Island, asbestos shingles with a relief which imitates wood grain. The darker cladding on the lower part of the house is an allusion to the solidity of a traditional facade.
The presence of the few unconventional elements used in the building is extraordinarily explicit, as is the case with the stairs —gradually decreasing in width from exterior to interior— or the large round window, which recalls the speaker of a thirties radio.
At once ordinary and sophisticated, the architecture draws its inspiration as much from the vernacular tradition as from its specific context; this small house is large in its architectonic scale, quite different from its neighbors, but is at the same time closely related to them.

Vista general posterior

General view of the rear

Vista general de las fachadas lateral y principal

General view of the side and main facades

Planta piso
First floor plan

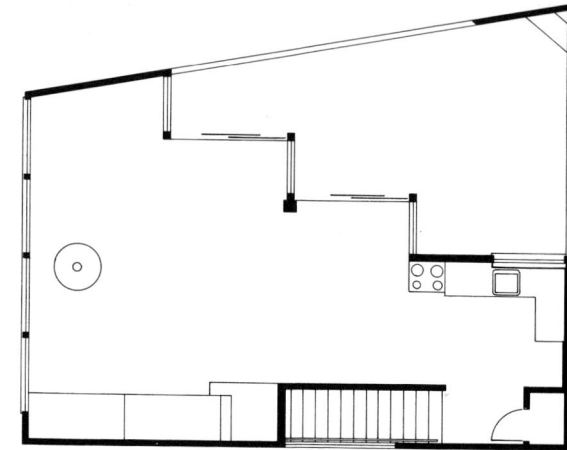

Planta baja
Ground floor plan

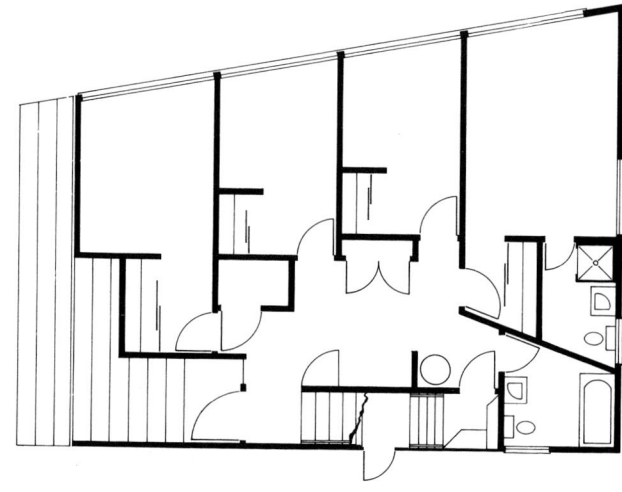

Alzado lateral
Side elevation

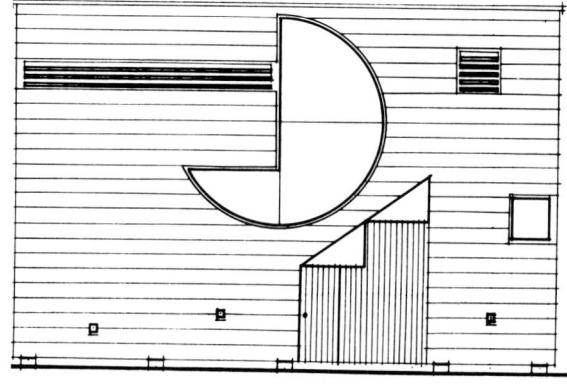

Vista interior de la sala de estar

View of the interior

Fragmento de la fachada principal: la entrada

Partial view of the main facade: the entrance

1968 Casa Hersey, Hyannisport, Massachusetts. Proyecto. Venturi y Rauch.
Este proyecto se puede definir como la expresión más literal de la idea del «*shed* decorado» de la firma.
Un argumento fundamental en favor del *shed* decorado —afirman los autores— es el de que el simbolismo es esencial en arquitectura; el modelo derivado de épocas pasadas o de la ciudad existente es parte del material de base, y la réplica de los elementos forma parte del método de proyecto de esta arquitectura. Es decir, la arquitectura, que en su percepción depende de las asociaciones de imágenes, depende de igual forma en su creación.
La casita, localizada en la playa de Cape Cod, se presenta como una simple caja revestida de ripias (*shingles*) de amianto, con una cubierta plana y una parte trasera *Mary Anne* (ordinaria). La decoración aplicada al porche de su fachada principal aumenta la escala arquitectónica de esta última: la abertura circular, sugerida por la curva del enrejado superior y —abajo— por la de la barandilla del porche, se prolonga virtualmente más allá de los límites de la fachada y abarca ambos pisos, como el orden gigante de un pórtico clásico. El resultado es un *shed* sarcástico y mordaz, es pequeño y grande, banal y sofisticado.

1968 Hersey House, Hyannisport, Massachusetts. Project. Venturi and Rauch.
This project might be defined as the most literal expression of the firm's idea of the "decorated *shed*".
One fundamental argument in favor of the decorated *shed*, the architects claim, is that symbolism is an essential feature of architecture; the derivation of models from past epochs or from the existing city is a part of the basic material of architecture, and the replication of elements is thus part of the project method employed in this architecture. In other words, architecture, the perception of which depends on associations of images, is equally dependent on such associations in its process of creation.
The weekend house, standing on the beach at Cape Cod, presents itself as a simple box clad with asbestos shingles, with a flat roof and a simple *Mary Anne* rear. The decoration applied to the porch on the main facade effectively augments its architectonic scale: the circular opening, suggested by the curve of the latticework above and —below this— of the railing on the porch, extends virtually beyond the limits of the facade and takes in both floors, like the gigantic order of a classical portico. The resulting *shed* is sarcastic and scathing, small and large, banal and sophisticated.

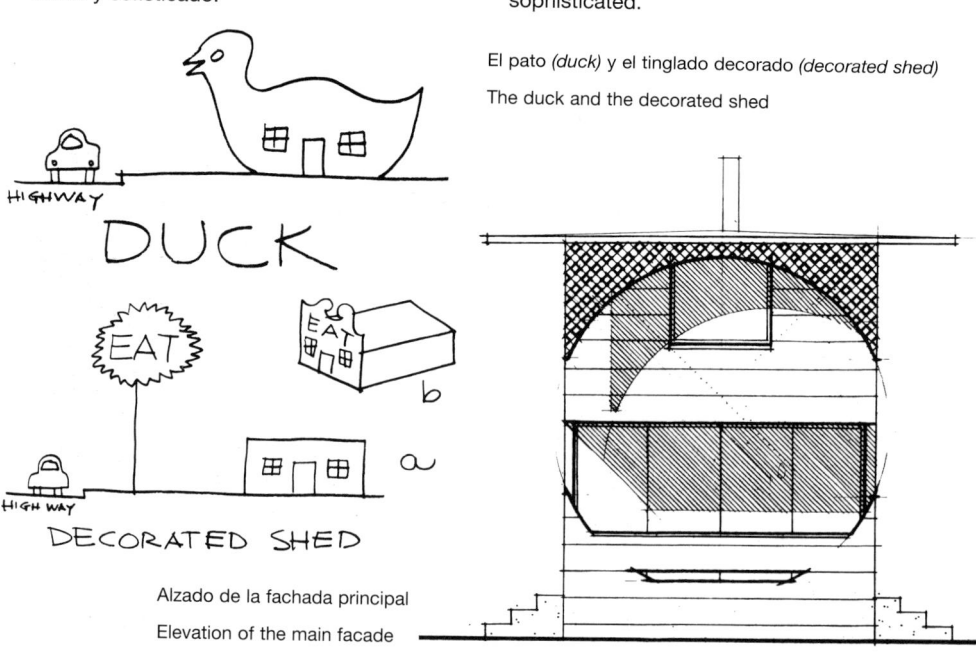

El pato (*duck*) y el tinglado decorado (*decorated shed*)

The duck and the decorated shed

Alzado de la fachada principal

Elevation of the main facade

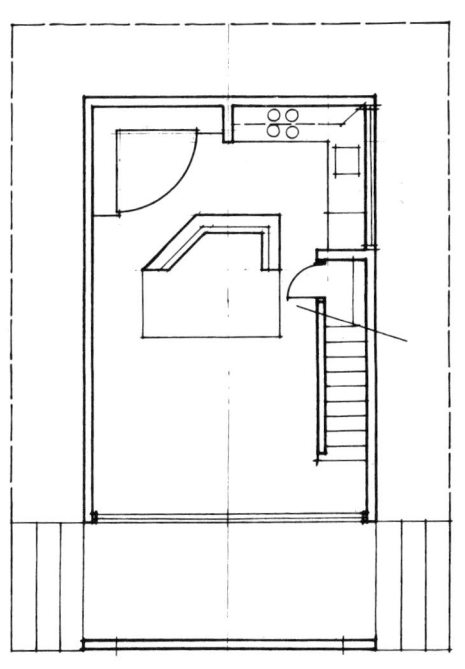
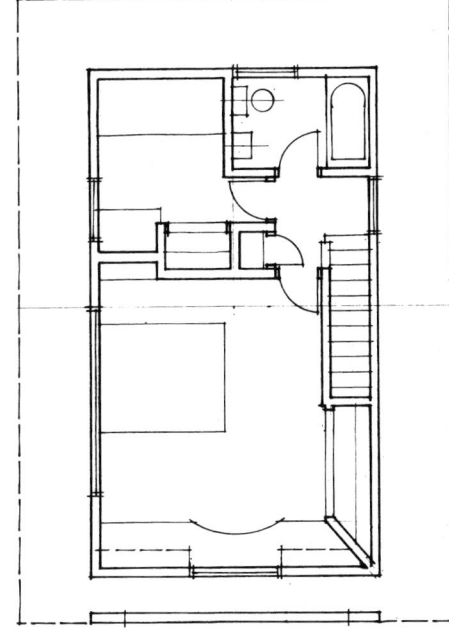

Planta baja

Ground floor

Planta piso

First floor

Vista de la maqueta

View of the model

1968/1969 Casa D'Agostino, Clinton, Nueva York. Proyecto. Venturi y Rauch.
Se trataba de una casa con un programa insólito, un emplazamiento rural y un presupuesto generoso, destinada a una pareja que quería gozar de los excepcionales panoramas de esta zona al norte del estado de Nueva York. Por esta razón, la planta principal se proyectó elevada medio nivel sobre el terreno.
El revestimiento de ladrillo gris pretende complementarse con las descoloridas tablas de madera con que está construido un granero vecino. La fachada principal, encarada hacia el largo camino de acceso, se presenta como una «silueta» bien perfilada, con un parapeto escalonado que recuerda los de la arquitectura tradicional holandesa.

1968/1969 D'Agostino House, Clinton, New York. Project. Venturi and Rauch.
This house, with its unusual program, rural setting and generous budget, was commissioned by a couple who wanted to enjoy the exceptionally fine views characteristic of this part of New York. Accordingly, the main floor was raised up half a story above ground level.
The cladding of grey brick seeks to find its complement in the discolored wooden boards of a neighboring barn. The main facade, which looks out over the long driveway, presents itself as a clearly profiled silhouette, with a stepped parapet reminiscent of traditional Dutch architecture.

Maqueta: vista general   Model: general view

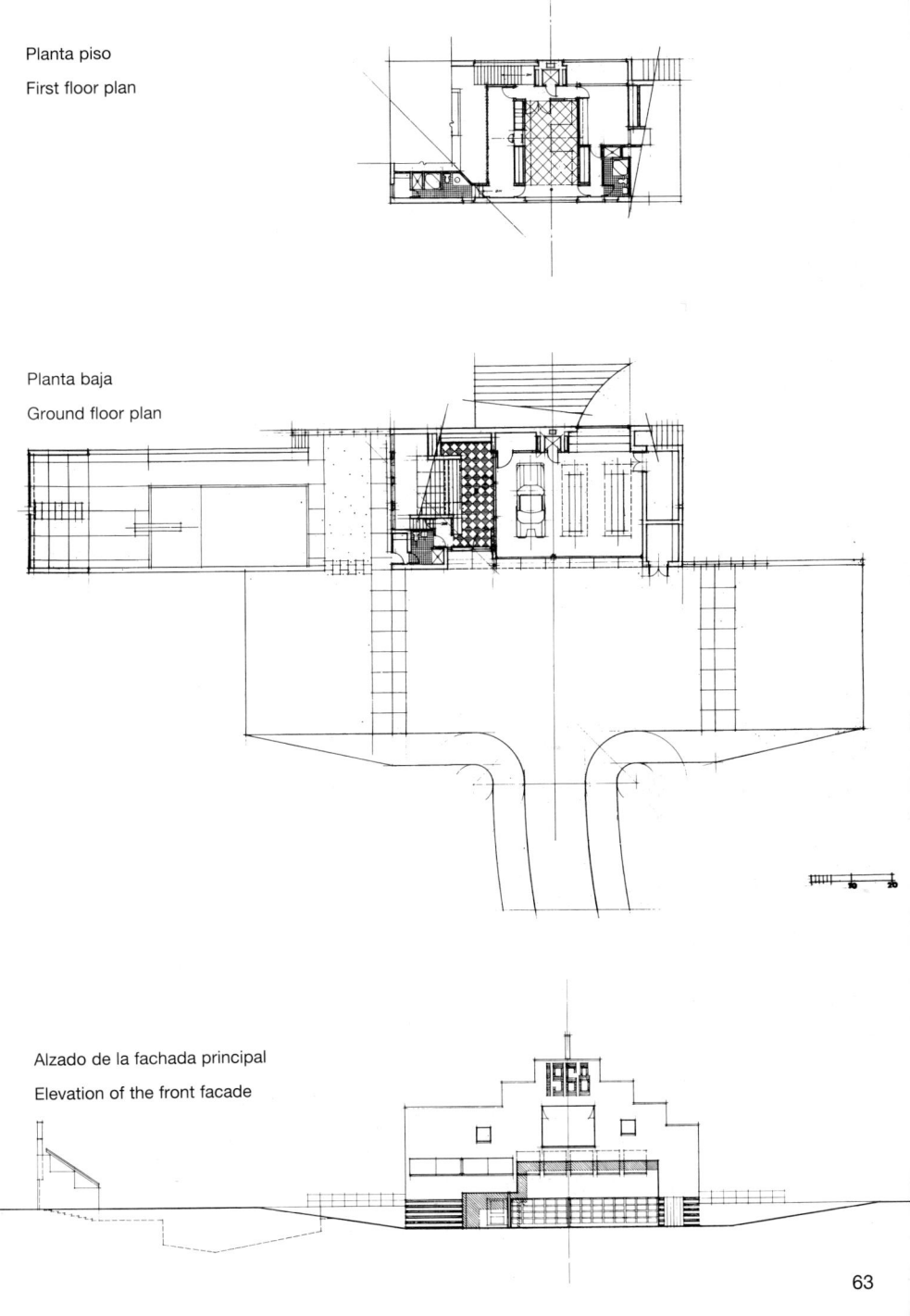

1968/1969 Casa Wike, Devon, Pensilvania. Proyecto. Venturi y Rauch.

Los clientes requerían una composición «formal»; por esta razón, la planta nace originariamente simétrica.
La casa está inspirada en la arquitectura de Lutyens: en el primer piso, el vestíbulo central, de doble altura, queda definido por la pared curva y la gran abertura en la fachada frontal correspondiente a la escalera; siguen la biblioteca, el comedor y la cocina; esta última, a pesar de la complejidad de la planta, controla el acceso y domina la planta principal. «[...] la escalera, emplazada a lo largo del eje central, recuerda la rampa de la Ville Savoye de Le Corbusier, pero alude también a los complejos recorridos comprendidos entre la puerta de entrada y las zonas de estar de algunas casas de Lutyens.» (Stanislaus von Moos)
La fachada evoca las audaces maneras de Vanbrugh, caracterizadas por las fuertes sombras, las cuales permiten percibir la casa desde el camino al fondo de la colina. La fachada correspondiente al acceso de vehículos, con su geometría rectangular de numerosas y grandes ventanas, es similar, a no ser por la geometría, a las residencias isabelinas. La fachada posterior está definida por la respuesta funcional a las exigencias interiores. El conjunto de la zona exterior destinada a la piscina recuerda el lenguaje formal del Gropius anterior al Grupo TAC. El revestimiento de las fachadas es a base de ladrillos amarillos; el lado del porche y el posterior se revisten con tablillas pintadas del mismo color del ladrillo.

1968/1969 Wike House, Devon, Pennsylvania. Project. Venturi and Rauch.

The clients asked for a "formal" composition, and as a result the plan here started off as symmetrical. The house draws its inspiration from the architecture of Lutyens: on the ground floor, the double-height central vestibule is defined by the curving wall and the large opening in the front facade corresponding to the stairs, followed by the library, the dining room and the kitchen. The stairs, despite the complexity of the plan, control the access and dominate the main floor of the house: "... the stairs, set along the central axis, recall the ramp in Le Corbusier's Villa Savoye, but also allude to the complex routes running between entrance door and living areas in some of Lutyens' houses" (Stanislaus von Moos).
The facade evokes the audacity of Vanbrugh's manor houses, characterized by deep shadows, which make it possible to discern the house from the path at the foot of the hill. The facade corresponding to the vehicular access, with its rectangular geometry of numerous large windows, is similar, but for the geometry, to the Elizabethan house. The rear facade is functional, being defined as the consequence of internal requirements. The whole of the outdoor area around the swimming pool recalls the formal language of Gropius. The treatment of the facades basically employs yellow brick; the side of the porch and the rear are clad with painted wooden boards the same color as the brick.

Maqueta: vista de la fachada posterior

Model: view of the rear facade

Maqueta: vista de la fachada principal

Model: view of the front facade

Planta piso

First floor plan

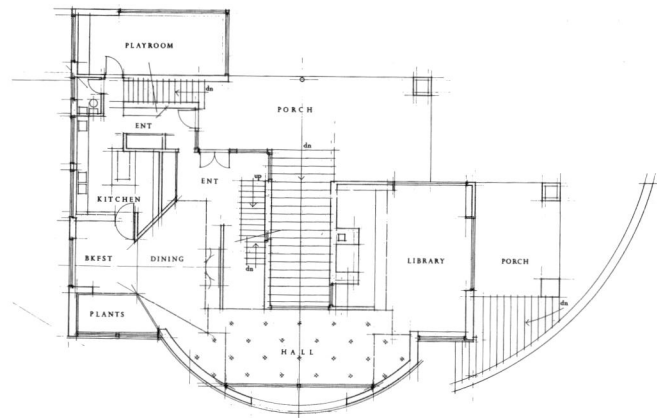

Planta baja

Ground floor plan

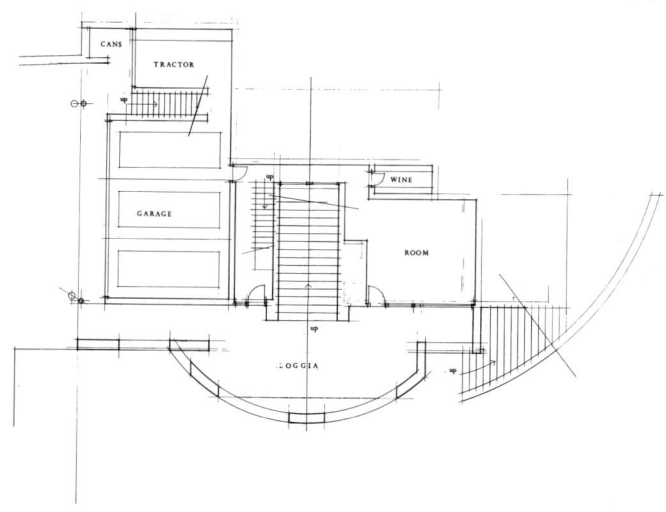

Alzado de la fachada principal

Elevation of the front facade

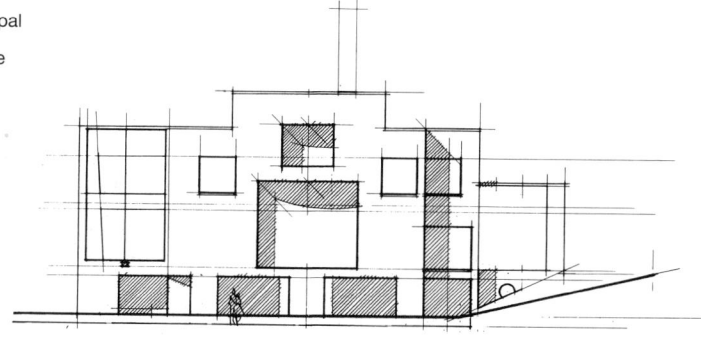

1968/1969 Iglesia de San Francisco de Sales, Filadelfia, Pensilvania.
Restauración. Venturi y Rauch.
La reforma litúrgica de la Iglesia católica impuso una serie de renovaciones en la disposición interior de los ábsides de la iglesia. El proyecto de restauración pretende lograr la armonía a través del contraste, más que de la analogía, insertando los nuevos elementos sin modificar o competir con los existentes.
La luz y los materiales modernos juegan un papel fundamental: el nuevo altar supone un elemento de contraste, tanto por su forma (una severa silueta y una simple superficie blanca), como por su material (plexiglás blanco translúcido). El cambio más importante se produce en la iluminación: en alzado, una línea recta continua formada por un tubo de neón blanco, suspendido de unos hilos invisibles a tres metros del suelo. En planta, su forma es ondulada y recorre el ábside de una parte a otra. Este elemento recuerda el fragmento de una aureola, una línea luminosa en vilo que se inflexiona hacia la congregación de los fieles.

1968/1969 Saint Francis de Sales Church, Philadelphia, Pennsylvania. Restoration. Venturi and Rauch.
The liturgical reform of the Catholic Church brought with it a series of innovations in the internal layout of the apses. The restoration project here seeks to achieve harmony by means of contrast rather than through analogy, inserting the new elements without modifying or competing with the existing ones.
The way in which light and a range of modern materials are used plays a fundamental role: the new altar constitutes an element of contrast as much in its form (a severe silhouette and a simple white surface) as in its material (translucent white plastic). The most significant change is that effected in the lighting: in elevation, a continuous straight line formed by a white neon tube suspended on invisible wires three meters above the ground. In plan, its form is undulating, and crosses the apse from one side to the other. This element recalls a fragment of a halo, a luminous line suspended in the air, and inflected towards the congregation of the faithful.

Detalles del mobiliario

Vista general del altar

Details of the furnishings

General view of the altar

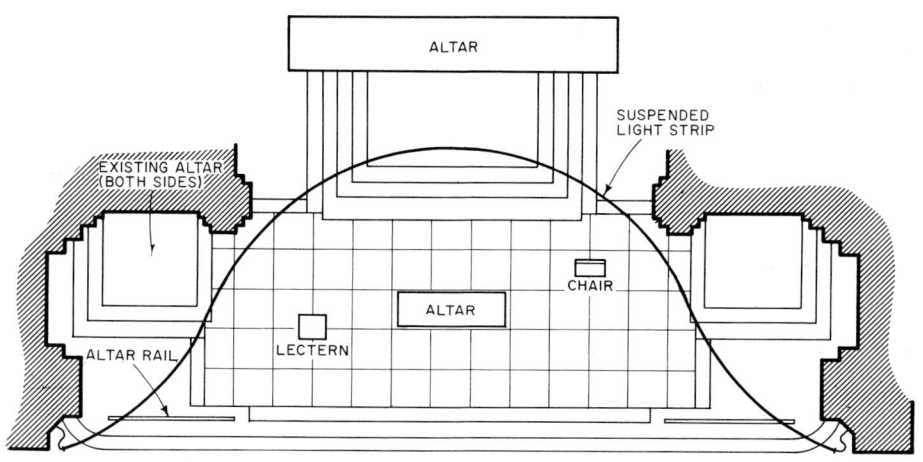

Planta

Vista desde lo alto

Plan

View from above

1968/1972 Plan urbanístico para South Street, Filadelfia, Pensilvania.

Proyecto. Venturi y Rauch; directora del equipo: D. Scott Brown.

«Este plan urbanístico pretende ilustrar lo que muchos arquitectos y urbanistas encuentran difícil de aceptar. En arquitectura y en urbanismo existe una fuerte relación entre las cuestiones sociales y estéticas, y ninguna de ellas debería ser ignorada en beneficio de la otra. De hecho, ni arquitectos ni urbanistas podremos trabajar en sintonía con la ciudad hasta que no hayamos aprendido a amarla tanto por lo referente a la vida de sus habitantes como a la desordenada vitalidad de su casco urbano. Sin este segundo "amor", el primero será ciertamente nada más que teórico. En realidad, hasta las peores devastaciones provocadas por las renovaciones urbanísticas han estado presididas por el lema del "bien público"».

Interpelados por la Philadelphia Crosstown Community para ayudarla a presentar su caso ante la administración, los arquitectos propusieron un plan para los transportes que liberara las calles de la zona del tráfico pesado, dirigiéndolo hacia los ejes de las grandes vías de enlace. El plan incluye sugerencias para la conservación del carácter de la zona, mediante la restauración de las fachadas de las tiendas, el proyecto de las aceras, aparcamientos, rótulos, y el destino de dos edificios como centros de actividades para la comunidad. El objetivo final del proyecto es el de conseguir una *promenade* (paseo) histórica y cultural.

1968/1972 Urban Plan for South Street, Philadelphia, Pennsylvania.

Project. Venturi and Rauch; project team leader: D. Scott Brown.

"This urban plan seeks to illustrate something which many architects and town planners find difficult to accept. In architecture and in urbanism there is a close relationship between social and aesthetic questions, and neither should be ignored in favor of the other. In fact, neither architects nor planners will be able to work in harmony with the city until we have learned to love it, meaning both the life of its inhabitants and the disorderly vitality of its urban core. Without this second 'love', the first will certainly never be more than theoretical. Indeed, the worst devastations brought about by urban renewal have been presided over by the slogan of 'the public good'.

Called in by the Philadelphia Crosstown Community to help them present their case before the administration, the architects proposed a transportation plan which would free streets in the area from heavy traffic, directing it onto the major through routes. The plan includes suggestions for conserving the character of the area by means of the restoration of shop facades, a project to upgrade pavements, parking facilities and signage, and the designation of two buildings as centers for community activities. The ultimate aim of the project was the creation of a historical and cultural promenade.

Vista de South Street

View of South Street

Boceto de trabajo / Perspective view

Ideograma para el tráfico / Traffic diagram

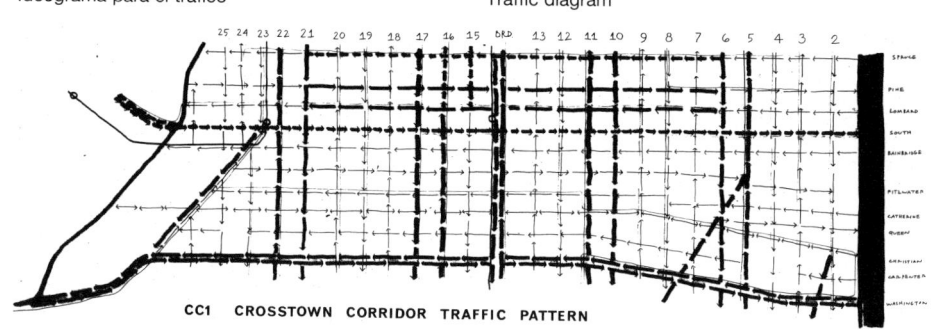

CC1 CROSSTOWN CORRIDOR TRAFFIC PATTERN

Plano de la zona de intervención / Plan of the project area

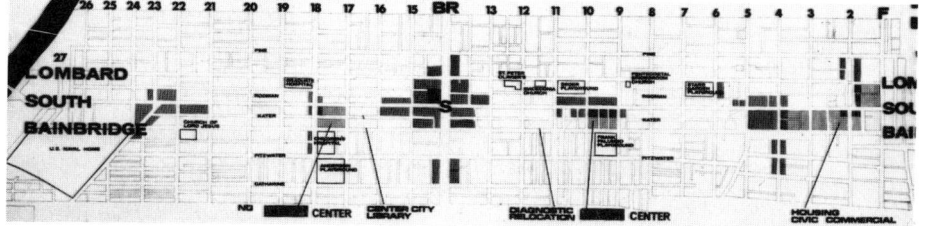

1968/1973 Edificio para el Departamento de Humanidades, Universidad del Estado de Nueva York, Purchase, Nueva York.
Venturi y Rauch.
El edificio es ampliable y se encuentra integrado en el plan general elaborado por Edward L. Barnes para este *campus* universitario.
La planta, de explícita inspiración «aaltiana», está organizada en una serie de aulas de diversas dimensiones, salas de conferencias y despachos. Los diversos espacios se distribuyen a partir de unas galerías y pasillos que asumen el papel de auténticas calles, caracterizándose los espacios residuales para que funcionen como lugares de encuentro e intercambio entre los estudiantes.
El aspecto exterior es similar a un *loft-building* (edificio de almacenaje) convencional, generoso en su escala arquitectónica, y con unas fachadas marcadas por una variedad de ritmos que refleja la repetitividad de los espacios interiores. El «dibujo» que forma la obra de ladrillo, explícitamente ornamental, produce variaciones cromáticas en su fachada principal.

1968/1973 Humanities Department Building, State University of New York, Purchase, New York.
Venturi and Rauch.
The building is designed for future extension and is integrated into the general plan drawn up by Edward L. Barnes for this university campus.
The ground plan is explicitly inspired by Aalto and is organized as a series of different-sized classrooms, lecture halls and offices. The various spaces are distributed on the basis of galleries and corridors which exercise the function of authentic streets, endowing the residual spaces with the character of meeting places where the students can congregate and converse.
The external aspect is similar to that of a conventional loft building, generous in its architectonic scale, with its facades marked by a variety of rhythms which reflects the repetitiveness of the interior spaces. The pattern formed by the bricks, explicitly ornamental, produces chromatic variations on the main facade.

Página anterior: Vista de las fachadas lateral (con las gradas en escorzo) y posterior
Al lado: Las gradas

Previous page: View of the side (with the steps seen at an angle) and rear facades
Right: The steps

Planta baja

Ground floor plan

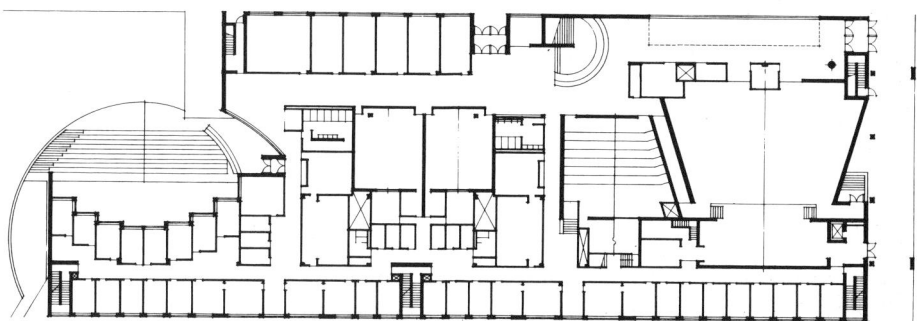

«Pasillo» de acceso

Access "corridor"

1969/1970 Edificio para el Departamento de Matemáticas, Universidad de Yale, New Haven, Connecticut. Proyecto de concurso. Venturi y Rauch.

El *campus* universitario de Yale está compuesto, además de por una serie de edificios tradicionales neogóticos, por algunas obras maestras racionalistas, entre las cuales se cuentan obras de Paul Rudolph, Philip Johnson, Marcel Breuer, y otros.

La ampliación del Leet-Oliver Hall, ganadora de un concurso nacional, contiene numerosos apuntes del edificio preexistente. En la fachada a la calle la escala arquitectónica es grande pero el volumen es reducido gracias al retranqueo de la última planta, al cambio de los valores cromáticos en el cuarto piso, y a la inflexión en la forma de la planta.

La armonía con las preexistencias ambientales, explícita en la adopción de la decoración neogótica, se consigue, además, a través del contraste: las ventanas son de tipo diferente, pero de similar escala arquitectónica; el material empleado (ladrillo) es de diferente tipo y textura, pero de similar color. En la parte trasera, los diseños de la pavimentación y de la entrada neogótica son diferentes, en cuanto a escala y materiales, a la decoración del Leet-Oliver Hall, pero, en cambio, sus valores simbólicos son análogos.

«Éste es uno de los primeros, y tal vez el primero, de los ejemplos de uso posmoderno de los elementos históricos como *collage* con fines alusivos.» (Stanislaus von Moos).

1969/1970 Mathematics Department Building, Yale University, New Haven, Connecticut. Competition project. Venturi and Rauch.

The Yale University campus is composed, in addition to its series of traditional neo-Gothic buildings, by a number of works by some of the great modern architects, including Paul Rudolph, Philip Johnson and Marcel Breuer. The scheme for the extension to Leet-Oliver Hall, winner of a national competition, contains numerous references to the existing building. On the street facade, the architectural scale is grand but the volume is reduced, thanks to the stepping back of the top floor, the change in the chromatic values on the fourth floor and the inflection in the form of the plan.

The sense of harmony with the existing elements in the environment, made explicit in the adoption of neo-Gothic for the decoration, is further consolidated by means of contrast: the windows are different in type, but similar in architectonic scale; the material employed (brick) is different in type and texture, but similar in color. To the rear of the building, the patterns of the paving and the neo-Gothic entrance are different in their scale and materials from the decoration of Leet-Oliver Hall, but their symbolic values are nevertheless analogous.

"This is one of the first, and perhaps the first, examples of the postmodern use of historical elements as a collage with allusive ends" (Stanislaus von Moos).

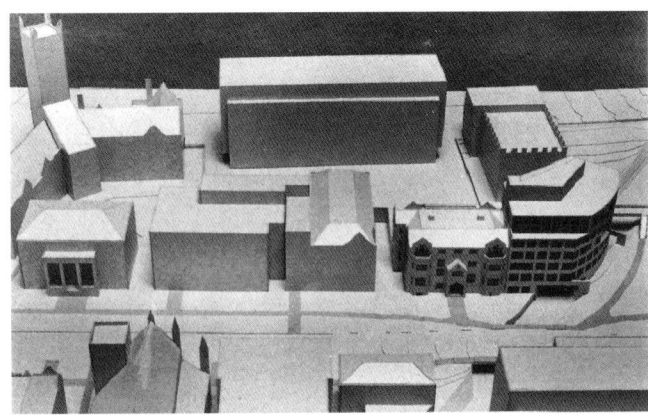

Maqueta: vista general

Model: general view

Perspectiva de conjunto   Perspective

Plano de situación   Site plan

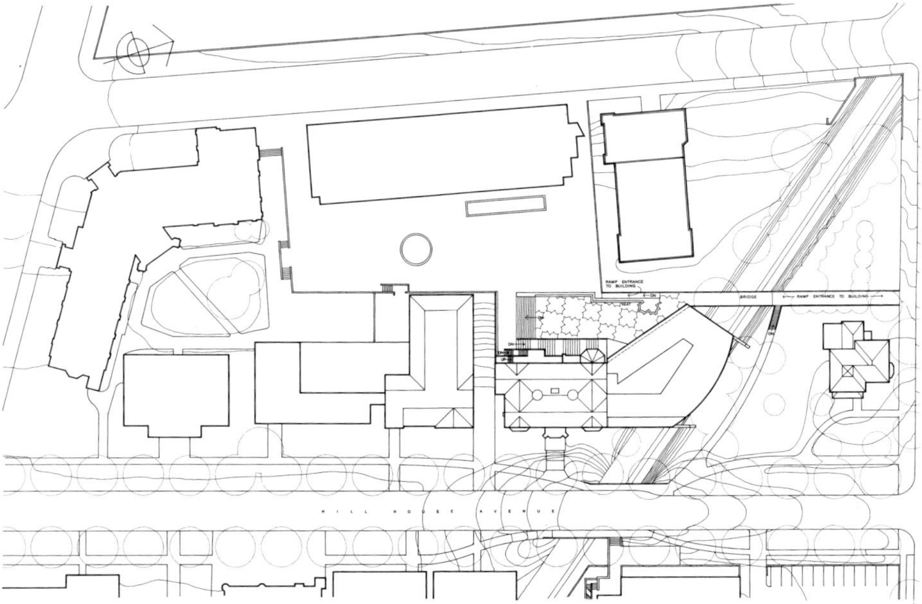

73

Planta tercera
Third floor plan

Planta tipo
Typical floor plan

Planta baja
Ground floor plan

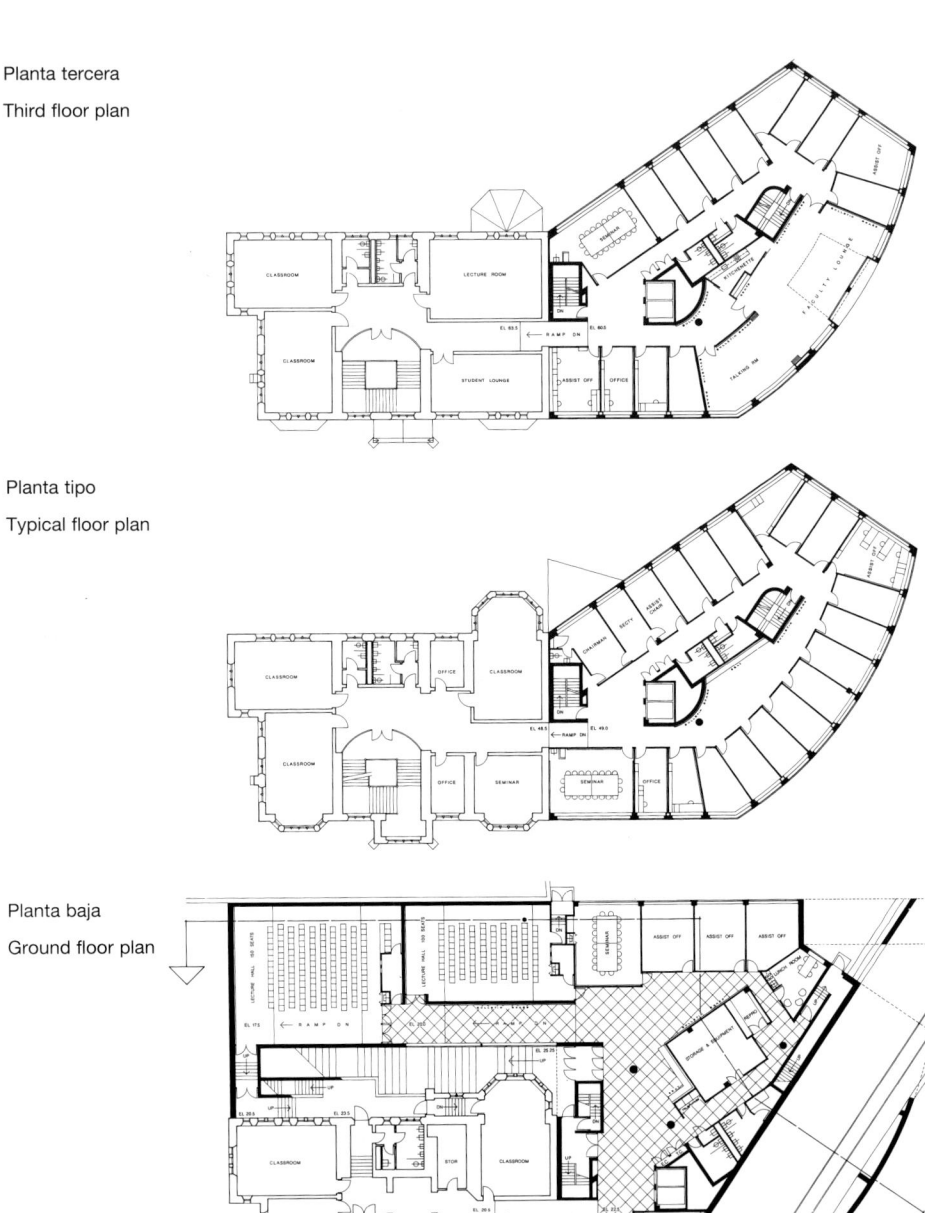

Alzado noroeste
North-west elevation

Alzado nordeste
North-east elevation

Alzado este
East elevation

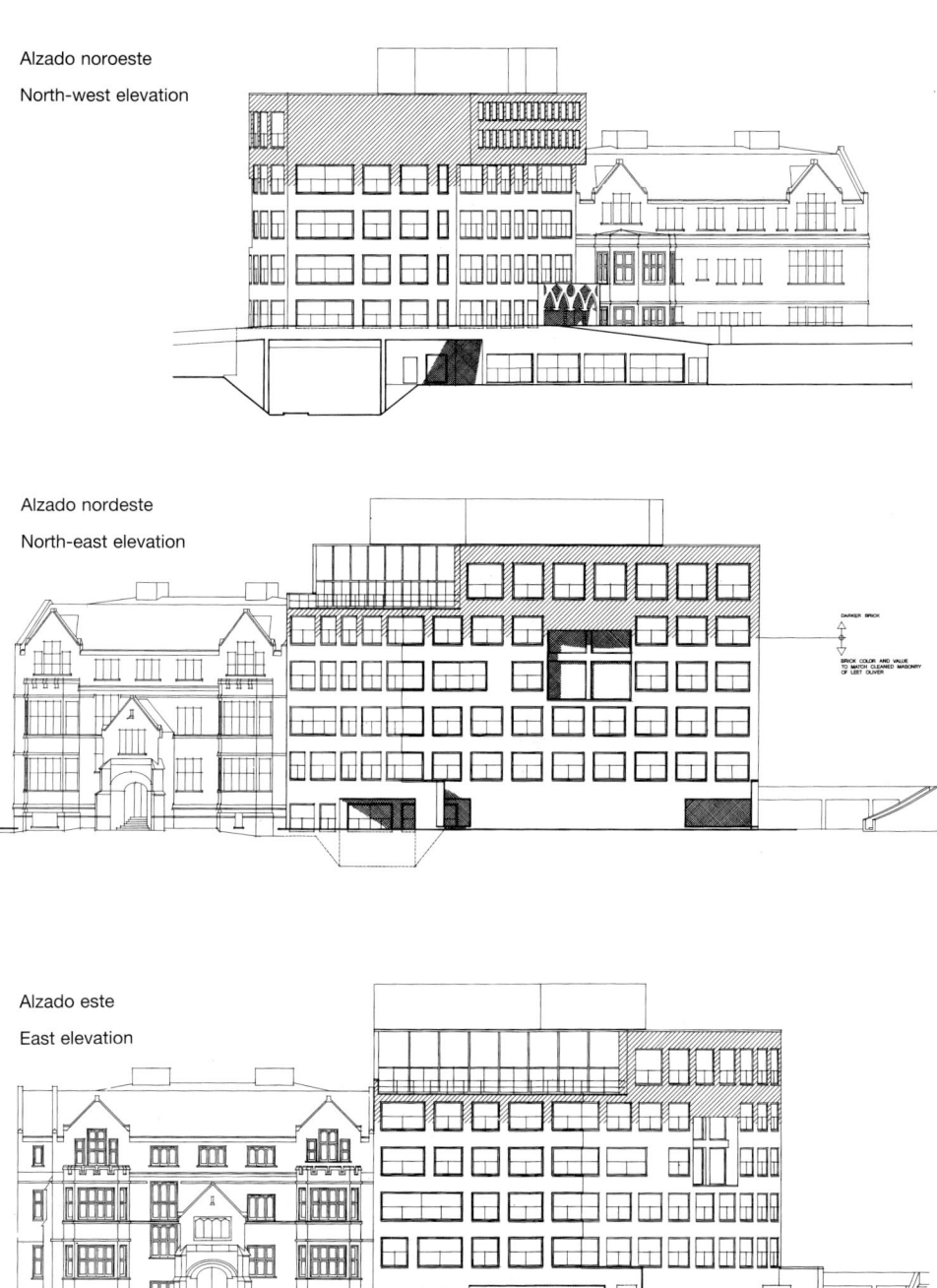

1969 Centro cívico, Thousand Oaks, California. Proyecto de concurso.
Venturi y Rauch.

Concurso para un ayuntamiento y cámara de comercio en una zona suburbana y accidentada de California.
El proyecto es una nueva propuesta de los símbolos del paisaje suburbano americano; éstos se han usado de forma que sean perceptibles desde las grandes autopistas que rodean el área. Los edificios, intencionadamente modestos, y las zonas de aparcamiento, se proyectan en estrecha relación con el entorno y el perfil ondulado del terreno, produciendo así una mínima alteración en el paisaje.
El edificio del ayuntamiento, un conjunto constructivamente modulado, está pensado para obtener el máximo de flexibilidad. La arquitectura es convencional; la retícula estructural de acero se manifiesta en toda la fachada. En el centro de la misma, la estructura se eleva «poéticamente», en correspondencia con el punto de acceso a la cámara del concejo, para formar la torre-árbol. Ésta, un símbolo del roble (oak), la gran bandera de remate, unidas al rótulo THOUSAND OAKS, funcionan como auténticas y apropiadas señales.

1969 Civic Center, Thousand Oaks, California. Competition project.
Venturi and Rauch.

This competition for a Town Hall and Chamber of Commerce is located in a hilly suburban area of California. The project is a reworking of the symbols of the suburban American landscape, used in such a manner as to be read from the major highways which bypass the area. The buildings, intentionally modest, and the parking areas have been designed with a view to their close relationship with their surroundings and the rolling topography of the terrain, thus producing a minimum of alteration to the landscape.
The Town Hall, a modulated construction complex, is designed to achieve maximum flexibility. The architecture is conventional, and the steel structural framework is revealed in the whole facade. In the center, the structure is "poetically" elevated, marking the point of access to the Council Chamber, to form the tower-tree. This symbol of the oak, the great flag at the top, and the sign THOUSAND OAKS, serve as a genuine and appropriate marker.

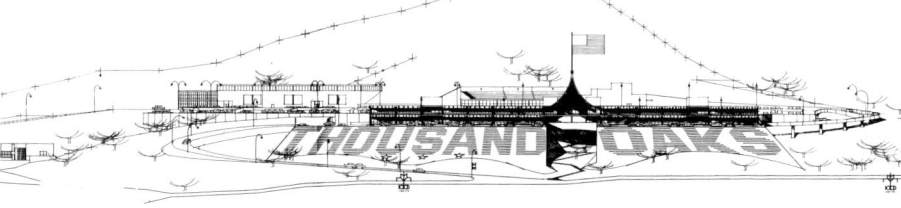

Alzado

Elevation

Plano de emplazamiento

Site plan

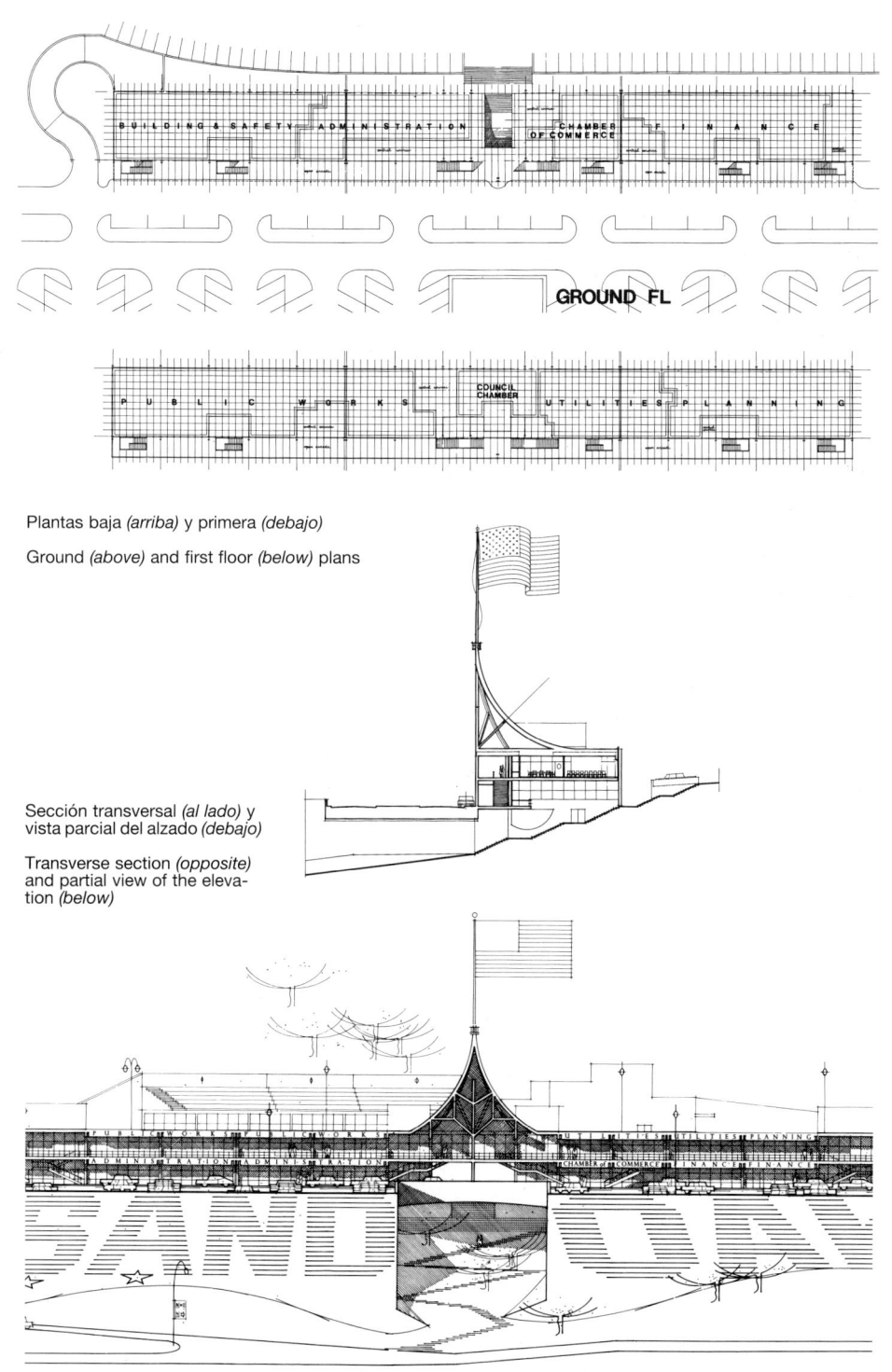

Plantas baja *(arriba)* y primera *(debajo)*
Ground *(above)* and first floor *(below)* plans

Sección transversal *(al lado)* y vista parcial del alzado *(debajo)*
Transverse section *(opposite)* and partial view of the elevation *(below)*

1970/1972 Plan urbanístico para California City, California. Proyecto. Venturi y Rauch; directora del equipo: D. Scott Brown.
Eje principal de conexión de la ciudad con un área periférica residencial, la Twenty Mule Team Parkway discurre paralelamente a un viejo camino que antiguamente estaba transitado por carros tirados por mulos. El encargo que se hizo a los arquitectos incluía el proyecto de las áreas de descanso y de los nuevos edificios a lo largo del vial, que habían de funcionar como polo de atracción y punto de reunión. Cada punto singular de descanso, análogamente a lo que sucede en la *strip* de Las Vegas, está caracterizado por un rótulo *simbólico* que alude a algún aspecto de la ciudad: su historia o su fauna. Algunos de esos lugares de descanso están dotados de mesas para picnic, techo, árboles y zona de aparcamiento. Esas áreas de descanso, ubicadas a lo largo del antiguo sendero Twenty Mule Team, son visibles desde la nueva carretera, de forma que la historia de la carretera más antigua se hace visible desde la más reciente.

1970/1972 Urban Plan for California City, California. Project. Venturi and Rauch; project team leader: D. Scott Brown.
The main road link between the city and a peripheral residential suburb, the Twenty Mule Team Parkway, runs parallel to the old trail once used by mule wagons. The commission presented to the architects included the design of the rest areas and new buildings alongside the highway, which were to function as poles of attraction and meeting places. Each individual rest area, by analogy with the strip in Las Vegas, is characterized by its own *symbolic* sign, alluding to some aspect of the city, its history or wildlife. Some of these rest areas are provided with picnic tables and a roof, as well as trees and parking places. These rest areas, sited along the old Twenty Mule team trail, are visible from the new highway, so that the history of the older route is apparent from the more recent one.

Un rótulo típico

A typical sign

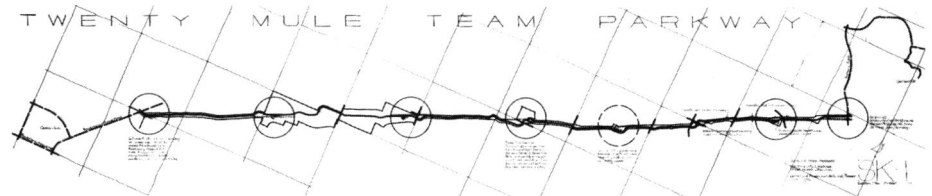

Planimetría, con indicación de las intervenciones a lo largo del recorrido

Plan showing the interventions along the route

El mercado (arriba) y el edificio de oficinas (debajo)

The market (above) and office building (below)

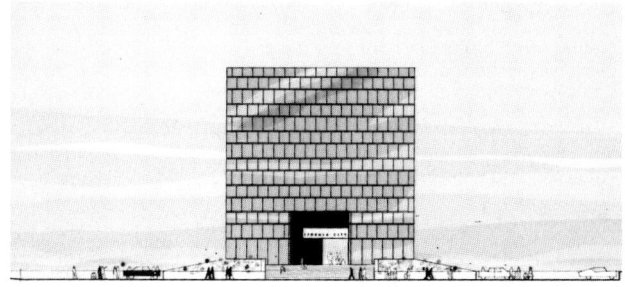

Diagrama del plan y de los transportes

Diagram of the plan and transport routes

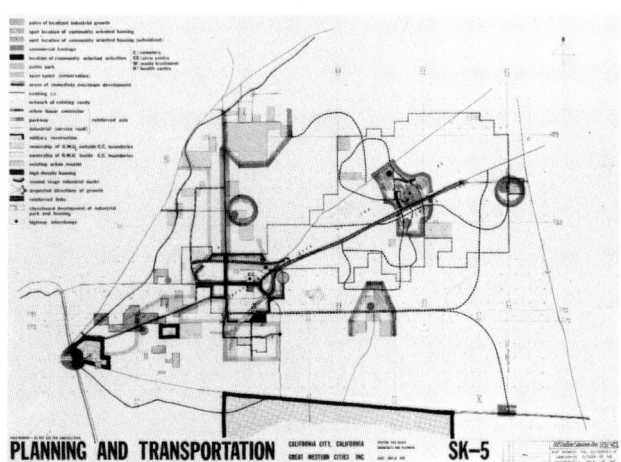

79

1970/1972 Casa Trubek y casa Wislocki, Nantucket Island, Massachusetts.
Venturi y Rauch.
Dos pequeños «templos» sobre una llanura cercana al mar, en la isla de Nantucket. Las casas están emplazadas cara al mar; la mayor, es *compleja y contradictoria*, mientras que la pequeña es más *ordinaria y sencilla*.
«La simétrica fachada de acceso a la casa mayor [la casa Trubeck] está dominada, un poco a la manera clásica, por una ventana en arco. Al limitado y rígido espacio interior corresponde una fachada que registra una variedad de funciones. La esquina sudoeste está cortada diagonalmente, siguiendo el recorrido de la escalera. En la fachada oeste, una ventana sobredimensionada ofrece una vista sincrónica de los espacios internos.» (Stanislaus von Moos).
Las fachadas laterales tienen ventanas iguales a las de la principal, pero mucho mayores, a efectos de acrecentar y convertir en incierta la escala. La generosa separación que existe entre ellas crea una sensación de espaciosidad, pese a lo cual están lo suficientemente cercanas como para ser percibidas como pareja. Las arquitecturas son complementarias al paisaje y guardan similitudes, en ciertos aspectos, con las vecinas *cottages* (casetas) de pescadores de la isla, sin olvidar su relación con las casas de vacaciones decimonónicas de Nueva Inglaterra.

1970/1972 Trubek House and Wislocki House, Nantucket Island, Massachusetts.
Venturi and Rauch.
These two small "temples" are located on a level site near the sea on the island of Nantucket. The houses are set facing the sea; the larger of the two is *complex and contradictory*, while the smaller is more *ordinary and simple*.
"The symmetrical entrance facade of the larger house (the Trubeck House) is dominated, somewhat in the classical manner, by an arched window. Corresponding to the limited and rigid interior space is a facade which registers a variety of functions. The southwest corner is cut diagonally, following the line of the staircase. On the west facade, an oversized window offers a simultaneous view of the internal spaces" (Stanislaus von Moos).
The side facades have windows like those on the main facade, but much larger, effectively increasing the scale and rendering it uncertain. The generous separation between these houses creates a sense of spaciousness, even though they are close enough together to be perceived as a pair. The architecture complements the landscape, and reveals certain similarities with the neighbouring fishermen's cottages on the island, as well as their relationship with New England's 19th-century summer homes.

Vista general
(Casa Wislocki)

General view
(Wislocki House)

Casa Trubek: fachada oeste *(arriba)*, y vista del ángulo de las fachadas oeste y sur *(debajo)*

Trubek House: west facade *(top)* and view of the angle of the west and south facades *(bottom)*

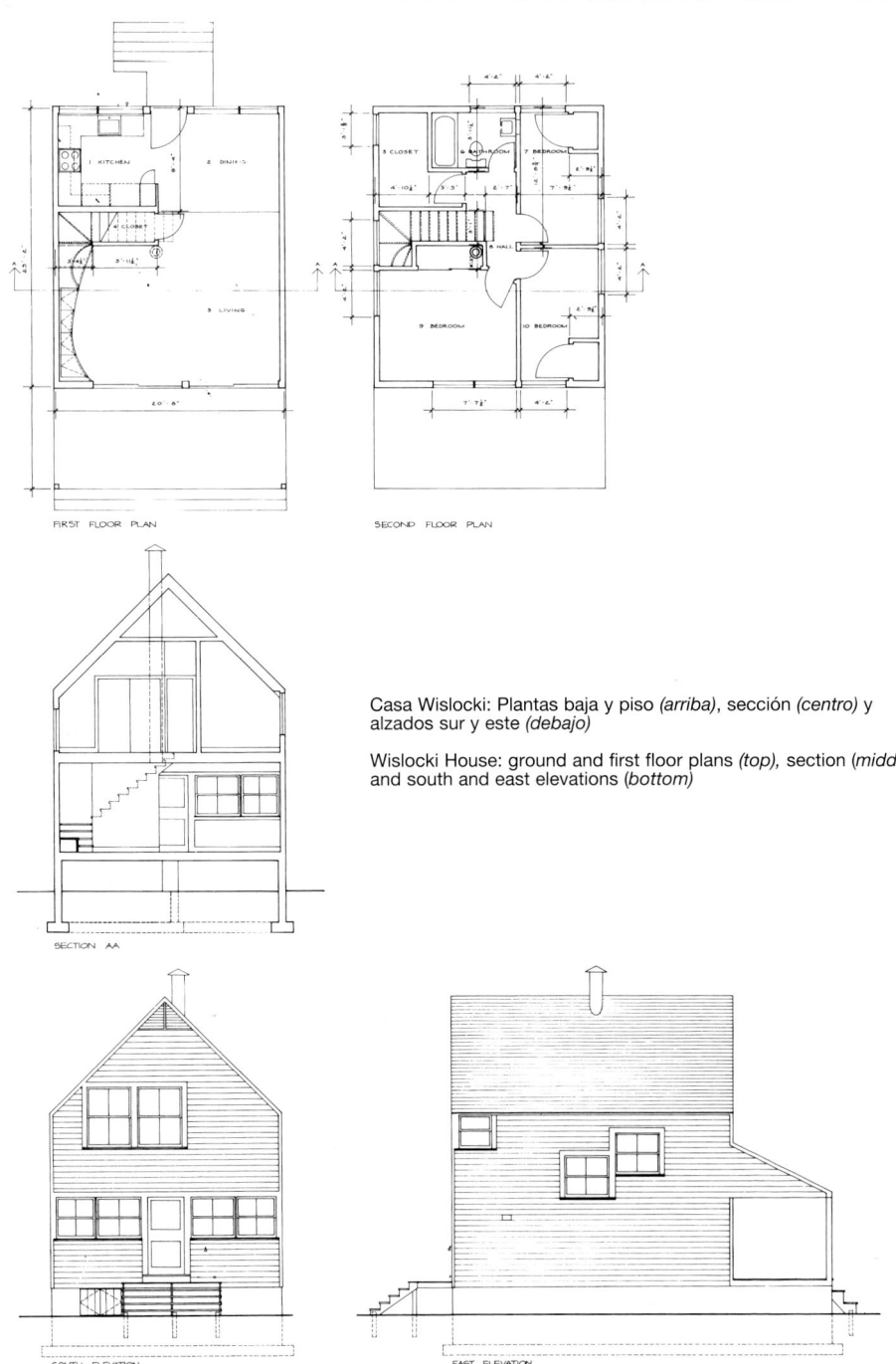

Casa Wislocki: Plantas baja y piso *(arriba)*, sección *(centro)* y alzados sur y este *(debajo)*

Wislocki House: ground and first floor plans *(top)*, section *(middle)* and south and east elevations *(bottom)*

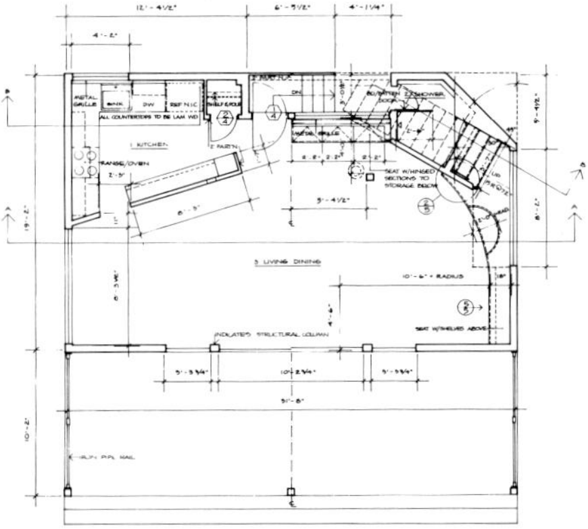

FIRST FLOOR PLAN

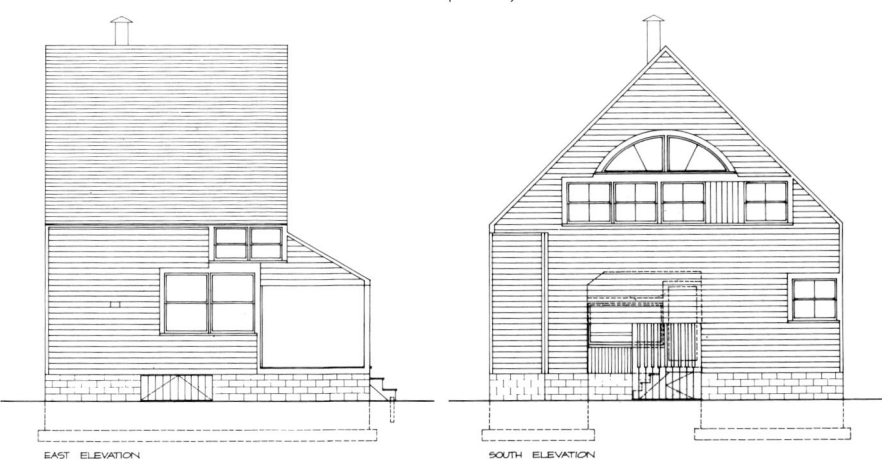

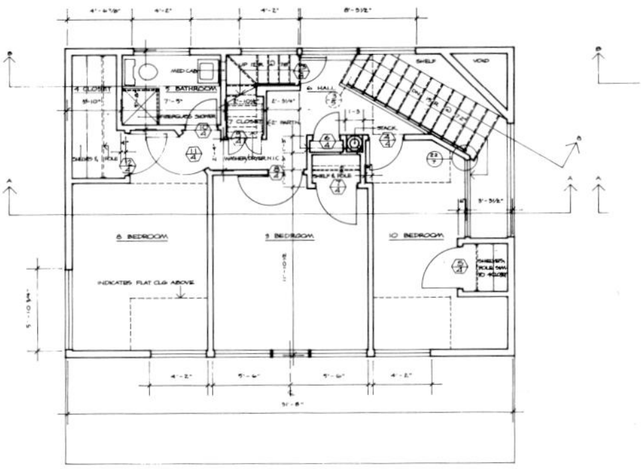

SECOND FLOOR PLAN

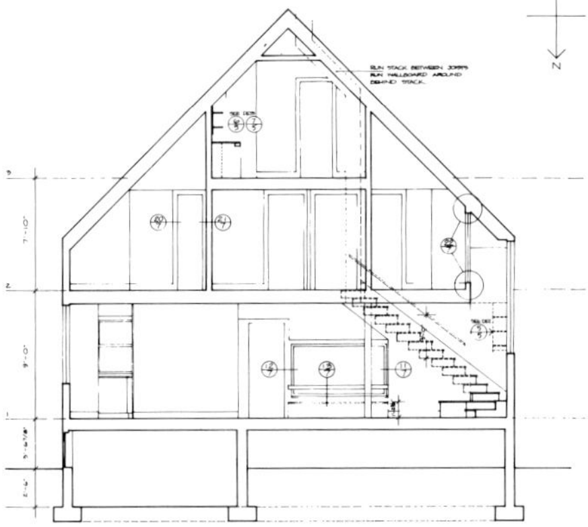

SECTION AA

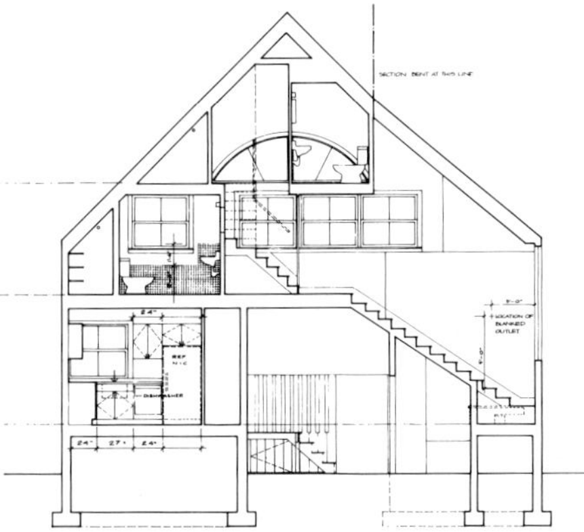

SECTION BB

Casa Trubek: plantas baja y piso (*arriba)*, secciones (*centro)* y alzados este y sur *(debajo)*

Trubek House: ground and first floor plans *(top)*, sections *(middle)* and east and south elevations *(bottom)*

EAST ELEVATION

SOUTH ELEVATION

1970/1974 Casa Brant, Greenwich, Connecticut. Venturi y Rauch.

En este edificio para una pareja de coleccionistas de cuadros Pop Art y de objetos Art Déco, «los arquitectos desarrollan los temas formulados en la casa Wike. Aunque aquí, la fachada principal, curva y simétrica, contrasta con algunos espacios y con un sistema de distribución "aaltiano"». (Stanislaus von Moos).

El acceso se realiza a través de un patio semienterrado destinado al aparcamiento de vehículos; sigue una amplia escalinata de entrada a la casa, que conduce a un espacio alargado de doble altura, casi una galería. Este espacio se abre sobre un jardín al norte; en el lado sur de la galería hay una serie de estancias entre las cuales, en el centro, se encuentra la amplia cocina, según la tradición de las *country houses* (casas de campo) americanas. La «galería» sirve como espacio de distribución general, como sala de estar y como lugar elegido para exponer algunos de los grandes cuadros de la colección; sin embargo, su papel principal es el de crear una sensación de espaciosidad en el interior.

La fachada sur se caracteriza por el contrapunteado rítmico y jerárquico de puertas y ventanas. La fachada remite a la simplicidad de las casas de campo georgianas, excepción hecha de la ausencia de un motivo central. El ladrillo —esmaltado en dos tonos de verde que dibuja un atrevido ritmo Pop Art/Art Déco— reviste toda la fachada frontal del edificio, colocándolo entre uno de los primeros ejemplos del llamado Posmoderno. La fachada posterior, carente de un diseño decorativo, se caracteriza, en su lugar, por un motivo central, un ritmo más complejo en sus aberturas, y una escala arquitectónica más grande, reflejo del amplio espacio interior.

1970/1974 Brant House, Greenwich, Connecticut. Venturi and Rauch.

In this building, for a couple of collectors of Pop Art paintings and Art Deco objects, "the architects develop the themes formulated in the Wike House. Albeit here the main facade, curving and symmetrical, contrasts with some of the spaces and an Aalto-like distribution system" (Stanislaus von Moos). Access is by way of a semi-sunken courtyard designed for car parking; this leads on to the wide flight of steps giving entrance to the house, opening onto an elongated double-height space that is virtually a gallery. This space opens in turn onto a garden to the north, while on the south of the gallery is a series of rooms, with the spacious kitchen, in the tradition of the American country house, in the center. The "gallery" serves as the general distribution space, as living room, and as the space chosen for the exhibition of some of the larger paintings in the collection; nevertheless, its primary role is to create a sense of the spaciousness of the interior. The south facade is characterized by the rhythmic and hierarchical counterpointing of doors and windows. The facade brings to mind the simplicity of the Georgian country house, although here the traditional central motif is absent. Brickwork —enamelled in two shades of green to give a daring Pop Art/Art Deco rhythmic pattern— covers the entire front facade of the building, making it one of the earliest examples of what is now called Postmodernism. The rear facade, which has no such decorative pattern, is characterized instead by a central motif, a more complex rhythm in its openings, and a grander architectonic scale, a reflection of the ample interior space.

Planta piso

Ground floor plan

Planta baja

First floor plan

Vista interior de la sala de doble altura, con el comedor al fondo

Interior view of the double-height living room with the dining room beyond

Fachada principal

Main facade

1972/1976 Franklin Court, Filadelfia, Pensilvania. Restauración, parque y museo. Venturi y Rauch, con J. Miller.

El proyecto de museo y *memorial* (monumento conmemorativo) dedicado a Benjamin Franklin, está emplazado en el mismo lugar en que el propio Franklin construyó su casa, en el centro histórico de Filadelfia.

El programa exigía que el museo se adaptase a su contexto específico, pero que, al mismo tiempo, tuviese una identidad propia. Su objetivo era el de conmemorar, estimular la imaginación del visitante, y reflejar el espíritu de Franklin a través de la historia de su vida y de sus logros.

Con relación a la arquitectura museística y conmemorativa general, la primera decisión de los proyectistas fue la de ubicar en la planta sótano la zona de exposición general. Ello permitía crear en la planta superior un espacio abierto, en el mismo lugar donde había estado el jardín de Franklin; en la intimidad del jardín, se construyó una estructura de acero «fantasma» como representación de la casa original y como testimonio de la vida que se desarrollaba en aquel lugar, destinando el espacio abierto del patio a parque urbano.

1972/1976 Franklin Court, Philadelphia, Pennsylvania. Restoration, park and museum. Venturi and Rauch, with J. Miller.

The project for a museum and memorial commemorating Benjamin Franklin stands on the site where Franklin built his house, in the historic center of Philadelphia.

The program required that the museum should be adapted to its specific context, yet at the same time possess an identity of its own. The aim was to commemorate and reflect the spirit of Franklin, and stimulate the visitor's imagination, through the presentation of the great man's life and achievements.

In terms of museum and commemorative architecture in general, the architects' first decision was to locate the general exhibition area on the basement level. This made it possible to create an open space on the ground floor, where Franklin's garden had been; in the intimacy of the garden, a "ghostly" steel structure was constructed as a representation of the original house and a testimony to the life lived in this place, while converting the open space of the courtyard into a city park.

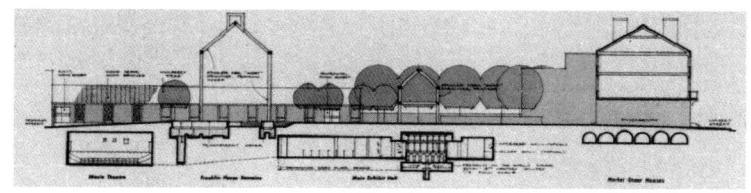

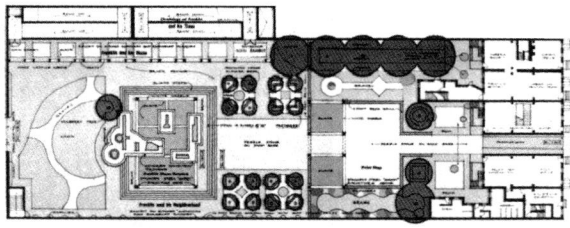

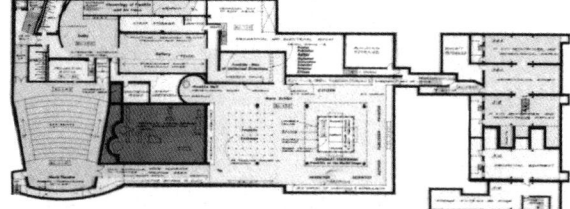

De arriba abajo:
Sección, planta del jardín y planta sótano

From top to bottom:
Section, plan of the garden and basement floor

Vista del patio exterior: en primer término, el «fantasma» del taller de imprenta de Franklin

View of the outer courtyard: in the foreground, the "ghost" of Franklin's print shop

Patio exterior: en primer término, el «fantasma» de la casa de Franklin

The outer courtyard: in the foreground, the "ghost" of Franklin's house

1972 Exposición Internacional del Bicentenario, Filadelfia, Pensilvania.
Proyecto. Venturi y Rauch; directora del equipo: D. Scott Brown.
El plan prevé la programación y el proyecto de las actividades de la celebración del bicentenario de la independencia a lo largo de la Benjamin Franklin Parkway. Esta avenida, al igual que ocurre con los Campos Elíseos, es una gran *promenade* (paseo) que pertenece a la ciudad histórica del siglo XIX. Juzgando la parte de ciudad como arquitectónicamente completa, los proyectistas se vuelcan únicamente en intensificar la actividad: durante el día, creando la escenografía a lo largo de la calle, con quioscos, pabellones de artesanía, exposiciones, música y teatro; de noche, a través de iluminaciones espectaculares, un *crystal palace* (palacio de cristal) de luces que se extiende entre el museo y el Ayuntamiento de Filadelfia.

1972 Bicentennial International Exhibition, Philadelphia, Pennsylvania.
Project. Venturi and Rauch; project team leader: D. Scott Brown.
The plan envisaged the programming and design of the activities celebrating the Bicentennial of America's independence along Benjamin Franklin Parkway. This avenue, like the Champs Elysées in Paris, is a grand promenade dating from the historic 19th-century city. Judging this part of the city to be architecturally complete, the architects limited their intervention to intensifying activity here: during the day, through the creation of stage-setting all along the street, with kiosks, craft-goods stands, exhibitions, music and theatre; at night, by means of spectacular illuminations, a crystal palace of lights extending from the Art Museum to Philadelphia City Hall.

Jerarquía de las señalizaciones

Signage hierarchy

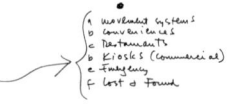

Sección tipo · Typical section

Plano general · General plan

1973/1974 Estudio sobre las afueras de la ciudad, Filadelfia, Pensilvania. Venturi y Rauch; directora del equipo: D. Scott Brown con Murphy, Levy y Wurman.
El plan examina las *highways* (autopistas) y su relación con la ciudad, con los automovilistas, amén de las cuestiones técnicas y estéticas vinculadas a las comunicaciones a lo largo de la carretera. El eje objeto de estudio es el que comunica el aeropuerto con el barrio central de oficinas, y tiene como objetivo la mejora de este acceso a la ciudad.
El proyecto incluye el diseño de los rótulos y carteles publicitarios como parte del mejoramiento estético de las *expressways* (grandes autopistas), y como parte de un sistema de información, cultural y direccional, así como de los elementos de atracción de los *parkways* (viales a lo largo de los parques). Las imágenes elegidas representan motivos históricos y culturales típicos de Filadelfia.

1973/1974 City Edges Study, Philadelphia, Pennsylvania. Venturi and Rauch; project team leader: D. Scott Brown with Murphy, Levy and Wurman.
The plan considers the city's highways and their relation to the city itself, to motorists, and to the technical and aesthetic questions bearing on communications along the highway. The route on which the study focused connects the airport with the central business district, and the scheme sought to improve this line of access to the city.
The project included the design of signs as part of the aesthetic improvement of the expressways, and of elements to attract users to the roads, as part of a system of cultural and directional information. The images chosen represent typical historical and cultural aspects of Philadelphia.

Collages de trabajo

Working *collages*

1973/1977 Museo de Arte Allen Memorial, Oberlin, Ohio. Ampliación y restauración. Venturi y Rauch.
Para la restauración y ampliación de este famoso edificio neorrenacentista, proyectado por Cass Gilbert a principios de siglo, los arquitectos han buscado una armonía con lo preexistente que no sea demasiado banal. El terreno, rodeado de edificaciones, ha determinado la posición asimétrica del nuevo edificio. Como tema central del proyecto, que está compuesto por dos pabellones, hay que hablar de la dialéctica formal entre el antiguo y el nuevo museo. La armonía no se realiza a través de la imitación, sino de una cuidadosa combinación de materiales: el ladrillo amarillo, la arenisca roja y el granito rosa crean una fachada decorativa cuyo diseño tiene una escala arquitectónica contrastante pero, al mismo tiempo, análoga a la del museo preexistente. Exteriormente, las ventanas barretadas y el voladizo continuo de la cubierta actúan como elementos unificadores de los dos pabellones. El conjunto, visto frontalmente, se presenta como una progresiva sucesión de formas y símbolos yuxtapuestos: un monumento renacentista, un *shed* decorado, y en fin, un *loft* enfatizado.

1973/1977 Allen Memorial Art Museum, Oberlin, Ohio. Extension and restoration. Venturi and Rauch.
For the restoration and extension of this famous neo-Renaissance building, designed by Cass Gilbert in the early years of the century, the architects set out to achieve a harmony with the existing construction that would not be banal.
The setting, surrounded by buildings, determined the assymetrical siting of the new construction. The central theme of the project, which consists of two pavilions, should be seen as the formal dialectics between the old and new museums. Harmony here is not achieved through imitation, but rather from a careful combination of materials: the yellow brick, red sandstone and pink granite create a decorative facade whose design has an architectonic scale that is in contrast to and at the same time analogous to the existing museum. Externally, the barred windows and the continuous projection of the roof act as the unifying elements linking the two pavilions. Seen from the front, the complex as a whole presents itself as a progressive succession of juxtaposed forms and symbols: a Renaissance monument, a decorated shed and, ultimately, an accentuated loft.

Fachada oeste: alzado y fotografía

West facade: elevation and photograph

Planta del primer piso

Plan of the first floor

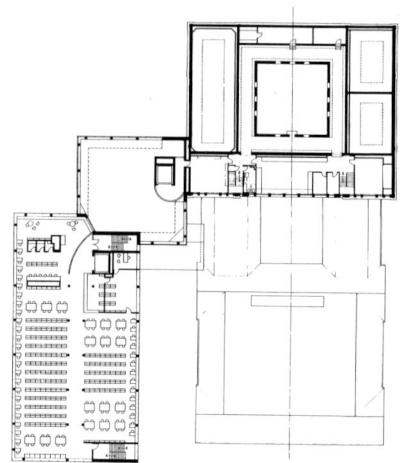

Plano de situación, con la planta baja

Site plan showing the ground floor

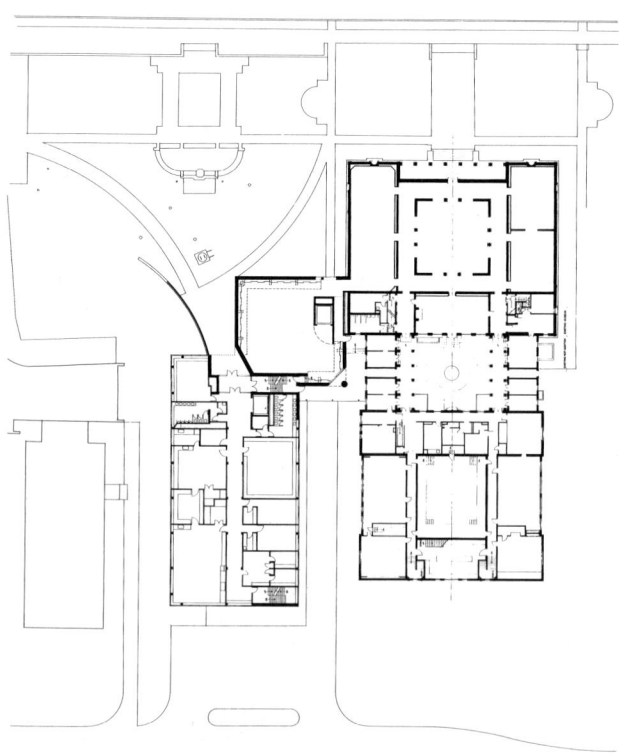

Vista de la fachada posterior

View of the rear facade

Vista interior de la galería principal

Interior view of the main gallery

Detalle de la columna «jónica»

Detail of the "Ionic" column

1974/1976 Faculty Club, Universidad del Estado de Pensilvania, State College, Pensilvania. Venturi y Rauch.
Situado en medio de un bosque de robles, el local está destinado a reuniones y comedor para los profesores de la Universidad de Pensilvania.
El edificio evoca las típicas y espaciosas casas suburbanas *Shingle Style* de los años veinte; su imagen no es ni institucional ni comercial, sino que, por el contrario, es tranquila, doméstica y original al mismo tiempo. La planta deriva directamente de los tradicionales refectorios de las universidades medievales inglesas: un salón largo y angosto, con un perfil interior en arco, alto y estrecho como un ventanal gótico.
Las explícitas referencias a la tradición, combinadas con un interior de formas más contemporáneas, confieren a este edificio un fuerte valor simbólico.

1974/1976 Faculty Club, Pennsylvania State University, State College, Pennsylvania. Venturi and Rauch.
Standing in the middle of an oak wood, the clubhouse building was designed as a meeting place and dining room for the teaching staff at the University of Pennsylvania.
The building evokes the typical, spacious *Shingle Style* suburban house of the twenties; the image is neither institutional nor commercial, but is, by contrast, peaceful, domestic and original at the same time. The plan is directly derived from that of the traditional English university refectory a long, narrow hall, with an arched internal profile, as tall and narrow as a Gothic window.
The explicit references to tradition, combined with the presence of more contemporary forms in the interior, give this building a potent symbolic value.

Sección transversal

Transverse section

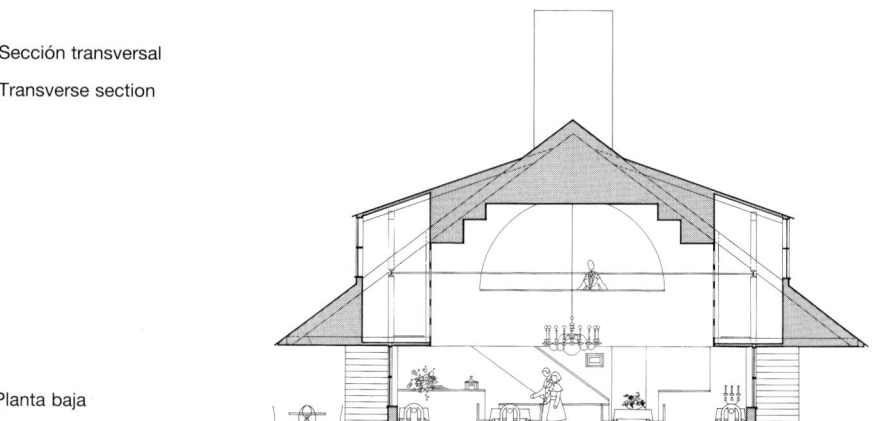

Planta baja

Ground floor plan

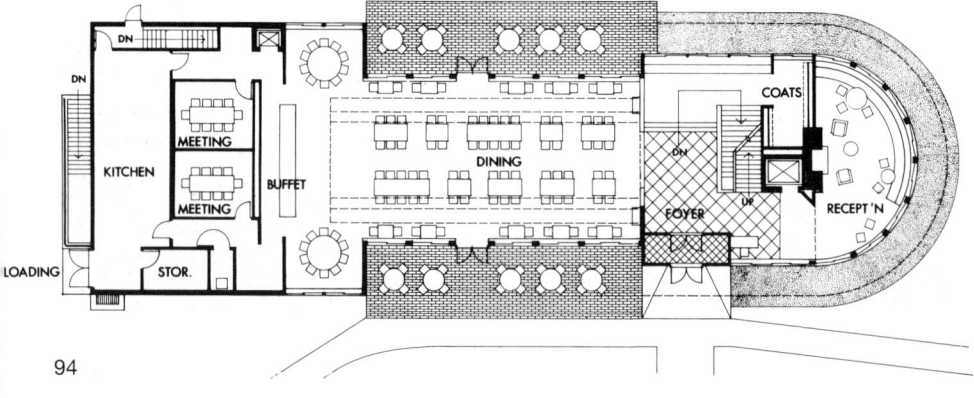

Fragmento de una de las fachadas longitudinales

Partial view of one of the longitudinal facades

Comedor

Dining room

Vista general

General view

1974/1975 Casa Tucker, Westchester County, Nueva York. Venturi y Rauch.
Tributo a la casa sencilla americana Shingle Style y a la tradición manierista del «gesto», esta casita tiene, asimismo, una escala arquitectónica grande. Los elementos que la componen son grandes, la forma es sencilla y simétrica; el color y la *shingle texture* (textura de ripia de madera) están subordinados al contexto, pese a lo cual su forma es audaz. La casa parece *ordinaria* a primera vista, pero es *extraordinaria* en una segunda impresión; la primera imagen que ofrece es la de un objeto alto y leñoso, «sentado» entre los árboles en medio de un paraje frondoso y semirrural.
La fachada está dominada por un tímpano; de hecho, la cubierta consiste en una pirámide que se eleva rápidamente hacia el centro. Las cuatro fachadas se caracterizan por el generoso voladizo de la cubierta y por las grandes ventanas cuadradas, ubicadas respondiendo a las exigencias de los espacios interiores.
La planta de acceso distribuye los espacios funcionales: un pequeño vestíbulo de doble altura, una cocina, un dormitorio y un baño. Adosada a uno de los muros perimetrales se alza la escalera, más amplia en su arranque que en su recorrido, para ampliarse nuevamente, al llegar a la planta superior, dando paso al extraordinario espacio del salón del estar principal. Este ambiente central de doble altura es —más que ningún otro— el que mejor representa a la casa; de él arranca una pequeña escalera que conduce al altillo, en el que una biblioteca se asoma sobre la gran sala de estar. La forma de la chimenea hogar es una evocación de la forma de la casa.

1974/1975 Tucker House, Westchester County, New York. Venturi and Rauch.
A tribute to the simple American Shingle Style and to the Mannerist tradition of the "gesture", this small house possesses at the same time a grand architectonic scale. The elements which compose it are large, the form is simple and symmetrical; the color and the shingle texture are subordinated to the context, but the form is nevertheless daring. The house appears *ordinary* at first sight, but a second look shows it to be *extraordinary*; the first image it presents is that of a tall, woody object "sitting" between the trees in the midst of a leafy, rural setting. The facade is dominated by a tympanum; in fact, the roof is a pyramid rising abruptly towards the center. The four facades are characterized by the generous overhang of the eaves and the large square windows, positioned in accordance with the demands of the interior spaces.
The plan of the ground level distributes the functional spaces: a small double-height vestibule, a kitchen, a bedroom and a bathroom. Set against one of the perimeter walls, the staircase is wide at the base, then narrows as it ascends, only to widen out again when it arrives at the upper floor, leading on to the extraordinary space of the main living room. This central double-height room is —more than any other— the one that best represents the house; from here a small staircase leads up to the mezzanine, where a library looks down on the large living room. The form of the fireplace chimney evokes that of the house itself.

Vista exterior

View of the exterior

Sección	Alzado principal
Section	Main elevation

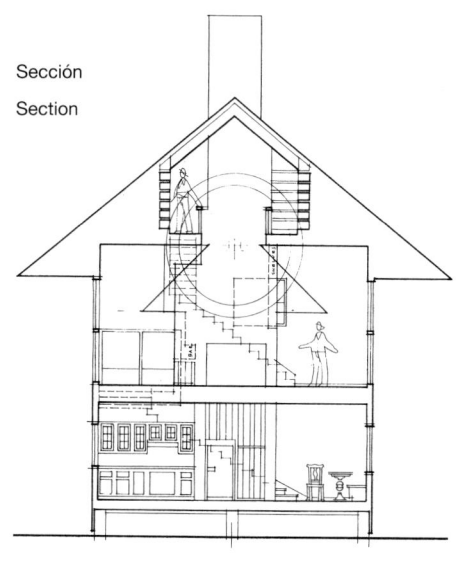
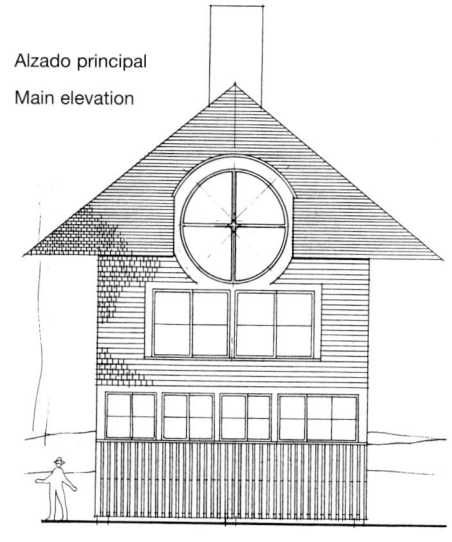

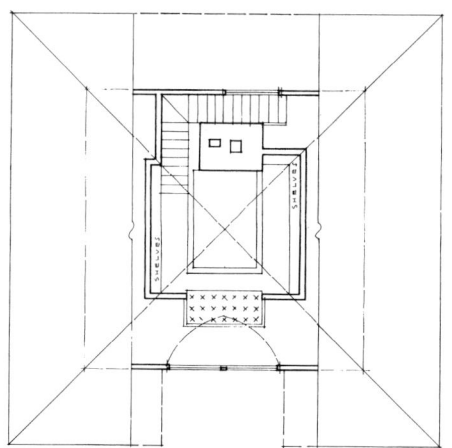
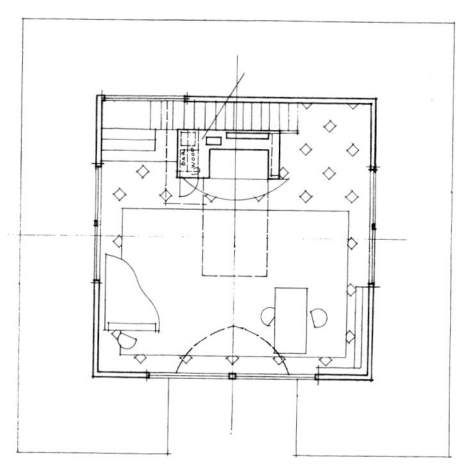

Planta altillo *(arriba)*, planta primera *(arriba a la derecha)* y planta baja *(al lado)*

Mezzanine floor *(above)*, first floor *(above right)* and ground floor *(opposite)*

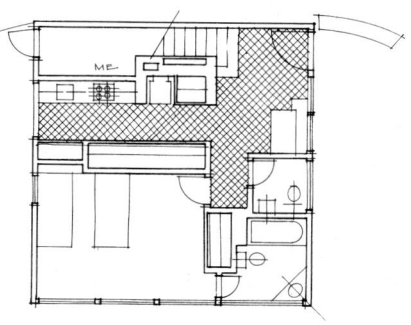

Vista interior del salón

Interior view of the living room

El hogar, réplica de la forma de la casa

The fireplace replicates the form of the house

1975/1977 Casa Brant-Johnson, Vail, Colorado. Venturi y Rauch.
Emplazada en una de las zonas de esquí más bellas de Estados Unidos, la casa consiste en una torre cubierta a cuatro aguas, rodeada de imponentes álamos, altos y rectos.
La planta baja contiene un almacén, el lavadero y la sauna; la primera, los dormitorios y las pequeñas habitaciones para los invitados; en la planta segunda se organiza la cocina, la sala de estar-comedor, y un ambiente separado destinado a sala de juegos de los niños. El ático, que alcanza la altura de las copas de los árboles, se caracteriza por unos grandes ventanales que tienen, bajo el nivel del antepecho, unos generosos bancos de madera; estos últimos pueden utilizarse, en caso necesario, como camas adicionales para invitados. Todos esos elementos, unidos al importante voladizo de la cubierta, definen una escala arquitectónica grande en una casa pequeña.

1975/1977 Brant-Johnson House, Vail, Colorado. Venturi and Rauch.
Situated in one of the most beautiful skiing regions in the United States, the house consists of a a tower with a four-pitch roof surrounded by imposing poplars, tall and straight.
The ground floor contains a storeroom, laundry and sauna; on the first floor are the bedrooms and the small rooms for guests; on the second floor are the kitchen, the living and dining room, and a separate room set aside as a games space for the children. The attic, at the same height as the tops of the trees, is characterized by its large windows, inside which are generous wooden benches that can be converted into additional beds for guests when necessary. All of these elements, combined with the large overhang of the eaves, define here a grand architectonic scale for a small house.

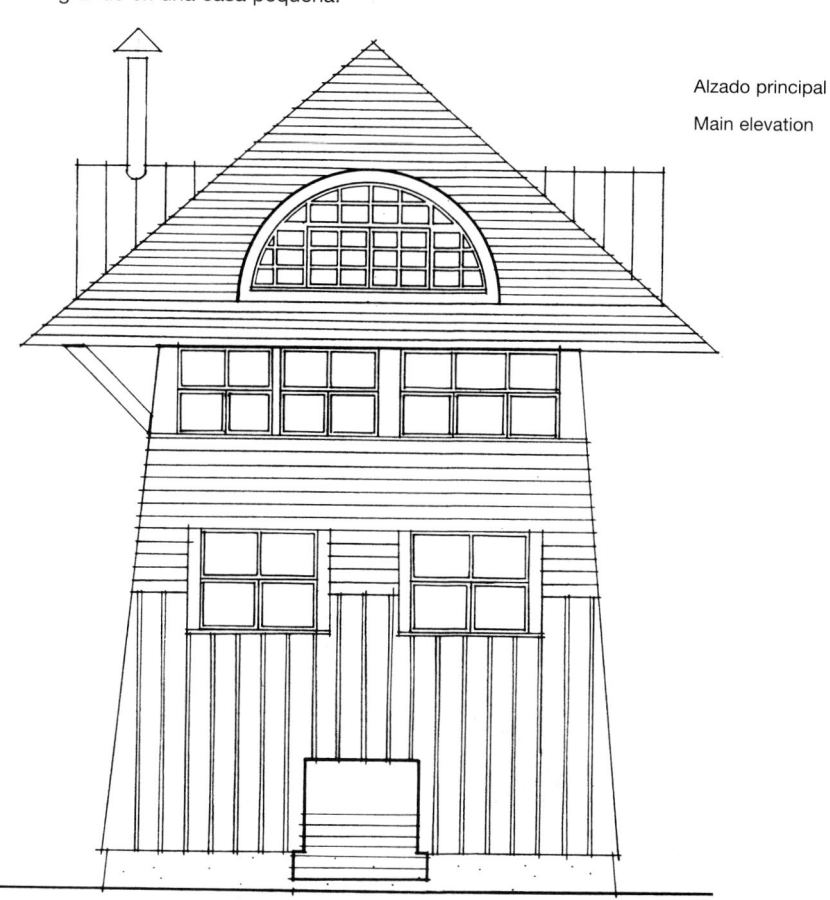

Alzado principal

Main elevation

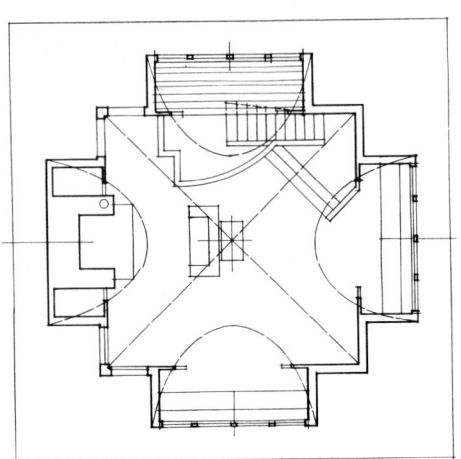

Planta ático

Attic floor

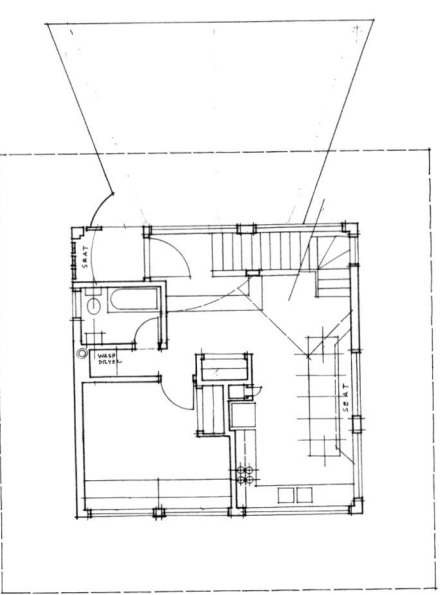

Planta segunda

Second floor

Planta baja

Ground floor

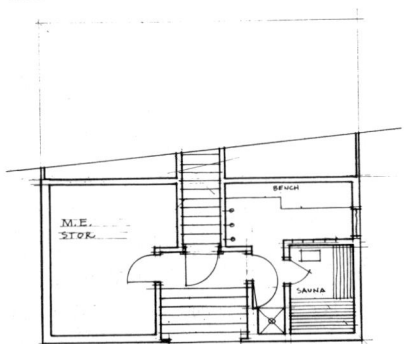

Planta primera

First floor

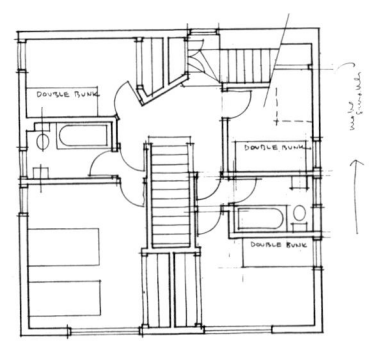

Vista interior del salón
Interior view of the living room

Vista de la fachada principal
View of the main facade

1975/1977 Casa Brant, Tuckers Town, Bermuda. Venturi y Rauch, con Onions, Bouchard y McCulloch.
El proyecto responde a las normativas locales que prescriben el uso de estilos y materiales tradicionales.
La casa, situada sobre un acantilado que desciende en picado sobre el mar, está compuesta por tres alas que se comunican: zona de servicio y cocina; vivienda principal, comedor y dormitorios; y sala de estar. La contigüidad de los tres pabellones garantiza una óptima circulación cruzada del aire, requisito fundamental en un clima tropical. El pabellón central está construido en torno a la escalera principal de distribución; desde la escalera, el panorama exterior se ve enfatizado por la vista simultánea de la playa por un lado, y la bahía por el otro.

1975/1977 Brant House, Tuckers Town, Bermuda. Venturi and Rauch, with Onions, Bouchard and McCulloch.
The project conforms to local building regulations, which stipulate the use of traditional styles and materials.
The house, set on a cliff overlooking the sea, is composed of three communicating wings: the service area and kitchen; the main house, dining room and bedrooms; the living room. The communication of the three pavilions ensures optimum natural ventilation, a fundamental requirement in a tropical climate. The central pavilion is constructed around the main staircase; from the stairs, the panorama of the house's surroundings offers a simultaneous view of both the beach on one side and the bay on the other.

Vista exterior de la entrada *(al lado)* y de la fachada principal *(debajo)*

Exterior view of the entrance *(opposite)* and the main facade *(below)*

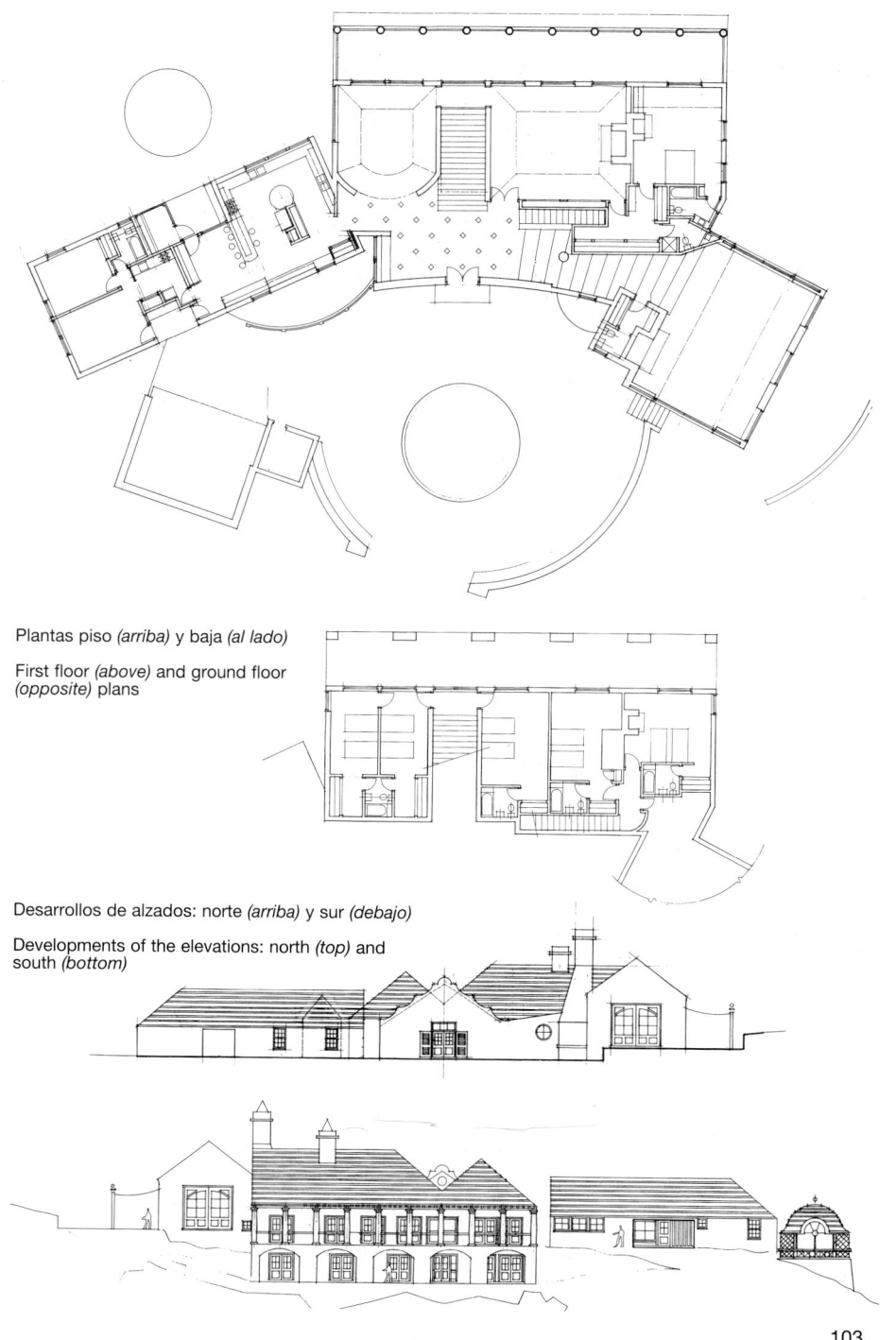

Plantas piso *(arriba)* y baja *(al lado)*

First floor *(above)* and ground floor *(opposite)* plans

Desarrollos de alzados: norte *(arriba)* y sur *(debajo)*

Developments of the elevations: north *(top)* and south *(bottom)*

Vista de la fachada posterior (sur)
View of the rear facade (south)

Vista lateral
Side view

Comedor
Dining room

1977 Casas eclécticas. Estudio teórico.
Venturi y Rauch.
Serie de casas imaginarias. Los pequeños *bungalows* de vacaciones contienen una cocina, un estar-comedor, un dormitorio y un baño. Se trata de un autoencargo, un ejercicio teórico del arquitecto presidido por la idea del alzado principal, «decorado», y el posterior, *ordinario* o *Mary Anne*.
En este proyecto, estilo y función, más que comprometerse, se yuxtaponen; las variaciones de estilo se aplican sólo a las fachadas principales, mientras que la planta, la sección y los demás alzados, permanecen constantes.

1977 Eclectic Houses. Theoretical study.
Venturi and Rauch.
A series of imaginary houses. These small holiday bungalows contain a kitchen, a living and dining room, a bedroom and a bathroom. This was a self-imposed commission, a theoretical exercise for the architect, presided over by the idea of the "decorated" main elevation and the plain or *Mary Anne* rear elevation.
Style and function here do not so much engage with one another as stand in juxtaposition; the stylistic variations are applied only to the main facade, while the plan, section and other elevations remain constant.

Plantas primera y baja; sección; alzados

First floor and ground floor plans; sections; elevations

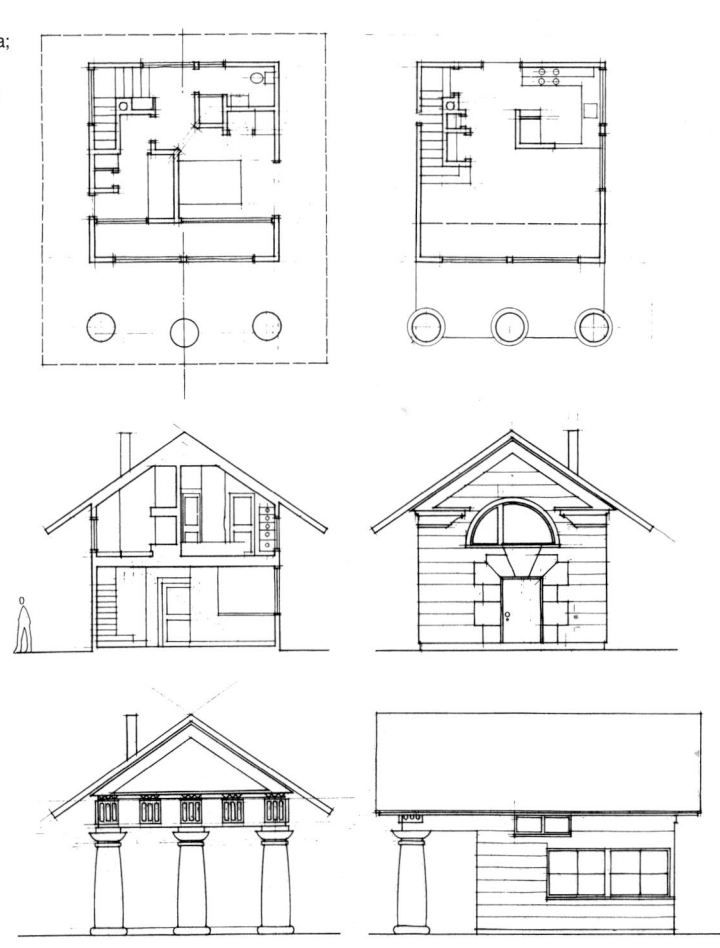

Serie de alzados de la fachada principal — Series of elevations of the main facade

1977/1980 Western Plaza, Washington, D.C. Venturi y Rauch.

La gran plaza completa y termina el borde oeste del eje monumental de la Pennsylvania Avenue, que en el proyecto de urbanización redactado por L'Enfant para Washington (1791) conectaba visualmente el Capitolio con la Casa Blanca. La construcción del nuevo Ministerio del Tesoro durante la primera mitad del siglo pasado, vecino en la actualidad de la Casa Blanca, comprometió tal unión visual.

El proyecto recupera parcialmente la idea de L'Enfant; resuelve la comprometida relación axial entre los dos importantes edificios, restableciendo una escala monumental y un potente foco de actividades para el área en que se ubica.

La plaza se caracteriza por el diseño de la pavimentación, una réplica perfecta a la del proyecto de L'Enfant. Es amplia y monumental cuando se percibe en su conjunto, si bien el visitante la percibe más pequeña a través de una serie de vistas y espacios enmarcados en varias terrazas. El último de estos aterrazamientos queda elevado respecto a la cota de la calle, estableciéndose así una idea de separación respecto a la misma y sirviendo también para acotar los márgenes de la plaza. Los muretes bajos hacen las veces de asientos.

1977/1980 Western Plaza, Washington, D.C. Venturi and Rauch.

This grand plaza completes and concludes the western end of the monumental thoroughfare of Pennsylvania Avenue, which in the urban plan drawn up for Washington by L'Enfant (1791) served visually to connect the Capitol with the White House. The construction of the new Treasury Department in the first half of the last century, adjoining the White House, weakened this visual link.

The project is a partial return to L'Enfant's idea; it resolves the compromised axial relationship between the two great buildings, re-establishing a monumental scale and a potent focus of activities for the area it occupies.

The plaza is characterized by the design of the paving, a perfect replica of the project by L'Enfant. The plaza is broad and monumental when apprehended as a whole, although the visitor perceives it as being smaller by means of a series of views and spaces framed within various terraces. The last of these terraced levels is raised above the street, thus establishing an idea of separation from it as well as effectively marking the level of the edges of the plaza. In addition, the low walls serve as seating.

Vista del área de intervención

View of the project area

Vista de la maqueta, con la propuesta de las dos pilonas

View of the model, with the two proposed pylons

Réplica en miniatura del Capitolio

Replica in miniature of the Capitol

Vista de la plaza, con el Capitolio al fondo

View of the plaza with the Capitol in the background

1977 Hotel y casino Marlborough-Blenheim. Atlantic City, New Jersey.
Proyecto de ampliación y restauración.
Venturi y Rauch.
El hotel de 2000 habitaciones forma parte del proyecto de recuperación y ampliación de los hoteles Marlborough-Blenheim y Dennis, de Atlantic City, la «Las Vegas de la costa este».
El proyecto valora la posibilidad de la total, o parcial, conservación de los albergues. En el proyecto para el Blenheim, los arquitectos mantienen únicamente la porción de fachada ornamental dominada por la cúpula.
En gran parte, la nueva arquitectura es deudora de la ornamentación; el fragmento del edificio preexistente —definido por los autores como «semejante a una joya» (*jewel-like-fragment*)— está valorizado por los jardines colgantes de abajo, y por la cuidada gran losa curva que funciona como telón de fondo.

1977 Marlborough-Blenheim Hotel and Casino, Atlantic City, New Jersey.
Addition and renovation project.
Venturi and Rauch.
The 2,000-room hotel is part of a project for the renovation and extension to the Marlborough-Blenheim and Dennis Hotels in Atlantic City, the "Las Vegas of the east coast".
The project considers the possibility of the total or partial conservation of the existing hotels. In the scheme for the Marlborough-Blenheim, the architects have retained only the portion of ornamental facade dominated by the cupola.
To a large extent, the new architecture is indebted to this ornamentation; the section of existing building —defined by the architects as a "jewel-like fragment"— is valorized by the hanging gardens below and the great curving flagstone which acts as a backdrop.

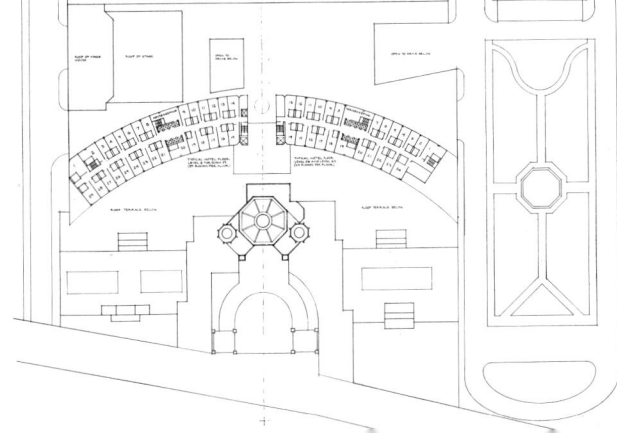

Maqueta: fachada principal con la edificación preexistente

Model: main facade with the existing building

Plano de emplazamiento, con la planta tipo

Site plan, with the typical floor plan

1977 Salón de exposiciones de productos Best, Oxford Valley, Filadelfia, Pensilvania.
Venturi y Rauch.

El salón de exposiciones (*showroom*) para productos Best está en un centro comercial importante, provisto de grandes explanadas de aparcamiento y rodeado de numerosos cruces de carreteras. Se trataba de proyectar el exterior de un edificio prefabricado ya existente al que no se le podía dotar de huecos en las fachadas, pero que debía tener una cierta presencia y ser fácil de reconocer, dada la dificultad del contexto.

Trabajando sobre los parámetros de una estructura de acero y cerramientos de bloques de hormigón, aislada en medio de una zona de aparcamiento, los arquitectos elaboraron una fachada ornamental constituida por paneles de porcelana acerada. La abstraída decoración, a base de grandes flores blancas y rojas, opera como evidente reclamo para el observador, mientras que el efecto del irregular —en relación a la modulación de los paneles— «empapelado» extendido sobre toda la superficie, refuerza el carácter gráfico y bidimensional de la fachada.

El gran rótulo y el dibujo floral sobre un edificio chato y vulgar consiguen un efecto insólito.

1977 Best Showroom, Oxford Valley, Philadelphia, Pennsylvania.
Venturi and Rauch.

This showroom for Best products is in a major shopping center, equipped with spacious parking lots and with a number of highway intersections in the vicinity. The aim was to design the exterior for an existing industrial building that could not have openings made in its facades, yet needed to have a certain presence and be easily recognizable, because of the difficult nature of the context.

Working within the parameters of a steel structure filled with a skin of concrete blocks, isolated in the middle of a parking lot, the architects created an ornamental facade consisting of panels of porcelain. The abstracted decoration, based on large red and white flowers, serves to capture the observer's attention, while the effect of the irregular —in relation to the modulation of the panels— "wallpapering" spread over the surface reinforces the graphic, two-dimensional character of the facade.

The large sign and the floral pattern on a flat, vulgarly commonplace building create a remarkably striking effect.

Vista frontal de la fachada de entrada y vista del salón de exposiciones en escorzo

Front view of the entrance facade and oblique view of the showroom

Detalle de los paneles de revestimiento de la fachada

Detail of the cladding panels on the facade

1978 Salón de exposiciones para Basco, Filadelfia, Pensilvania. Restauración. Venturi y Rauch; director del equipo: S. Izenour.
¿Qué hacer con un edificio de 4,80 m de alto y más de 300 m de largo, con sólo dos puertas y sin ventanas?
En este proyecto para un gran almacén se requería de los arquitectos que «embellecieran» el edificio existente, un vetusto centro comercial de los años cincuenta.
El gran espacio de aparcamiento, juntamente con la inequívoca banalidad de la arquitectura, sugirieron la idea basada en una vistosa comunicación visual. Se decidió hacer uso de una escala gigante y de colores fuertes; al viejo edificio se sobrepusieron unas enormes letras equidistantes (de cerca de 10 m de alto y 1,40 m de grueso, con estructura de acero y revestidas de aluminio), que tenían como fondo el edificio preexistente. Las cinco letras monumentales tienen el objetivo de captar la atención de los automovilistas que circulan por la carretera. El rótulo BASCO se ha convertido en la arquitectura de la carretera y, además, en un famoso monograma para la compañía comercial.

1978 Showroom for Basco, Philadelphia, Pennsylvania. Restoration. Venturi and Rauch; project team leader: S. Izenour.
What do you do with a building measuring 4.80 m in height and more than 300 m in length, that has only two doors and no windows?
In this project for a department store, the architects were required to "embellish" the existing building, an ageing shopping center from the fifties.
The large parking lot, together with the un-equivocal banality of the architecture, suggested the idea of basing the project on attractive visual communication. It was decided to make use of a giant scale and strong colors; the old building was overlaid with enormous equidistant letters (almost 10 m high and 1.40 m deep, with a steel structure covered in aluminium). The five monumental letters have the aim of catching the attention of the people driving past on the highway. The BASCO sign has become part of the architecture of the highway, as well as a famous logo for the company.

Vista exterior

View of the exterior

La letra «O»

The letter "O"

1978 Centro de Visitantes, Hartwell Lake, Georgia. Proyecto de concurso.
Venturi y Rauch.
Este proyecto para el arma de Ingenieros del ejército de los Estados Unidos, no sólo está destinado a informar y orientar a los visitantes del lago Hartwell, sino también a ofrecer oportunidades recreativas.
El encargo requería un edificio ambientado en su contexto, pero que, a la vez, fuera visible desde la carretera que bordea y atraviesa el lago. De ahí la elección de materiales tradicionales del lugar y de formas indígenas que evocan las típicas *southern farms* (granjas sureñas), con sus cubiertas metálicas y sus revestimientos en madera.

1978 Visitors' Center, Hartwell Lake, Georgia. Competition project.
Venturi and Rauch.
This project for the United States Army's Corps of Engineers was intended not only to inform and orient visitors to Hartwell Lake, but also to provide recreational activities.
The brief called for a building adapted to its context, that would at the same time be visible from the highway which skirts and crosses the lake. This prompted the choice of materials traditional to the region and indigenous forms which evoke the typical Southern farm with its metal roofs and wood cladding.

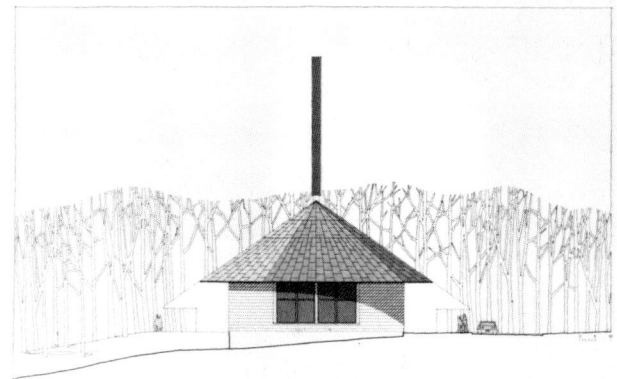

Alzado este

East elevation

Alzado sur

South elevation

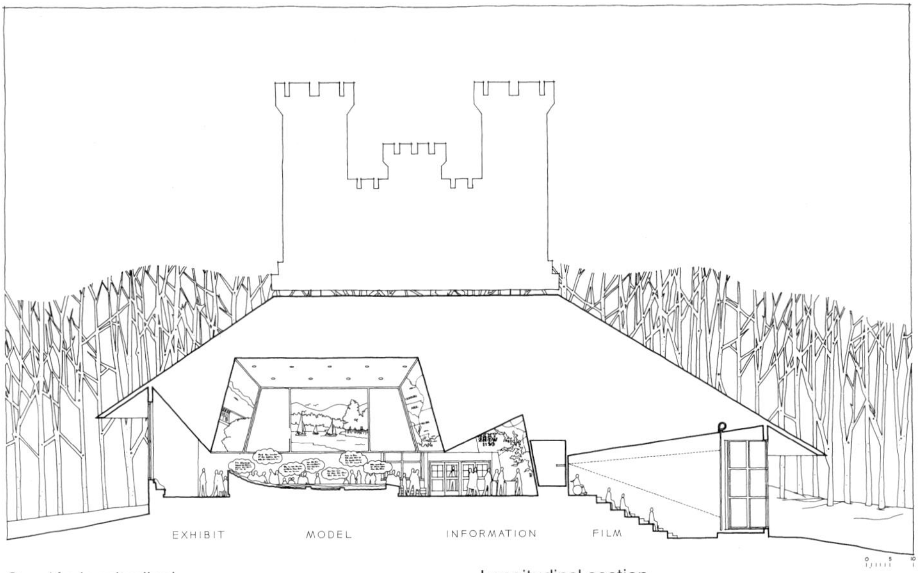

Sección longitudinal

Longitudinal section

Planta

Plan

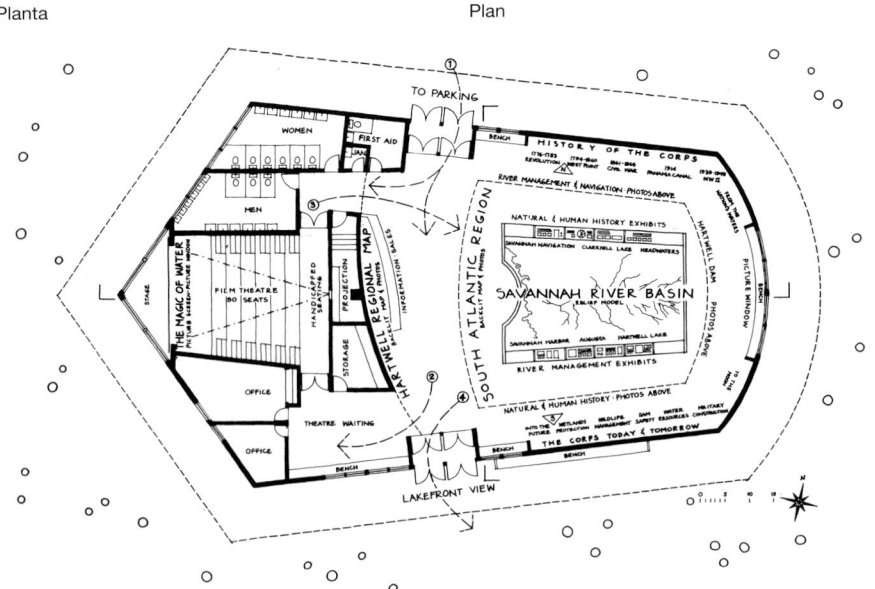

1978 Museo de la Ciencia, Charlotte, Carolina del Norte. Proyecto.
Venturi y Rauch.
La idea inspiradora en este proyecto de Museo de la Ciencia fue el empleo de una caja negra; un *loft-building* (edificio de almacenaje) sin ventanas, que permitiera desarrollar en su interior una serie de exposiciones escenográficas basadas en sus sofisticados efectos de iluminación artificial.

Unas vitrinas dispuestas a lo largo de la calle principal exhiben «objetos animados»; el friso superior, que adopta la forma de un cartel electrónico en movimiento, transmite mensajes a los paseantes sobre acontecimientos ecológicos en todo el mundo. Sobre la cubierta, la gran estatua de un dinosaurio; en la esquina, el acceso «piranesiano» describe de forma escultórica el paisaje natural de Carolina del Norte.

1978 Science Museum, Charlotte, North Carolina. Project. Venturi and Rauch.
The inspiration behind this project for a Science Museum was the utilization of a black box; a loft building without windows which would permit the presentation in the interior of a series of elaborately staged exhibitions making use of the building's sophisticated artificial lighting effects.
Display cases arranged along the main street exhibit "animated objects"; the upper frieze, which takes the form of a moving electronic signboard, transmits messages to the passers-by concerning ecological developments around the world. On the roof is a large statue of a dinosaur; on the corner, the "Piranesian" access describes in sculptural form the natural landscape of North Carolina.

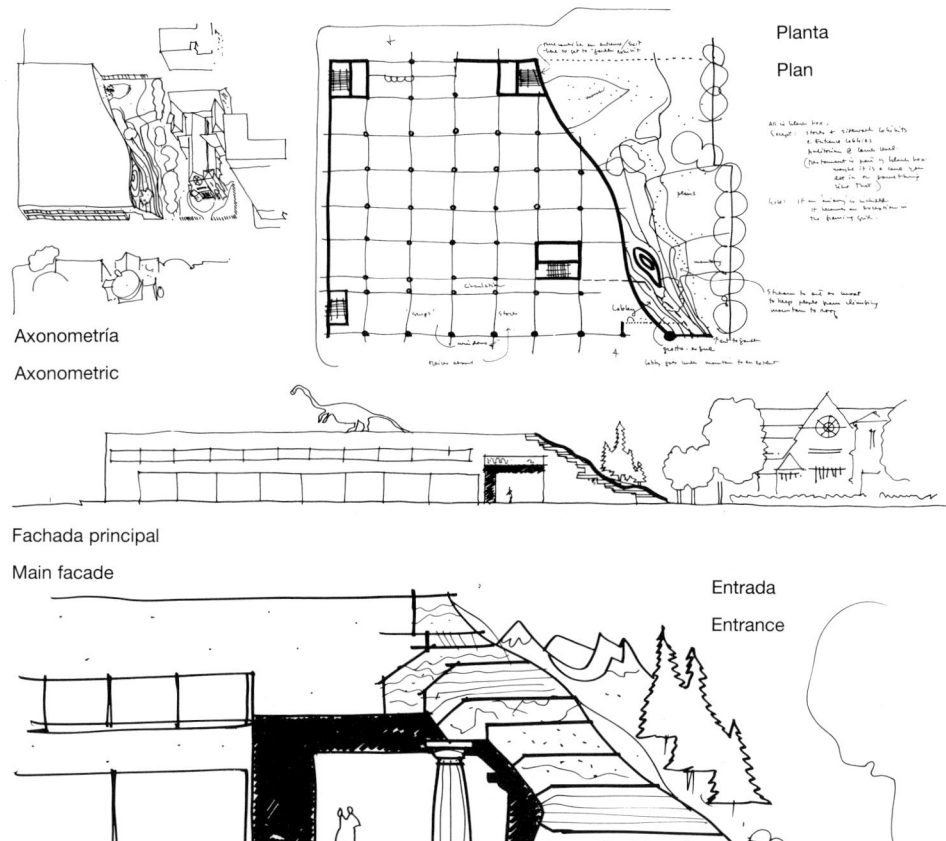

Axonometría
Axonometric

Planta
Plan

Fachada principal
Main facade

Entrada
Entrance

1978 Club de jazz Nichol's Alley, Houston, Texas. Proyecto. Venturi y Rauch.
El local de 930 m² tiene capacidad para unas 700 personas. El planteamiento del proyecto es análogo al de una discoteca corriente: interior y exteriormente, los arquitectos crean un ambiente ornamental mediante el uso de objetos vistosos y efectos luminosos. Gran parte del potencial ilusionístico y decorativo se ha encomendado a la iluminación, enfatizando los componentes «nostálgicos» y «entrañables», en lugar de los efectos espectaculares y psicodélicos.
Exteriormente, el proyecto prevé dos variantes: la primera desarrolla el tema «marino»; la segunda, el tema del «museo de arte». Interiormente, el bar y la sala de baile están dotados de pantallas gigantes para la proyección de cuadros famosos, como parte integrante de la arquitectura. Exceptuando el balcón decorado con el neón y la forma de la sala-teatro, los interiores resultan neutros, estando caracterizados por sus superficies oscuras y opacas.
El exterior de semejante edificio consiste inevitablemente en una gran caja sin ventanas, rodeada por la zona de aparcamiento. Símbolo y decoración comparecen en la fachada principal como señales visibles desde la carretera. La fachada del museo de arte evoca un museo tradicional, a través del uso de elementos arquitectónicos renacentistas como los nichos con estatuas, con siluetas de famosos músicos de jazz.

1978 Nichol's Alley Jazz Club, Houston, Texas. Project. Venturi and Rauch.
The 930 m² club has capacity for 700 people. The project adopts an approach analogous to an ordinary discotheque: internally and externally, the architects create an ornamental setting through the use of attractive objects and lighting effects. Much of the illusionistic and decorative potential is achieved by the lighting, which emphasizes the "nostalgic" and "charming" components instead of pursuing spectacular or psychodelic effects.
For the exterior, the project envisages two alternative schemes: the first develops the "maritime" theme; the second, the theme of the "Art museum". In the interior, the bar and the dance floor are equipped with giant screens onto which famous paintings can be projected as an integral part of the architecture. With the exception of the neon-decorated balcony and the form of the theatre hall, the interiors are neutral, characterized by their dark, opaque surfaces.
The exterior of a building such as this inevitably consists of a large windowless box, surrounded by parking bays. Symbol and decoration are present on the main facade, as signs visible from the highway. The "Art museum" facade evokes a traditional museum through the use of Renaissance architectural elements such as the niches for statues, here occupied by silhouettes of famous jazz musicians.

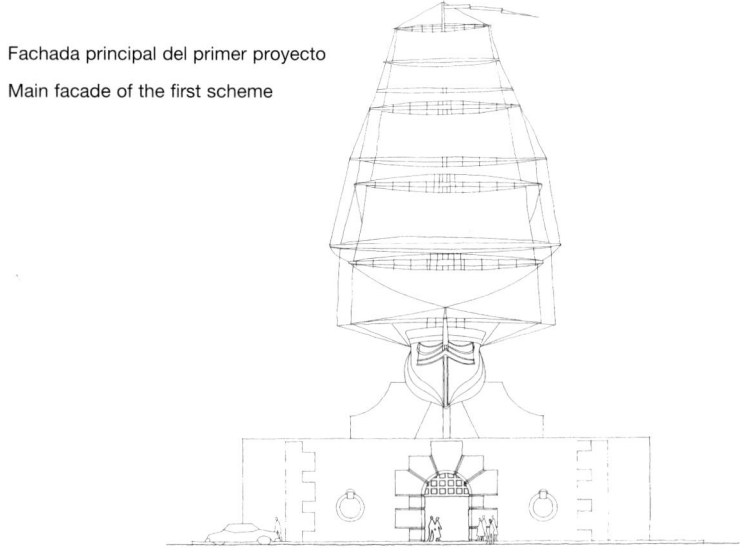

Fachada principal del primer proyecto

Main facade of the first scheme

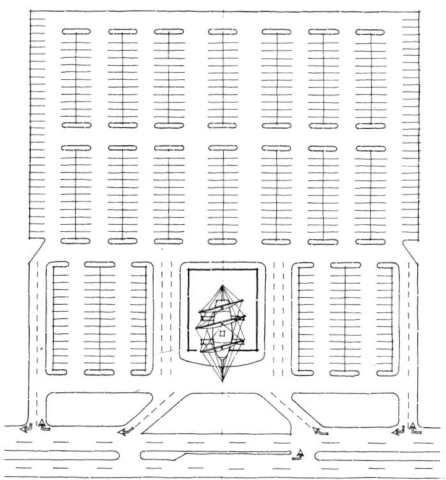

Plano de emplazamiento del primer proyecto
Site plan of the first scheme

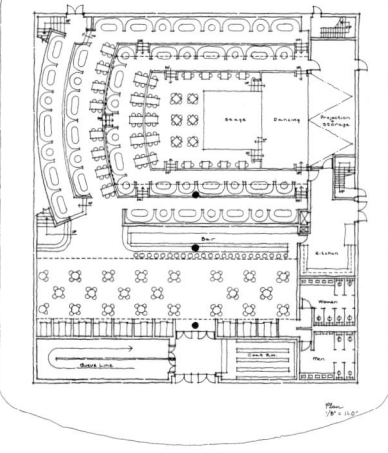

Planta
Plan

Sección del primer proyecto
Section of the first scheme

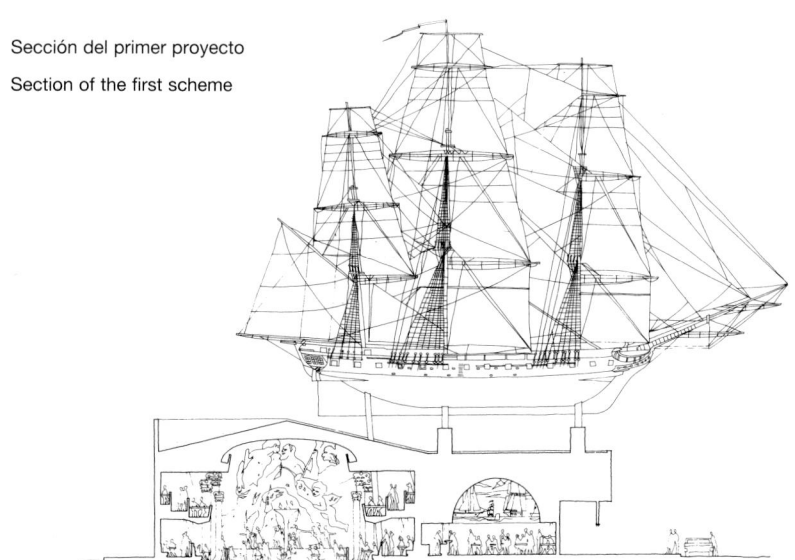

1978/1979 Plan urbanístico de recuperación para Washington Avenue, Miami Beach, Florida. Venturi y Rauch; directora del equipo: D. Scott Brown.

El plan incluye el análisis económico y social, el funcionamiento de los transportes, propuestas de mejora y valorización de las calles y del ambiente, y la definición de un proyecto regulador para el importante eje comercial que atraviesa el centro del distrito Art Déco de Miami.

Las singulares características de esta parte de la ciudad se concretan en la variedad demográfica de sus habitantes, en la arquitectura Déco y en el paisaje tropical.

El trabajo consta de un estudio de los aspectos arquitectónicos, paisajísticos y comerciales de Washington Avenue, un análisis general de sus influencias sobre la economía de la ciudad, un esquema de estrategia alternativa para el desarrollo, un proyecto regulador del mejoramiento del sector público y privado, así como indicaciones precisas sobre la línea estética a seguir en relación al carácter Déco de esta área.

No se trata de una restauración historicista, ni de una total modernización, sino de una valorización de las cualidades positivas de la arquitectura ya existente.

1978/1979 Urban Renewal Plan for Washington Avenue, Miami Beach, Florida. Venturi and Rauch; project team leader: D. Scott Brown.

The plan includes economic and social analyses, the functioning of transport networks, environmental proposals for the upgrading and beautification of streets, and the definition of a regulatory project for the major commercial thoroughfare running through the center of Miami's Art Deco district.

The unique characteristics of this part of the city are reflected in the demographic pluralism of its residents, the Deco architecture and the tropical landscape.

The project includes a study of the architectural, landscape and commercial aspects of Washington Avenue, a general analysis of its influence on the city's economy, an alternative development strategy and a set of guidelines for improving the public and private sectors, as well as precise indications as to the aesthetic quality to be pursued in relation to the area's Deco character.

This is neither a historicist restoration nor a thorough modernization, but rather an improvement of the positive qualities of the existing architecture.

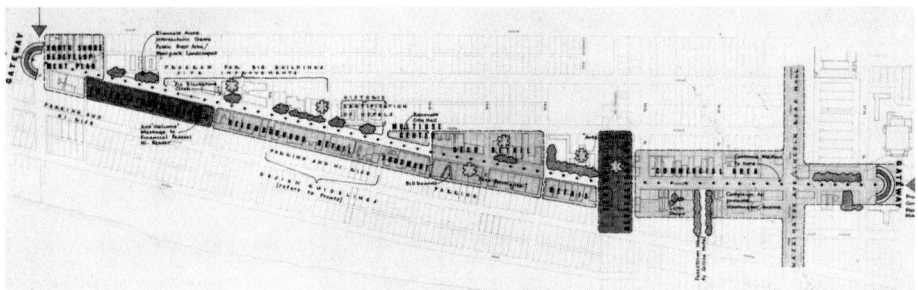

Planimetría del plan: alternativa C

Layout of the plan: option C

Perspectiva de Washington Avenue

Perspective of Washington Avenue

118

1978 Plan de desarrollo para Princeton, New Jersey. Proyecto. Venturi y Rauch; directora del equipo: D. Scott Brown.
El estudio tiene por objeto la evaluación de cuatro importantes propuestas de proyecto para el centro comercial de Princeton, con el fin de determinar sus respectivos impactos en el entorno, en el diseño urbano, el tráfico y el aparcamiento. El plan profundiza especialmente en el tema de los espacios públicos. La estrategia de trabajo comprende: indicaciones arquitectónicas, indicaciones sobre usos, sobre aparcamiento y tráfico, y un programa de mejora de los servicios públicos.

1978 Urban Design Plan for Princeton, New Jersey. Project. Venturi and Rauch; project team leader: D. Scott Brown.
The purpose of the study was the evaluation of four major project proposals for the commercial center of Princeton, with the aim of determining their respective impacts on their surroundings, on the area's urban design, traffic and parking. The plan looked in particular depth at the question of the public spaces. The working strategy encompassed architectonic indications, indications of uses, parking and traffic, and a program for improving public services.

Perspectiva de una plaza

Perspective of a square

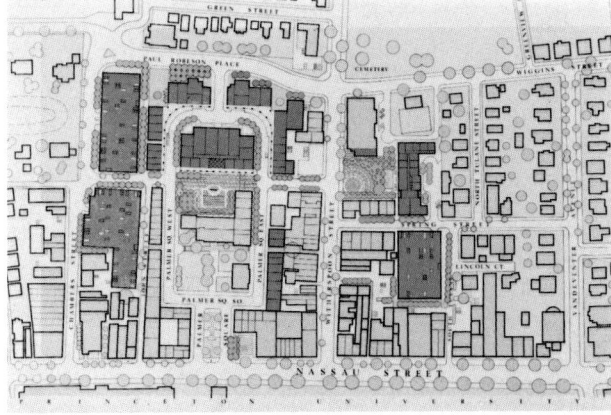

Planimetría del plan

Site plan

1978/1979 Casa inspirada en Mount Vernon, Greenwich, Connecticut.
Proyecto. Venturi y Rauch.
Mt. Vernon es el nombre que George Washington dio a su casa. Más considerada por los norteamericanos como un símbolo patriótico que como un edificio, forma y símbolo resultan difícilmente separables en esta arquitectura, análogamente a lo que sucede en la percepción de una obra de arte.
Venturi sostiene que el proyecto ofrece la oportunidad de hacer en Mt. Vernon lo mismo que hizo Jasper Johns con la bandera americana: representarla literalmente, aunque modificando el contexto y la escala para hacerla familiar e insólita a la vez. Deliberadamente, la casa no es demasiado correcta desde el punto de vista histórico, porque, según los arquitectos, es un error ser demasiado preciso en las referencias históricas.
La nueva Mt. Vernon ha sido modificada en ciertos aspectos. Algunas proporciones son distintas, la escala arquitectónica ha cambiado: la dimensión del cuerpo principal de la casa es corta, las alas laterales tienen una escala relativamente grande, el detalle ha sido simplificado y achatado. Las «modificaciones» aportadas concilian los requerimientos modernos del proyecto, ampliando su contenido simbólico, de acuerdo con la teoría de que «una ligera modificación del objeto familiar hace más elocuente su familiaridad».

1978/1979 House inspired by Mount Vernon, Greenwich, Connecticut.
Project. Venturi and Rauch.
Mt. Vernon is the name George Washington gave his house. Regarded by Americans as more a patriotic symbol than a building, it is now difficult to separate form and symbol in this architecture, in much the same way as occurs with a work of art.
Venturi considers that the project provided an opportunity to do with Mt. Vernon what Jasper Johns did with the American flag: represent it literally, while modifying the context and the scale to make it appear at once familiar and surprising. Quite deliberately, the house is not perfectly accurate from the historical point of view, because it is a mistake, the architects claim, to be too precise in the use of historical references.
The new Mt. Vernon has been modified in certain respects. Some of the proportions are different, and the architectonic scale has changed: the main volume of the house is shorter, the side wings have a relatively grand scale, the detailing has been simplified and flattened. The "modifications" thus introduced satisfy the modern requirements in the brief, expanding its symbolic content, in keeping with the theory that "a slight modification of the familiar object makes its familiarity more eloquent".

Planta baja

Ground floor plan

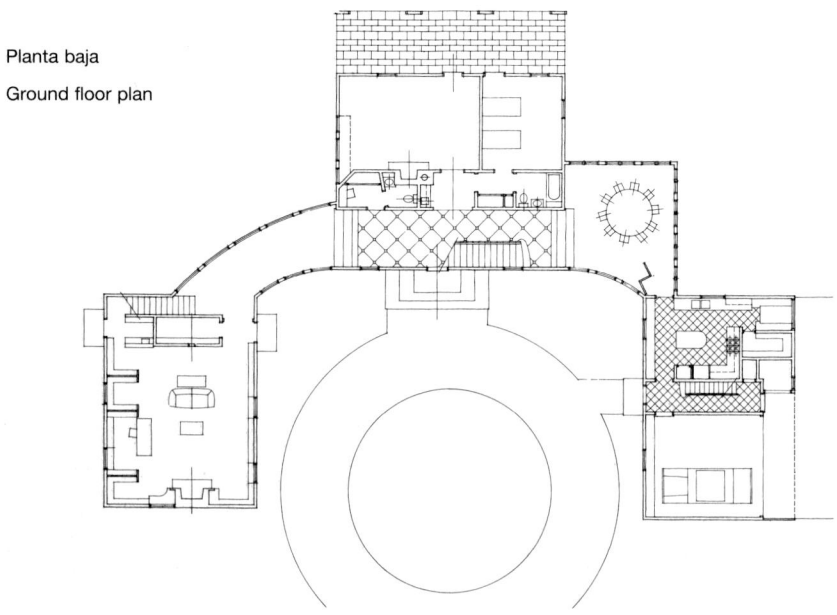

Alzado de una de las fachadas laterales

Elevation of one of the side facades

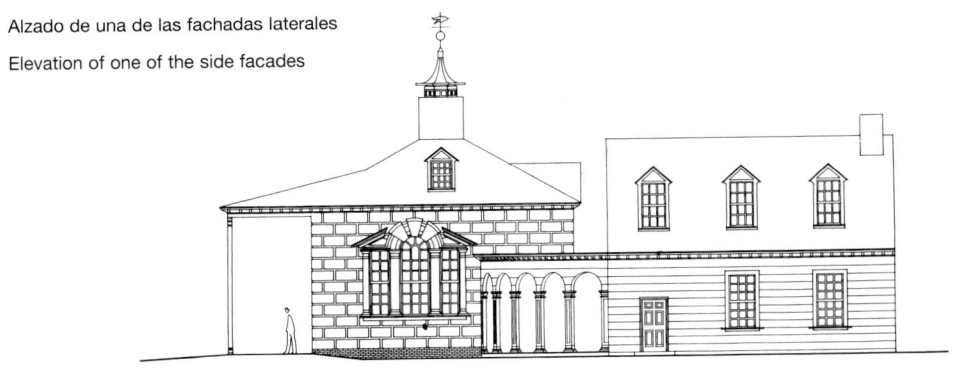

Alzado de la fachada principal

Elevation of the main facade

Alzado de la fachada posterior

Elevation of the rear facade

1978/1981 Casa de campo, New Castle County, Delaware. Venturi y Rauch.
El terreno, un gran prado verde, limita al oeste con un vallado y al norte con un bosque. En Delaware son tradicionales los graneros clásicos del siglo XVIII, caracterizados por una escala arquitectónica generosa y unas sólidas proporciones de inspiración «palladiana».
La forma de la casa y sus componentes simbólicos se han basado en este tipo de arquitectura indígena, con el fin de hacerlos «familiares» al ambiente rural, de conformarlos con el sencillo y modesto estilo de vida que caracteriza este lugar, y al que aspiraban los clientes.

1978/1981 Country House, New Castle County, Delaware. Venturi and Rauch.
The site, a large grassy meadow, is bounded to the west by a fence and to the north by a wood. The classic 18th-century barn is traditional in Delaware, and is characterized by its generous architectonic scale and solid proportions, "Palladian" in inspiration.
The form of the house and its symbolic components have been based on this type of indigenous architecture, with the idea of making them "familiar" to the rural environment, and of conforming with the simple, modest way of life characteristic of the area, much appreciated by the clients.

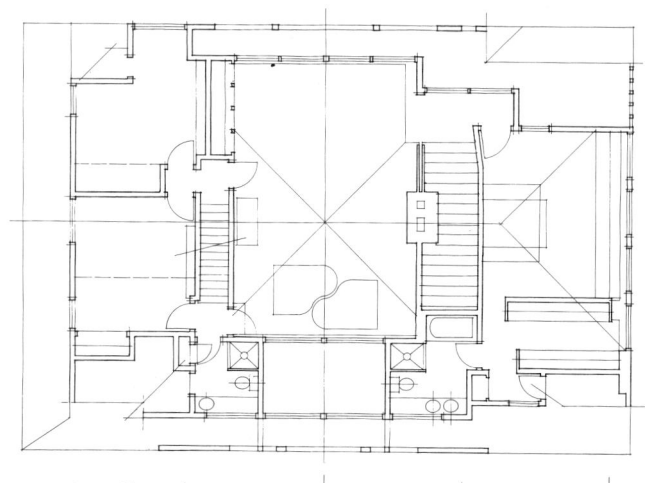

Planta piso

First floor plan

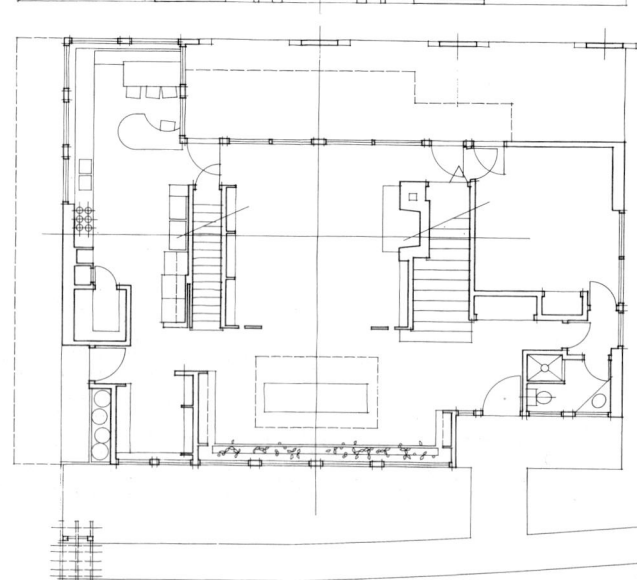

Planta baja

Ground floor plan

Vista de la fachada principal　　　View of the front facade

Vista de la fachada posterior　　　View of the rear facade

Vista interior del comedor
View of the dining room

Vista de la sala de música
View of the music room

1979/1980 Casa y estudio Coxe-Hayden, Block Island, Rhode Island.
Venturi y Rauch.

El programa es sencillo: el edificio grande acoge, en su planta baja, la sala de estar, el comedor y la cocina, y en el piso superior, un estudio; el edificio pequeño contiene un garaje-laboratorio en la planta baja, y dos dormitorios de invitados en la planta superior.

Estilísticamente, ambas casas remiten al *bungalow* rural del *revival* clásico, complemento típico de muchos edificios del siglo XIX en Block Island. A diferencia de las tradicionales casas rurales de Nueva Inglaterra, caracterizadas por ventanas pequeñas, tímpanos asimétricos y detalles a pequeña escala, el *bungalow* del *revival* clásico tiene un *temple-front* (fachada a modo de templo) con entrada simétrica, ventanas fuera de escala, y un sencillo perfil caracterizado por el importante voladizo de la cubierta.

Imágenes y asociaciones históricas *ordinarias* se combinan aquí con elementos a escala grande, generando en ambas casas una extraordinaria presencia monumental que se contradice con sus pequeñas dimensiones. Ciertos críticos las han definido como «[...] un homenaje a la memoria de las *cottages* (casetas) de playa. De hecho no son una imitación de los edificios antiguos, sino una *destilación* de sus elementos, con modificaciones contemporáneas. Los edificios no parecen tanto imitaciones, como recuerdos de las mismas». (AIA Honor Award).

1979/1980 Coxe-Hayden House and Studio, Block Island, Rhode Island.
Venturi and Rauch.

The program is simple: the big building accommodates, on the ground floor, the living room, dining room and kitchen, with a studio on the upper floor; the small building contains a garage-workshop on the ground floor and two bedrooms for guests on the upper floor.

Stylistically, both houses look to the rural bungalow of the Classic Revival, a typical complement of many of the 19th-century buildings on Block Island. Unlike the traditional New England rural house, characterized by its small windows, asymmetrical roofs and small-scale details, the bungalow of the Classic Revival has a temple front, an asymmetrical entrance, out-of-proportion windows, and a simple profile characterized by the pronounced overhang of the eaves.

Historically ordinary images and associations are combined here with elements on the grand scale, generating in both houses an extraordinary monumental presence which is contradicted by its small dimensions. In terms of critical response, the scheme has been defined as "... a homage to the memory of the beach cottage. In fact these are not an imitation of the older building, but a distillation of its elements, with contemporary modifications. The buildings seem not so much imitations as recollections" (AIA Honor Award).

Vista general, con la casa de invitados

General view showing the guests' house

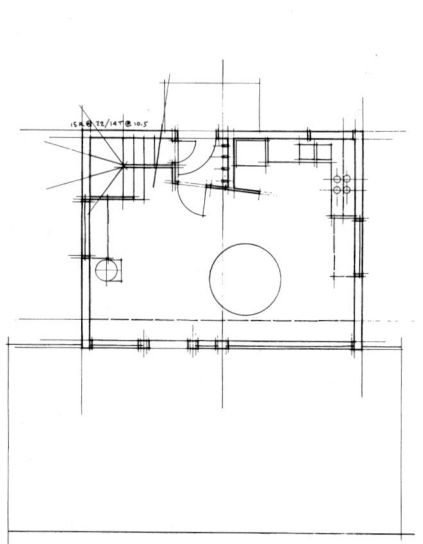

Plantas baja, primera y segunda

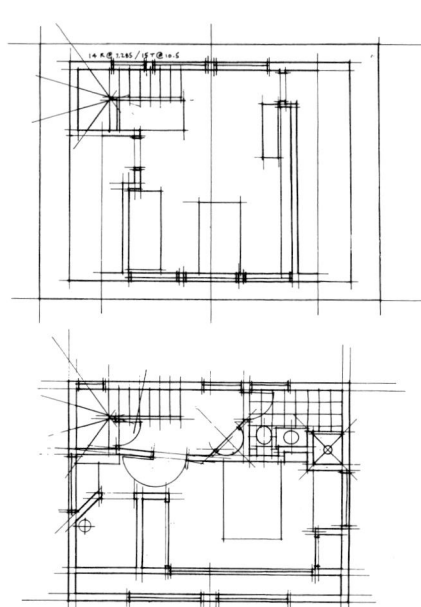

Ground, first and second floor plans

Fachada orientada al lago y fachada lateral

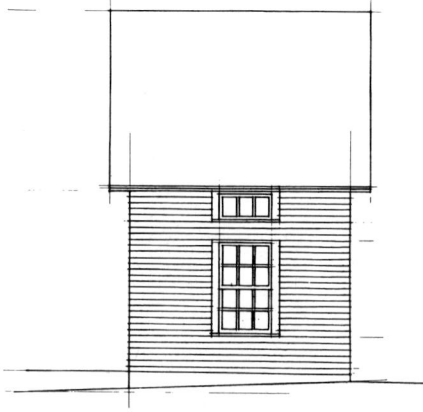

Facade overlooking the water and side facade

Sala de estar de la planta baja

The living room on the ground floor

Vista en escorzo de las fachadas posterior y lateral, con la casa de invitados al fondo

Oblique view of the rear and side facades with the guests' house in the background

1979 Muebles para Knoll International, Nueva York, Nueva York. Venturi y Rauch. La línea de mobiliario comprende nueve sillas en laminado terciado y curvado, un diván y tres mesas. El mobiliario anula la separación entre diseño tradicional y moderno, adaptando una serie de estilos arquitectónicos —desde el estilo reina Ana hasta el Chippendale— a los nuevos procesos industriales.

En este ecléctico planteamiento, Venturi se ha inspirado —como en su arquitectura— en estilos históricos y en la cultura popular contemporánea. En las sillas se asocian la tecnología moderna con el simbolismo histórico, el confort con la elegancia, la función con la diversión. Sus aspectos frontal y lateral son muy diferentes: el frontal funciona como señal-símbolo, el lateral es sutil e indefinible. El perfil ha sido sintetizado y abstraído a la vez, reducido a la definición de una *silhouette* (silueta).

1979 Furniture for Knoll International, New York, New York. Venturi and Rauch. The line of furniture consists of nine chairs in slanted curved laminate, a sofa and three tables. The furniture does away with the traditional separation between traditional and modern design, adapting a series of styles —from Queen Anne to Chippendale— to the new industrial production processes.

In this eclectic approach, Venturi draws his inspiration —as in his architecture— from historical styles and contemporary popular culture. Modern technology is combined with historical symbolism, comfort with elegance, function with fun. The frontal and side views are very different: the front operates as a sign-symbol, the side is subtle and undefinable. The profile has been at once synthesized and abstracted, reduced to the definition of a silhouette.

Mesa

Table

Vistas lateral y frontal de las sillas

Side and frontal views of the chairs

Silla decorada con el «motivo de la abuela»   Chair decorated with the "grandmother pattern"

1979/1980 Museo de Artes Decorativas, Frankfurt am Main, Alemania.
Proyecto de concurso. Venturi y Rauch.
El concurso requería el proyecto de un museo vinculado a la preexistente Villa Metzler, construida a principios del siglo pasado. La villa está situada en los márgenes de un espléndido parque que bordea la orilla sur del río Main.
El nuevo museo crea un frente continuo a la antigua calle, análogo al de la orilla opuesta; respeta el carácter residencial, recuperando la escala arquitectónica y el ritmo de las ventanas existentes, y limitando la altura del edificio en su fachada a la calle, para adaptarse a las arquitecturas circundantes.

1979/1980 Museum of Decorative Arts, Frankfurt-am-Main, Germany.
Competition project. Venturi and Rauch.
The competition called for a project for a museum linked to the existing Villa Metzler, built in the early years of the 19th century. The villa stands on the edge of a splendid park, on the south bank of the river Main. The new museum creates a continuous frontage along the old street, analogous to that on the other side of the river; it respects the residential character of its context, recovering the architectonic scale and the rhythm of the existing windows, and limiting the height of the building's street facade in order to adapt more fully to the neighboring architecture.

Perspectiva de la ribera del río

Perspective of the riverbank

Plano de situación y planta baja

Site plan and ground floor plan

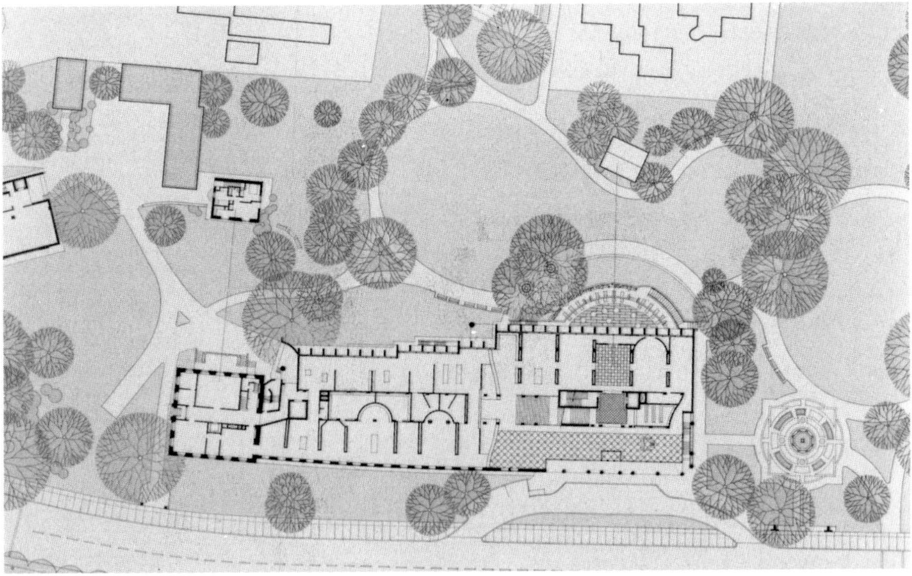

Perspectiva del vestíbulo de entrada   Perspective of the entrance hall

Alzados   Elevations

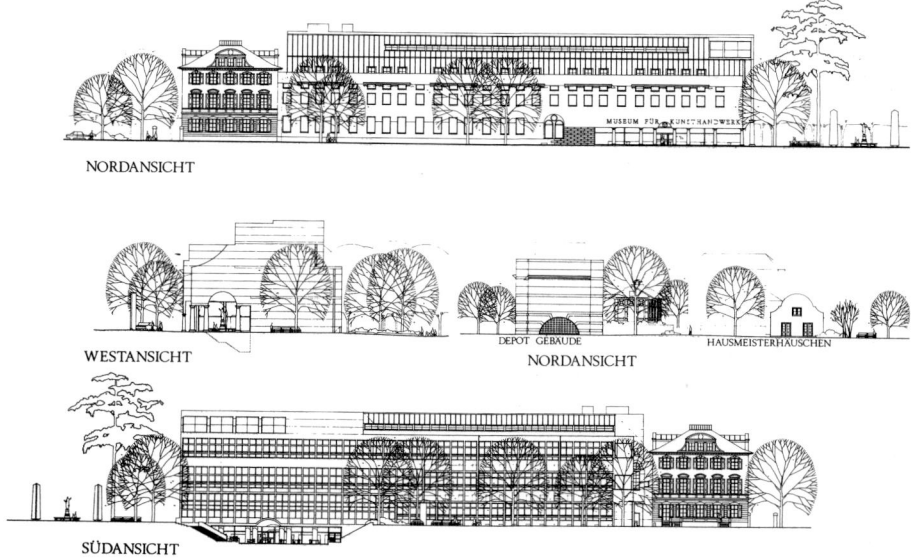

1980/1985 Westway State Park y Highway Proyecto, Nueva York, Nueva York.
Proyecto. Venturi y Rauch, con Clarke y Rapuano.
El proyecto prevé un parque continuo de 40 hectáreas a lo largo del río Hudson. La idea es restituir a Manhattan una zona inutilizada desde hace tiempo, destinándola a nuevas actividades, y, en consecuencia, aumentar el valor de la edificación de los barrios limítrofes, a partir del momento mismo en que se interconecten las diversas zonas lindantes con el río.
Westway comprende el proyecto y la programación de un sistema de parques y jardines, el desarrollo de un nuevo sistema de calles y de calles elevadas que tienen por misión la de vincular entre sí los elementos arquitectónicos.

1980/1985 Westway State Park and Highway Project, New York, New York.
Project. Venturi and Rauch, with Clarke and Rapuano.
This project was planned for a continuous 40-hectare park along the banks of the Hudson River. The idea is to give back to Manhattan a long disused zone, turning it over to new activities and thus increasing the value of the buildings in the adjoining neighborhoods, starting with the interconnection between the various areas bordering the river.
Westway included the programming of a system of parks and gardens, the development of a new system of city streets and a highway whose object was to link together the different architectonic elements.

Axonometría

Axonometric

Maqueta: vista general
Model: general view

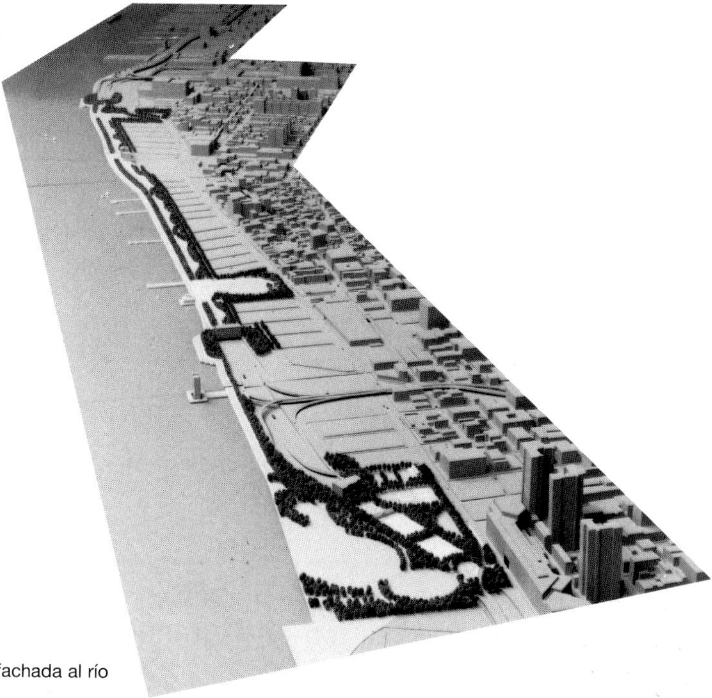

Sección y alzado de la fachada al río
Section and elevation of the river facade

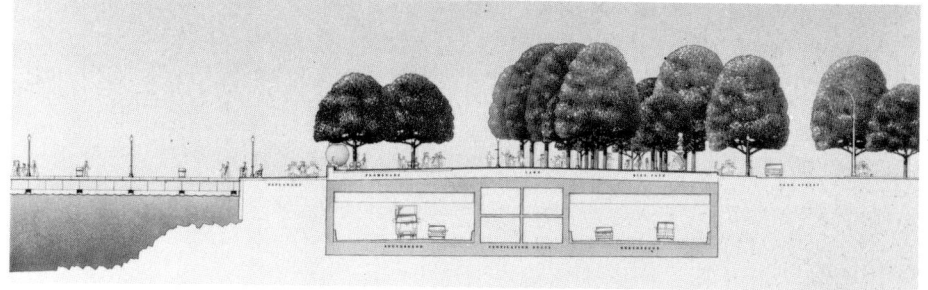

1980/1981 Plan de rehabilitación urbana para Hennepin Avenue, Minneapolis, Minnesota. Proyecto. Venturi, Rauch y Scott Brown; directora del equipo: D. Scott Brown.
El plan incluye nuevas funciones de los transportes en un distrito de siete manzanas destinado al tiempo libre.
Debido a su contigüidad con el distrito comercial y bancario de Minneapolis, la avenida ha debido ser reestudiada según una imagen festiva y unitaria, tanto diurna como nocturna. Los elementos clave del proyecto son las nuevas iluminaciones decorativas —incluyendo las de los puentes peatonales—, las plazas exteriores, el mobiliario urbano, los árboles artificiales, la señalización y la pavimentación. El plan contempla también indicaciones sobre el uso y la restauración de las estructuras adyacentes.

1980/1981 Hennepin Avenue Urban Design and Planning Study, Minneapolis, Minnesota. Project. Venturi, Rauch and Scott Brown; project team leader: D. Scott Brown.
The plan includes new functions for transport in a seven-block area devoted to recreation. Because of its continuity with Minneapolis' commercial and financial district, the avenue required a study with a view of creating a festive and unitary image for both daytime and night. The key elements of the project are new decorative lighting —including that on the pedestrian bridges— and outdoor plazas, street furniture, artificial trees, signage and paving. In addition, the plan provides for the use and restoration of neighboring structures.

Plano general del ámbito del plan

General plan of the area

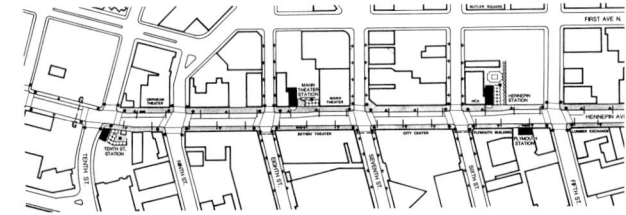

Perspectiva diurna

Daytime perspective

Perspectiva nocturna

Perspective at night

1980/1984 Tree House (Zoo para niños), Filadelfia, Pensilvania. Restauración.
Venturi, Rauch y Scott Brown; director de equipo: S. Izenour.
Fantástica reconstrucción a gran escala de los diversos hábitats animales, a fin de fomentar en los niños la visión del mundo desde otro punto de vista.
En el zoo, un evidente tributo a Walt Disney, los jóvenes visitantes perciben un terreno palustre como si tuviesen el tamaño de una rana, o un estanque como si tuviesen el tamaño de un castor.
La exposición ofrece atracciones a gran escala, así como actividades e informaciones más sofisticadas, para interesar a un amplio abanico de público y animarle a repetir la visita.

1980/1984 Tree House, Childrens' Zoo, Philadelphia, Pennsylvania. Restoration.
Venturi, Rauch and Scott Brown; project team leader: S. Izenour.
This fantastical reconstruction of a variety of animal habitats is on a grand scale, with the aim of stimulating children to see the world from a different point of view.
In the zoo, an evident tribute to Walt Disney, the young visitors perceive a swampy terrain as if they were themselves the size of a frog, or a pond as if they were beaver-sized.
The exhibition includes large-scale attractions, as well as more sophisticated activities and information, designed to appeal to people with different interests and encourage them to come back for another visit.

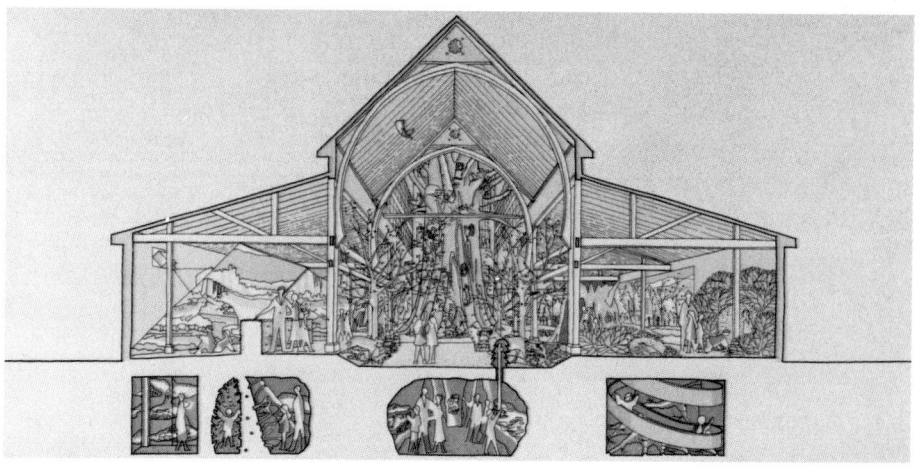

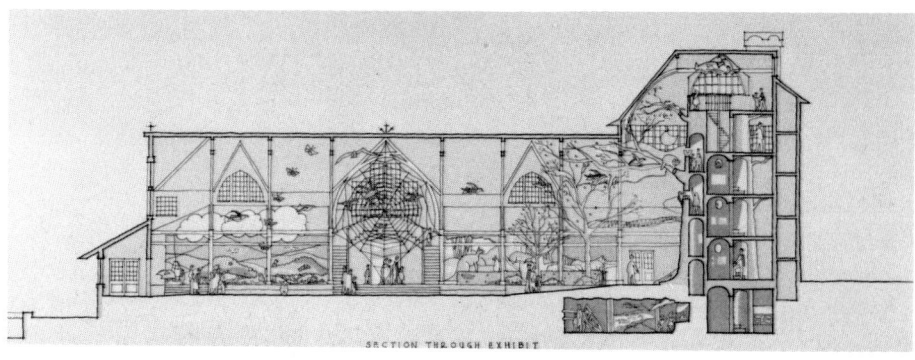

Sección transversal en perspectiva y sección longitudinal

Transverse section in perspective and longitudinal section

Vistas parciales del interior · Partial views of the interior

Vista general del interior · General view of the interior

1980/1983 Gordon Wu Hall, Butler College, Universidad de Princeton, New Jersey.
Venturi, Rauch y Scott Brown.
El Gordon Wu Hall acoge el refectorio, la biblioteca, aulas y oficinas administrativas. Además de representar la nueva pieza central del Butler College, el edificio debe actuar como elemento de cohesión entre dos pabellones de dormitorio preexistentes de estilos completamente distintos. El proyecto enfatiza la heterogeneidad del programa y exalta, en lugar de ignorar, las dificultades del contexto arquitectónico, aportando importantes sugerencias a los edificios circundantes. La forma alargada y la posición central concurren a su función de línea visual de unión que vincula y unifica los dormitorios. El ladrillo rojo y las ventanas barretadas conjugan con la arquitectura neogótica, tradicional en Princeton. La entrada principal excéntrica queda evidenciada por el vistoso panel sobredimensionado de mármol y granito gris

1980/1983 Gordon Wu Hall, Butler College, Princeton University, New Jersey.
Venturi, Rauch and Scott Brown.
Gordon Wu Hall includes a refectory, a library, classrooms and administrative offices. As well as re-configuring a new centerpiece for Butler College, the building acts as the element bestowing cohesion on two existing dormitory pavilions whose styles are entirely different from one another. The project emphasizes the heterogeneity of the program, exalting rather than ignoring the difficulties of the architectural context, contributing significant suggestions to the neighboring buildings. The elongated form and central position reinforce the function of line of visual union, linking together and unifying the dormitories. The red brick and the multi-paned windows are consistent with the neo-Gothic architecture traditional in Princeton. The excentric main entrance is marked by the striking oversized panel of marble and

Vista general desde el norte

General view from the north

Vista desde el sur

View from the south

Boceto de la fachada principal
Sketch of the main facade

Maqueta: vista general
Model: general view

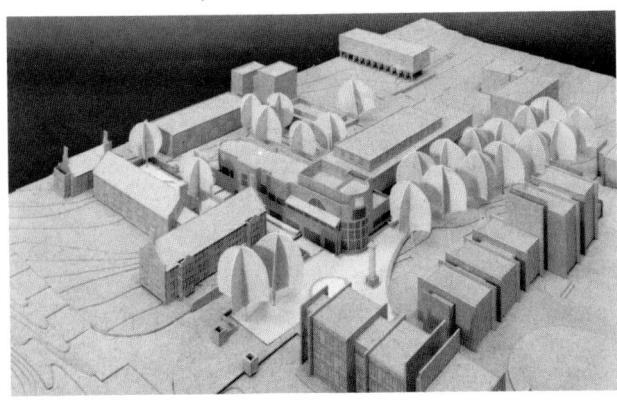

—símbolo del acceso al colegio— cuyo diseño es una referencia clara al primer Renacimiento.
La rítmica continuidad horizontal, el lenguaje moderno del *curtain wall* (muro cortina) empleado en la planta baja, y las ventanas barretadas del primer piso, resultan interrumpidos por el acento de verticalidad del gran panel de mármol y de los *bay windows* [miradores] de ambos testeros del edificio.

grey granite —the symbol of access to the College— whose design is a clear reference to the early Renaissance.
The rhythmic horizontal continuity, the modern language of the curtain wall employed on the ground floor, and the windows on the first floor, are interrupted by the vertical accent of the large marble panel and the bay windows on the two walls of the building.

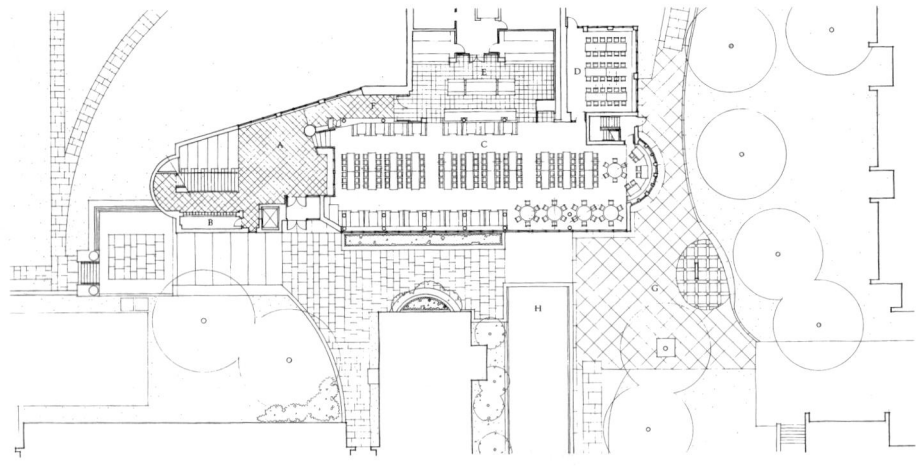

Planta baja

Ground floor plan

Detalle de la entrada, con el panel de mármol blanco y granito gris

Detail of the entrance showing the panel of white marble and grey granite

Vista general del comedor

General view of the dining room

Fragmento del comedor y el mirador

Partial view of the dining room and the bay window

Escalinata y mirador de la fachada norte

Steps and bay window on the north facade

1981 Edificio comercial y residencial en Khulafa Street, Bagdad, Irak. Proyecto. Venturi, Rauch y Scott Brown.

Localizado en el corazón de Bagdad, el edificio (de 183 m de largo) ocupa una manzana y media. La fachada principal está frente al nuevo ayuntamiento.
Las plantas baja y entresuelo están destinadas a locales comerciales y a las entradas principales al edificio; las cuatro plantas siguientes se dedican a oficinas, mientras las tres últimas están destinadas a viviendas.
La estructura es de hormigón armado vertido en obra; un muro cortina continuo, situado a una distancia de 1,50 m de las dos fachadas, protege el edificio del intenso sol.
Construido con paneles prefabricados de hormigón, el *brise-soleil* (parasol) se configura como un elemento sobrepuesto, explícitamente ornamental, amén de funcional. Los arcos de la planta baja y las aberturas de los tres últimos pisos residenciales tienen un papel decorativo, evocando la tradicional arquitectura residencial y cívica iraquí, tanto por su escala arquitectónica como por su forma. Las restantes cuatro plantas, carentes de tal decoración, «representan» el *office-building* (edificio de oficinas).
La evocación simbólica de la arquitectura musulmana aparece también en los detalles, como los paneles de madera en las terrazas de las viviendas, y el *pattern* (dibujo) geométrico, típicamente islámico, de los paneles metálicos contenidos en los arcos de la planta baja.

1981 Commercial and Residential Building, Khulafa Street, Baghdad, Iraq. Project. Venturi, Rauch and Scott Brown.

Situated in the heart of Baghdad, the building (183 m long) occupies a block and a half. The main facade is directly opposite the new City Hall.
The ground floor and mezzanine were designed for use as commercial premises and as the main entrances to the building; the middle four floors are given over to offices, while the top three floors are occupied by apartments.
The structure is of reinforced concrete cast in-situ; a continuous curtain wall, set at a distance of 1.50 m from the two facades, protects the building from the intense heat of the sun. Constructed from precast concrete panels, the *brise-soleil* takes the form of a superimposed element, explicitly ornamental in addition to being functional. The arches on the ground floor and the openings of the top three residential floors have a decorative role, evoking traditional Iraqi residential and civic architecture in both architectonic scale and form. The remaining four floors, devoid of such decoration, "represent" the office building.
The symbolic evocation of Islamic architecture is also to be seen in the details, such as the wooden panels on the terraces of the apartments and the typically Islamic geometric pattern of the metal panels contained within the arches on the ground floor.

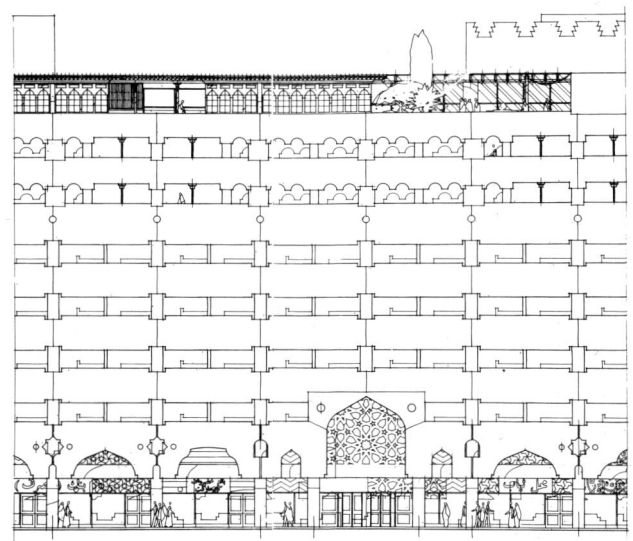

Fragmento de la fachada principal

Partial view of the main facade

Boceto inicial

Preliminary sketch

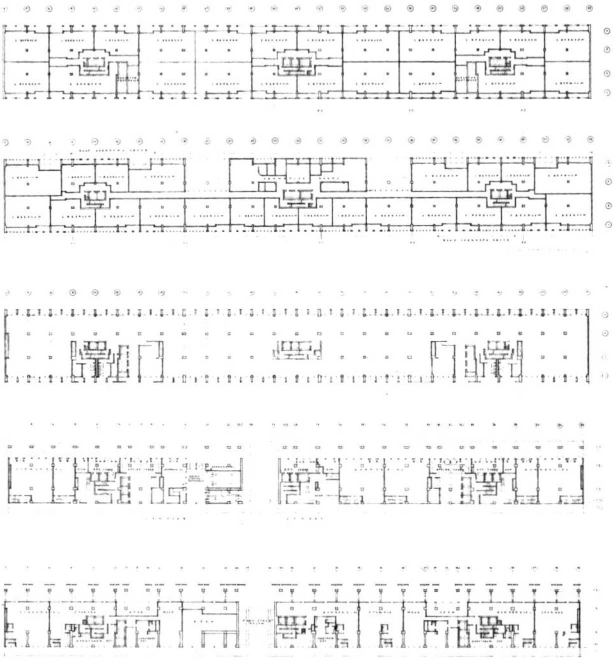

Plantas. *De arriba abajo:* plantas residenciales *(las dos de arriba);* planta de oficinas tipo *(centro);* planta baja y planta entresuelo

Plans. *From top to bottom:* residential floors *(top two);* typical office floor *(center);* ground floor and mid-level

1982 Mezquita en Bagdad, Irak.
Proyecto de concurso. Venturi, Rauch y Scott Brown.

El complejo programa requería un espacio interior continuo con capacidad para 30.000 fieles. Tal espacio se ha organizado, básicamente, a partir del patio de entrada (*sahn*), que puede acoger a 5.000 personas, y de un gran patio destinado a lugar de oración para más de 40.000 fieles.

El proyecto se ha inspirado en la tradicional mezquita hipóstila. La cualidad espacial, típicamente islámica, tiene la capacidad de combinar las grandes dimensiones y la monumentalidad inherentes a una mezquita, suministrando, a la vez, la orientación necesaria a cada uno de los fieles. La planta hipóstila está «asistida» por las técnicas constructivas modernas: los arcos que definen la forma interna del santuario están suspendidos en el espacio, sostenidos desde lo alto en lugar de apoyados sobre las tradicionales columnas, determinando de este modo un gran espacio libre. Los elementos empleados y la escala arquitectónica expresan grandiosidad, respetando a la vez la escala humana, en una ordenación espacial inequívocamente igualitaria.

La cúpula y el minarete operan como los tradicionales elementos visibles desde lejos, y —juntamente con los arcos, la decoración y el almenaje— expresan una clara referencia a las dimensiones simbólicas y ornamentales de la cultura islámica.

Maqueta: vista general

Model: general view

1982 Staye Mosque, Baghdad, Iraq.
Competition project. Venturi, Rauch and Scott Brown.

The complex program called for a continuous interior space with capacity for 30,000 of the faithful. This space has essentially been organized on the basis of the *sahn* or entrance courtyard, which can accommodate 5,000 people, and a great courtyard providing a place of prayer for more than 40,000 worshippers.

The project takes its inspiration from the traditional hypostile mosque. The typically Islamic spatial quality is capable of affording the very large dimensions and the monumentality inherent in a mosque, while allowing each of the faithful the requisite orientation. The hypostyle floor plan has been "assisted" by modern construction techniques: the arches which define the interior form of the sanctuary are suspended in space, sustained from above rather than resting on the traditional columns, thus determining a vast open space. The elements employed and the architectonic scale express grandeur, while at the same time respecting the human scale in an unequivocally egalitarian ordering of space.

The cupola and the minaret operate in the traditional manner as elements visible from afar, and —together with the arches, the decoration and the battlemented parapets— express a clear reference to the symbolic and ornamental dimensions of Islamic culture.

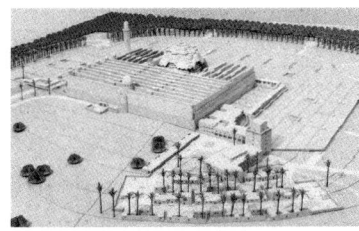

Maqueta: fachada principal

Model: main facade

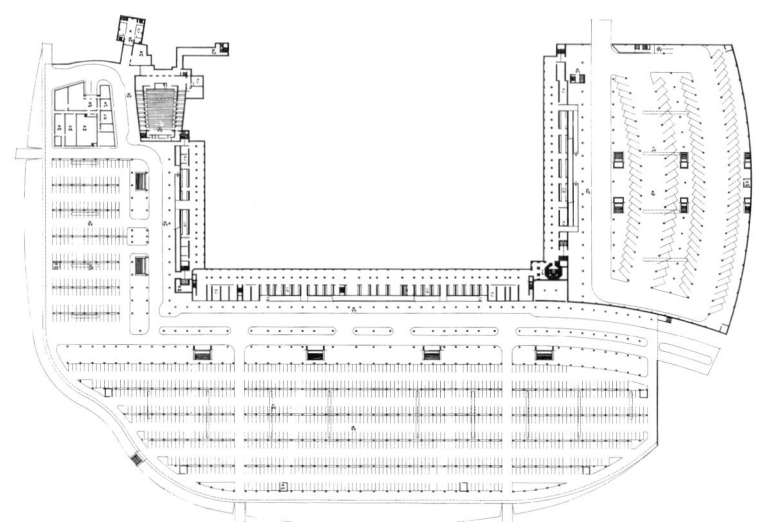

Planta del nivel intermedio y de los aparcamientos   Plan of the intermediate level and parking

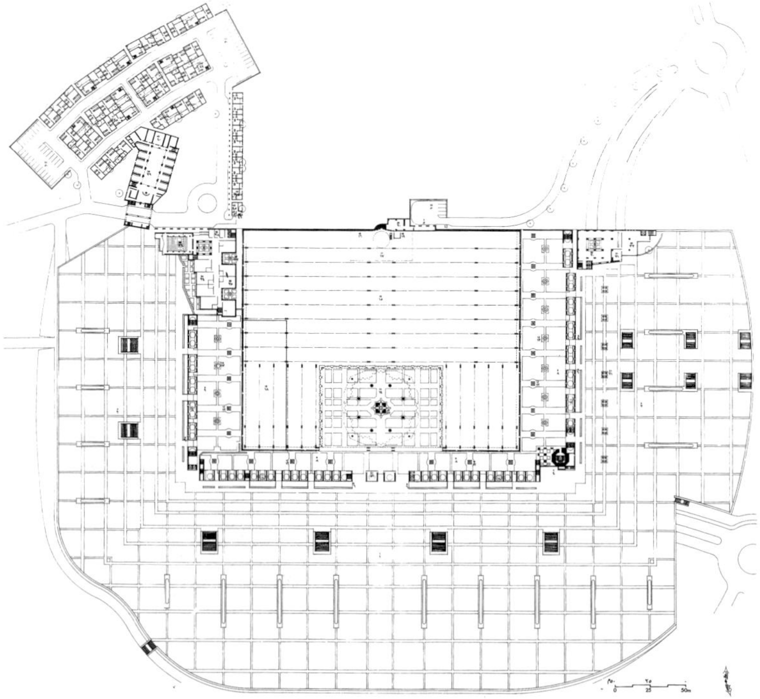

Planta baja   Ground floor plan

Bocetos: fachada y planta
Sketches: facade and plan

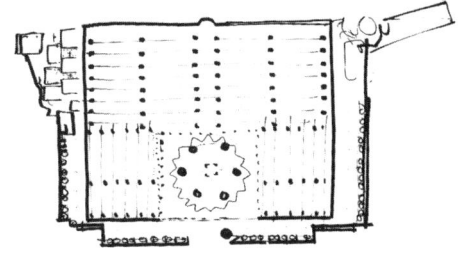

Alzado fachada norte　　　　　　　　　　Elevation of the north facade

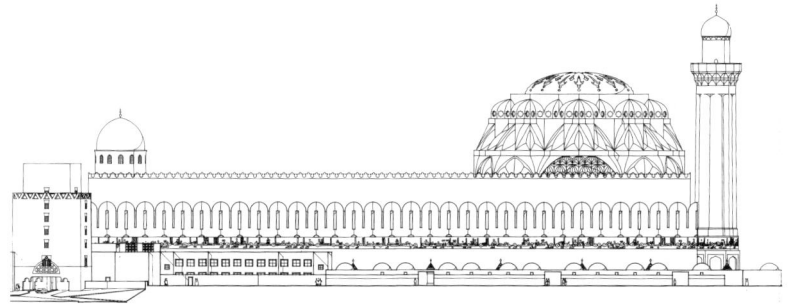

Alzado lateral *(arriba)* y sección *(debajo)*　　　Side elevation *(above)* and section *(below)*

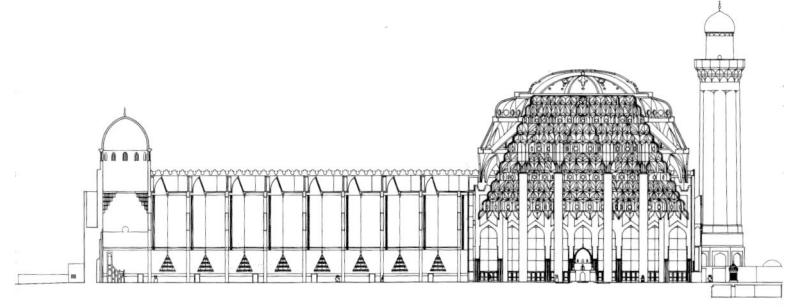

Perspectiva del acceso

Perspective of the access

Perspectiva del patio de entrada
(sahn) y del patio interior

Perspective of the entrance
courtyard *(sahn)* and the inner
courtyard

1983/1988 Laguna Gloria Art Museum, Austin, Texas. Project. Venturi, Rauch and Scott Brown with Renfro and Steinbomer.
The museum houses works of 20th-century American art. Situated in the center of Austin, it forms part of a proposed urban design scheme for the city, also designed by the architects.

The building looks onto an urban park; this circumstance explains the treatment of the facade, designed to be perceived from both far and near, thanks to the richness of the detailing and the materials. The frontal facade consists of a great "panel" of stone sustained on a gigantic order of pillars, and trimmed with geometrically arranged coloured stones; a series of windows architecturally signals the span between one column and the next. The panel is symmetrically inflected at either end, creating an entrance courtyard to the east and a courtyard to the west.

On the ground floor, parallel to the pavement, the great glazed gallery occupies the entire length of the building, from courtyard to courtyard, ensuring a gradual and welcoming transition from exterior to interior.

On the first floor, the two large parallel galleries follow the traditional exhibition-space layout, imposed here by the elongated form of the plot.

Perspectiva y alzado de la fachada principal

Perspective and elevation of the main facade

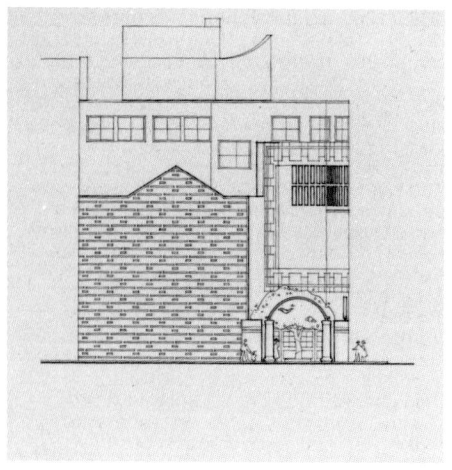

Alzado lateral

Side elevation

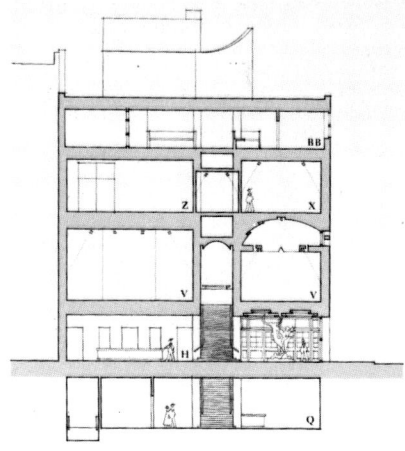

Sección transversal

Transverse section

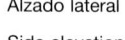

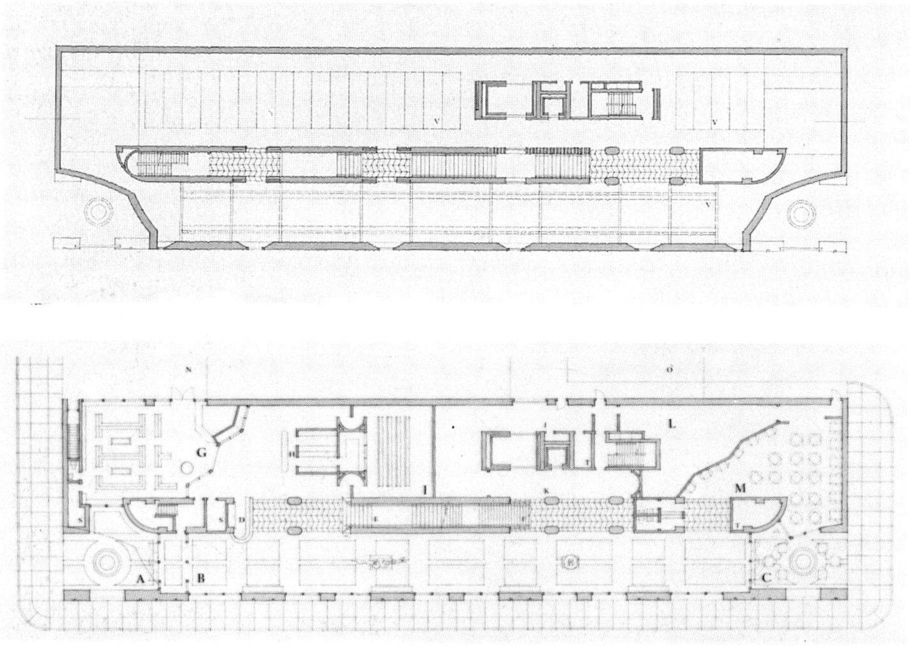

Plantas del primer piso y baja

First floor and ground floor plans

1983/1986 Laboratorios de Biología molecular Lewis Thomas, Universidad de Princeton, New Jersey. Venturi, Rauch y Scott Brown, con Payette Associates.
El edificio, de unos 10.000 m^2 de superficie construida, está situado en el interior del *campus* universitario de Princeton.
La sencilla forma rectangular refleja el sistema espacial tipo *loft* de su interior, permitiendo así un elevado nivel de flexibilidad en el uso de los espacios. La escala, el ritmo y las proporciones de las fachadas están predeterminados por la complejidad del programa. Las dos fachadas largas se caracterizan esencialmente por un ritmo cerrado y constante de ventanas iguales, reflejo de la repetitividad de laboratorios en el interior. La variedad y la textura superficial de los muros determinan diversos órdenes de escala arquitectónica, añadiendo interés a las largas fachadas y haciendo de complemento a la tradicional arquitectura gótica de la Universidad de Princeton.

1983/1986 Lewis Thomas Molecular Biology Laboratories, Princeton University, New Jersey. Venturi, Rauch and Scott Brown with Payette Associates.
The 10,000 m^2 building is situated in the interior of the Princeton University campus. The simple rectangular form reflects the loft-type spatial system of its interior, thus allowing a high degree of flexibility in the use of the spaces. The scale, the rhythm and the proportions of the facades were conditioned by the complexity of the program. The two longer facades are characterized essentially by the closed and constant rhythm of the identical windows, reflecting the repetitive sequence of the laboratories in the interior. The variety and texture of the wall surfaces determine different orders of architectural scale, endowing the long facades with interest and serving as a complement to the traditional Gothic architecture of Princeton University.

Fachada lateral   Side facade

Fragmento de la fachada principal

Partial view of the main facade

Planta tipo

Typical floor plan

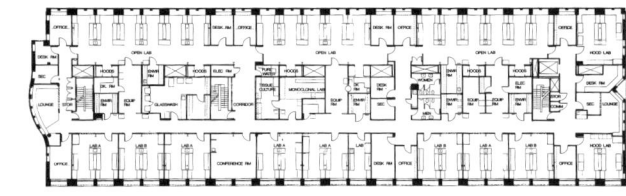

Planta baja

Ground floor plan

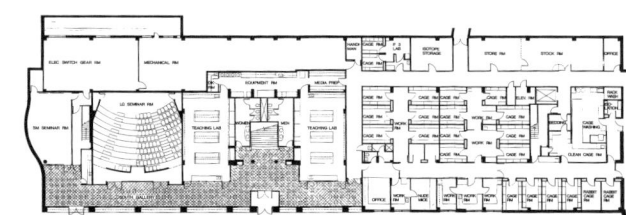

Entrada

Entrance

1983/1989 Casa Kalpakjian, Glen Clove, Nueva York. Venturi, Rauch y Scott Brown.
La casa está ubicada en una península que se asoma al estrecho de Long Island, un lugar caracterizado por las sugestivas vistas sobre la distante *skyline* (silueta de la ciudad) de Nueva York.
El contexto juega un papel fundamental en el proyecto, en el que se combinan una vistosa escala arquitectónica con una forma modesta. Estructuralmente, la casa está «anclada» a un núcleo de servicios macizo, que contiene el ascensor, la escalera, las chimeneas, los baños y un almacén. Las salas principales se organizan en el primer piso, en el que la gran sala de estar absidal ofrece una amplia vista panorámica sobre el estrecho.
El edificio se apoya sobre una sólida base. En la fachada este, el muro de hormigón remite a la maciza piedra que protege la costa de la península. El muro, salpicado por una serie de ventanas, se abre al oeste y al norte con el porche de acceso.
Elementos antiguos y familiares se yuxtaponen en nuevas e insólitas combinaciones, como tributo a las *shingled houses* americanas de antaño.

1983/1989 Kalpakjian House, Glen Clove, New York. Venturi, Rauch and Scott Brown.
The house stands on a peninsula which juts out into Long Island Sound, a place characterized by the evocative views of the distant skyline of New York City.
The context played a fundamental role in the project, in which striking architectonic scale is combined with modest form. In terms of structure, the house is "anchored" to a solid service core containing the lift, the stairs, the chimney, the bathrooms and a storeroom. The principal rooms are laid out on the first floor, where the large apse-like living room enjoys panoramic views over Long Island Sound.
The building rests on a firm base. On the east facade, the concrete wall evokes the solid stone which protects the coastline of the peninsula. The wall, punctuated by a series of windows, opens up to north and west with the entrance porch.
Old and familiar elements are juxtaposed in new and unexpected combinations, as a tribute to the shingled houses of America's historic past.

Boceto inicial

Preliminary sketch

Vista desde el oeste

View from the west

Fachada oeste
West facade

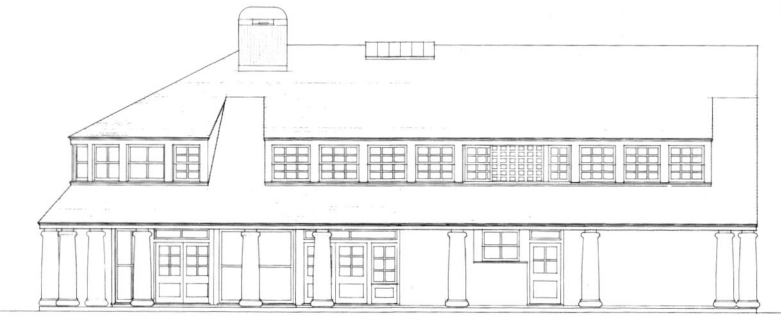

Planta piso
First floor plan

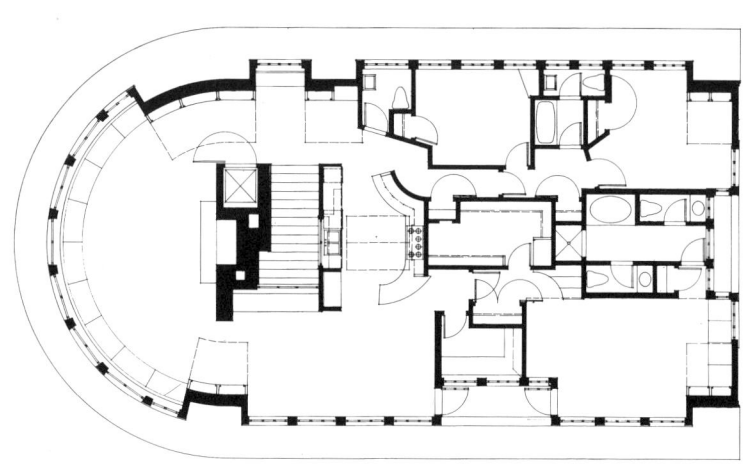

Planta baja
Ground floor plan

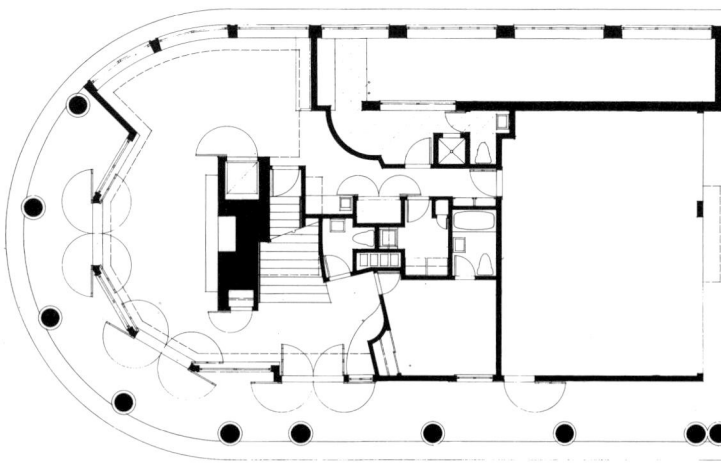

Vista parcial de la casa mirando hacia el estrecho   Partial view of the house looking towards the sound

Sala de estar

Living room

Comedor

Dining room

1983/1984 Plan urbanístico para Republic Square, Austin, Texas. Venturi, Rauch y Scott Brown; directora del equipo: D. Scott Brown.
El distrito de Republic Square, situado en el cuadrante sudoeste del barrio central de negocios de Austin, es un antiguo barrio comercial adyacente al lago.
El plan abarca unas 25 manzanas. Las zonas residenciales, administrativas, de oficinas, hoteleras, y un régimen mixto de usos públicos y privados, establecen vínculos entre actividades a escala local y regional. Todas las actividades están vinculadas entre sí al nivel de la planta baja de los edificios, mediante una estructura de espacios cívicos concebidos en relación al paisaje, al clima y al carácter de Austin. El proyecto sugiere posibles formas futuras de cooperación, tanto privada como pública, entre ciudades. Se dan directrices a escala urbana, como proyectos detallados de manzanas y espacios públicos, además de las directrices concernientes a las relaciones con la arquitectura local y el característico paisaje.

1983/1984 Urban Plan for Republic Square, Austin, Texas. Venturi, Rauch and Scott Brown; project team leader: D. Scott Brown.
The Republic Square area, lying in the south-west quarter of Austin's central business district, is an old commercial neighbourhood adjoining a lake.
The plan covers 25 blocks. The different zones —residential, administrative, office, hotel, and a mix of public and private uses— establish links between activities at local and regional scale. All these activities are interlinked at the ground floor level of the buildings, by means of a structure of civic spaces conceived in relation to the landscape, the climate and the character of Austin. The project suggests possible future forms of cooperation, both private and public, between cities. Directives are provided at the urban scale, as detailed projects for individual blocks and public spaces, together with directives concerning the relationship with the local architecture and characteristic landscape.

Boceto

Sketch

Sección por Third Street

Section through Third Street

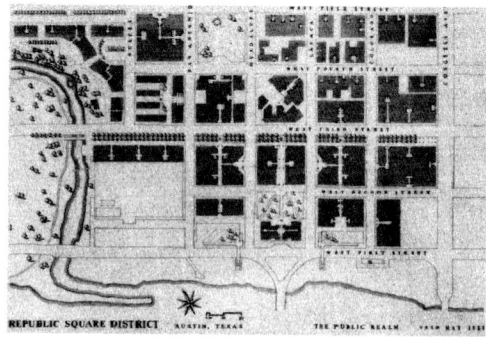

Planta general del plan

General plan

1984/1987 Plan urbanístico para el centro de Memphis, Tennessee. Venturi, Rauch y Scott Brown; directora del equipo: D. Scott Brown.

La Center City Commission encargó a los arquitectos la dirección de un equipo de proyecto interdisciplinar para la redacción de un plan de viabilidad y de recuperación del centro de la ciudad como núcleo residencial, financiero, comercial y cultural. El plan contempla el papel y la potencialidad del área en un amplio contexto económico y regional; indaga sobre los futuros mercados para las viviendas, oficinas y comercios minoristas, formulando propuestas sobre el papel de las instituciones culturales y de los edificios históricos en el marco de una recuperación de la ciudad.

El proyecto mantiene un equilibrio entre la planificación a breve y largo plazo, y entre propuestas a gran y pequeña escala; asimismo, enfatiza la riqueza histórica y cultural de Memphis, abordando con indudable imaginación las perspectivas de futuro.

1984/1987 Urban Plan for the Center of Memphis, Tennessee. Venturi, Rauch and Scott Brown; project team leader: D. Scott Brown.

The Center City Commission placed the architects at the head of an interdisciplinary project team to work on the design of a feasibility study and plan for the recovery of the city center as a residential, financial, commercial and cultural nucleus. The plan looked at the role and the potential of the area within its wider economic and regional context; it considered the future markets for housing, offices and retail outlets, formulating proposals regarding the role of the cultural institutions and historic buildings within the framework of a renewal of the city.

The project strikes a balance between short- and medium-term planning, and between proposals on the large and the small scale; it emphasizes the historical and cultural richness of Memphis, applying an unquestionably imaginative approach to the options for the future.

Planta general. Actividades culturales y recreativas: estrategia de intervención

General plan. Cultural and recreational activities: strategy for intervention

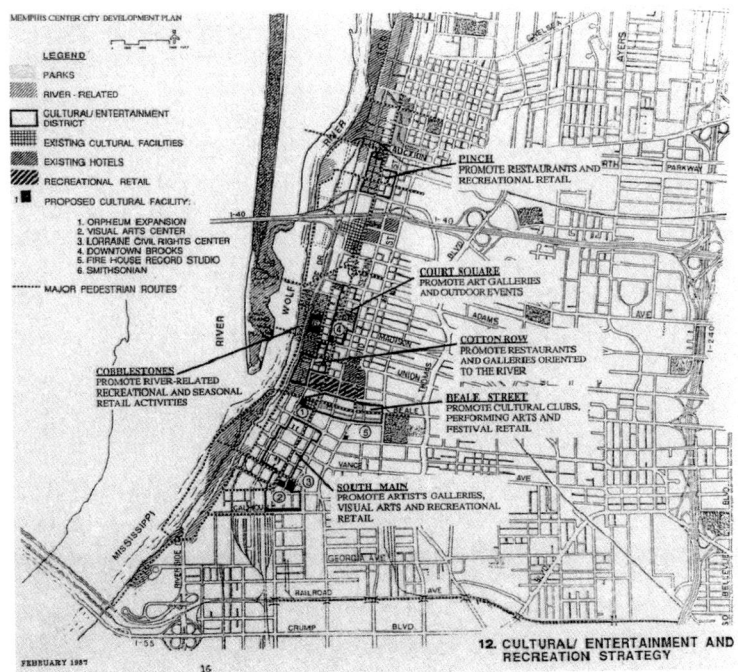

Memoria del proyecto

Project report

The report which follows contains policy recommendations for ten key aspects of the urban design of center city. Each recommendation is linked directly to one or two goals from the list above:

-- The historic link. Reconnecting Memphis to its river is a primary recommendation of the study. The riverfront is the subject of a separate sub-area plan, which recommends starting renewal at the historic Cobblestone area opposite downtown; building a pedestrian bridge there to Mud Island; constructing walkways along the riverfront and pedestrian access points across Riverside Drive; and linking the riverfront to the city via important open space and pedestrian sequences. Plans for the riverfront require that any intention to construct an expressway between downtown and the Mississippi be laid to rest.

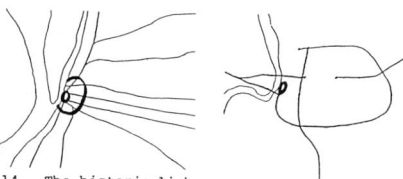

14. The historic link

-- The guidance of growth. The center city development strategy channels major growth to areas where land is available north and south of downtown. Starting near the river edge bands of new development move eastward toward the medical center. This removes pressure for change from important historical and architectural precincts. In urban design terms, it means that the old silhouette of Memphis from the river will have "curtains" of new buildings added to it at either side of the core.

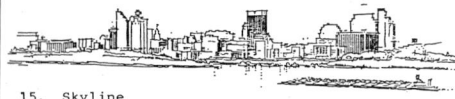

15. Skyline

-- The unique character of sub-areas. The uniqueness and variety of center city's offerings enable it to compete with its regional neighbors. Therefore this variety must be understood and preserved. The report makes suggestions for the urban design character of 32 different areas within center city or related to it. We recommend that urban design guidelines similar to those of this plan and the sub-area plans be prepared for the areas we have discussed.

-- Aesthetic variety. Because center city accommodates a range of population groups, incomes, and activities, its forms vary widely from smallest to largest, lowest to highest, oldest to newest, most open to most enclosed, most private to most public and so on. We have recommended methods of maintaining a desirable variety in different aspects of the city's form -- its spaces and textures, building heights and scales, materials and landscapes; its relationships between old and new, between public and private, and between order and variety -- and have made suggestions for maintaining orderly relationships between all of these variables.

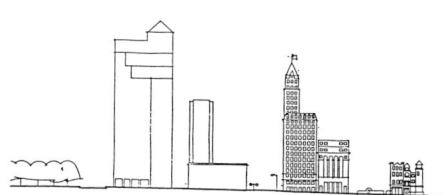

16. Aesthetic variety

-- Urban imagery. Memphis's urban imagery derives primarily from its geography and history and is focused with greatest intensity on center city. We have discussed ways of maintaining important views, vistas and skylines and of providing suitable contexts for the city's important symbols, monuments and landmarks.

1984 La Gran Manzana, Times Square, Nueva York, Nueva York. Proyecto. Venturi, Rauch y Scott Brown.
Philip Johnson, encargado del plan general para Times Square, propone cuatro edificios de oficinas de diversa altura. Seguidamente, llega al estudio VRSB el encargo de proyectar un monumento en el centro de la nueva plaza, un símbolo del tradicional carácter popular y comercial de este lugar.
Los arquitectos proponen una gran manzana: una escultura representativa, audaz y de formas nítidas, cargada de simbolismo y realismo. Popular y esotérica, la Gran Manzana es el símbolo de la ciudad de Nueva York y a la vez un objeto surrealista que evoca a René Magritte o a un monumento del Pop Art a la manera de Claes Oldenburg. La forma redonda actúa de contrapunto de los enormes volúmenes y de la angulosidad de los edificios propuestos por Johnson. A pesar de su monumental tamaño (33 metros de diámetro) la escultura genera en el espacio una sensación de abertura y ligereza, gracias a su cualidad de objeto esférico y fluctuante. La Gran Manzana aspira a ser el equivalente moderno del obelisco barroco que identifica el centro de una plaza.

1984 The Big Apple, Times Square, New York, New York. Project. Venturi, Rauch and Scott Brown.
Entrusted with overall responsibility for the general plan for Times Square, Philip Johnson proposed four office buildings of different heights. His next move was to recommended VRSB to design a monument for the center of the new plaza, a symbol of the traditional popular and commercial character of the place.
The architects proposed a Big Apple: a representative sculpture, daring and bold in its form, loaded with symbolism and realism. Popular and esoteric, the Big Apple is the symbol of the city of New York and at the same time a surrealist object which evokes René Magritte or a monument to Pop Art in the style of Claes Oldenburg. The rounded form acts as a counterpoint to the enormous volumes and angularity of the buildings proposed by Johnson. In spite of its monumental size (33 metres in diameter), the sculpture generates in the space a sense of openness and lightness, thanks to its quality as a spherical and floating object. The Big Apple aspires to being the modern equivalent of the Baroque obelisk, bestowing identity on the center of a square.

Maqueta: vista general desde la calle 42

Model: general view from 42nd Street

Alzado sur y perspectiva

South elevation and perspective

1984 Obelisco para la exposición *Progetto Roma*, Roma (Mattatoio del Testaccio), Italia. Proyecto. Venturi, Rauch y Scott Brown.

Los arquitectos, encargados de preparar la exposición del Mattatoio del Testaccio, propusieron disponer los cuatro lados del patio como espacios expositivos, ubicando en el centro del mismo el enésimo obelisco simbólico de la ciudad de Roma. Con una altura de unos 30 metros, tiene una estructura interior de tubo «Innocenti»; a ella se anclan los paneles de madera barnizada que definen las cuatro caras del obelisco.

1984 Obelisk for the exhibition *Progetto Roma*, Rome (Mattatoio del Testaccio), Italy. Project. Venturi, Rauch and Scott Brown.

The architects, commissioned to prepare the exhibition for the Mattatoio del Testaccio, proposed the laying out of the four sides of the courtyard as exhibition spaces, siting in the center the city of Rome's umpteenth symbolic obelisk. With a height of some 30 meters; the core structure is in the form of an "Innocenti" tube, to which are fixed the varnished wood panels that constitute the four faces of the obelisk.

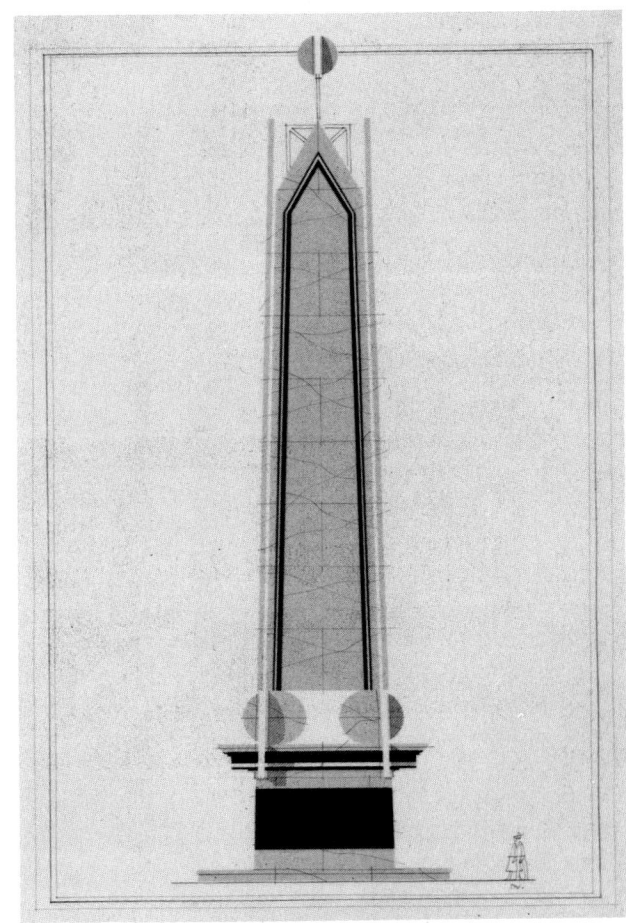

Alzado

Elevation

1984/1986 Muebles para ARC, Nueva York, Nueva York. Venturi, Rauch y Scott Brown.
Los escritorios son de estilo reina Ana, Luis XV y Luis XVI, respectivamente. El simbolismo historicista ha sido abstraído, análogamente a lo que ocurría en el caso de las sillas diseñadas para Knoll, con el fin de comunicar la idea, la esencia de cada uno de los estilos. El diseño no es tridimensional sino plano; de ahí que los arquitectos lo definan como «diseño representativo»: una descripción, no una expresión. De esta forma, el ornamento deviene simbólico, no sustantivo; la técnica es moderna, no artesanal. La ausencia total de relieve está equilibrada por la audacia de los colores, los cuales, junto a lo atrevido de la escala dimensional, consiguen que estas pequeñas «piezas» adquieran presencia.

1984/1986 Furniture for ARC, New York, New York. Venturi, Rauch and Scott Brown.
The three desks are in the Queen Anne, Louis XV and Louis XVI styles, respectively. The historicist symbolism has been abstracted, in analogous fashion to the process at work in the chairs for Knoll, in order to communicate the idea, the essence, of each of these styles. The design is not three-dimensional but a plane, and the architects accordingly define it as "representative design": a description, not an expression. In this way, the ornament becomes symbolic, not substantive; the technique is modern, not craft-based.
The complete absence of relief is balanced by the audacity of the colours, which —together with the daring dimensional scale— endow these small pieces with their considerable presence.

Dos escritorios

Two bureaus

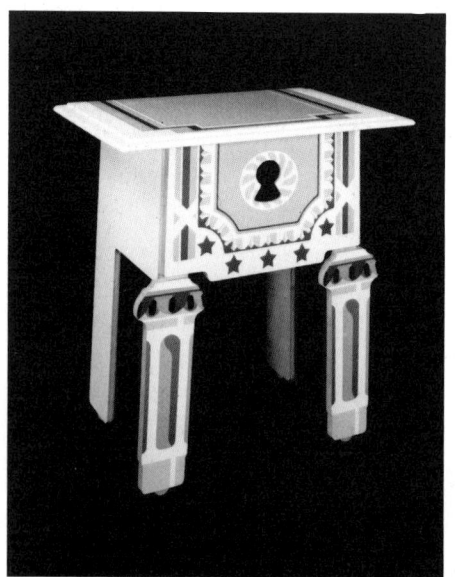

1984 Juego de té *Italian Village* para Swid Powell, Nueva York, Nueva York.
Venturi, Rauch y Scott Brown.
El juego de té en cerámica está compuesto por piezas que representan edificios de varios tipos, de forma similar —afirman sus autores— a como podrían diseñarlas los niños, de manera abstracta y decorativa.

1984 *Italian Village* tea service for Swid Powell, New York, New York.
Venturi, Rauch and Scott Brown.
The ceramic tea set is made up of pieces representing different types of building, the forms of which are much the way children would have designed them, in an abstract, decorative fashion.

1985 Juego de porcelana para Swid Powell, Nueva York, Nueva York.
Venturi, Rauch y Scott Brown.
Las formas tradicionales se combinan con dibujos insólitos que evocan tanto lo cotidiano como el formalismo más sofisticado, haciéndolo adecuado para una amplia gama de ocasiones. Las decoraciones aplicadas sobre la porcelana son de dos tipos: la *Grandmother* y el *Notebook* («abuela» y «cuaderno», respectivamente).
La *Grandmother* consiste en un diseño floral, ligero y representativo (cuya inspiración procede de un viejo mantel perteneciente a la abuela de un socio del estudio), al cual se ha superpuesto un dibujo geométrico. El *Notebook* es la ampliación de la ya familiar cubierta blanca y negra de los cuadernos escolares.

1985 Set of porcelain for Swid Powell, New York, New York.
Venturi, Rauch and Scott Brown.
In this set, traditional forms are combined with unexpected patterns which evoke both the everyday and the most sophisticated formalism, making it suitable for a wide variety of occasions. The decorations applied to the porcelain are of two types: *Grandmother* and *Notebook*.
Grandmother consists of a floral pattern, light and representational (inspired by an old tablecloth belonging to the grandmother of Frederic Schwartz), with a geometric design superimposed on it. The *Notebook* is an expansion of the familiar black and white cover of school notebooks.

Grandmother (Abuela)

Grandmother

Notebook (Cuaderno)

Notebook

1985 Puente de la Academia, Bienal de Venecia, Venecia, Italia. Proyecto de concurso. Venturi, Rauch y Scott Brown.
El objeto de la convocatoria era la sustitución del actual Puente de la Academia, construido en el siglo XIX como estructura provisional. El proyecto, vencedor del concurso, propone la conservación y rigidización de la estructura del viejo puente —legitimando así el carácter «provisional» de la misma—, con la simple superposición de un estrato «permanente» de simbolismo monumental, decorativo y cívico.
La «ampliación» decorativa evoca la ornamentación tradicional de los Cosmati y las fachadas de mármol venecianas, como las de Santa Maria dei Miracoli y la del Palazzo Dario en el Gran Canal.
El *pattern* es tradicional, la tecnología es moderna. La respuesta de los arquitectos a la compleja evolución del puente «provisional» de la Academia es la de agregar a los «estratos» existentes, de madera y hierro, un nuevo «estrato de historia y decoración plástica».

1985 Ponte dell'Accademia, Venice Biennale, Venice, Italy. Competition project. Venturi, Rauch and Scott Brown.
The purpose of the competition was the replacement of the existing Ponte dell'Accademia, built in the 19th century as a temporary structure. The project, judged first, proposes conserving and fixing the structure of the old bridge —and thus legitimizing its "provisional" character— through the simple superimposing of a "permanent" stratum of monumental, decorative and civic symbolism.
The decorative "extension" evokes the traditional ornamentation of the Cosmati and of Venetian marble facades such as those of Santa Maria dei Miracoli and the Palazzo Dario on the Grand Canal. The pattern is traditional, the technology is modern. The architects' response to the complex evolution of the "temporary" Accademia bridge is to add on to the existing "strata" of wood and iron a new "stratum of history and plastic decoration".

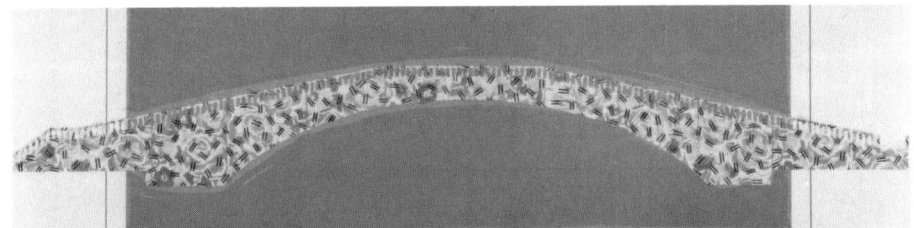

Fotomontaje del puente *(abajo)*, y diseño con la superposición del motivo *Grandmother (arriba)*

Photomontage of the bridge *(below)* and design with the *Grandmother* pattern superimposed *(above)*

163

1985 Monumento en Marconi Plaza, Filadelfia, Pensilvania. Venturi, Scott Brown y Associates. Proyecto.
Este monumento está situado en una gran plaza de la zona sur de Filadelfia, un barrio habitado por muchos norteamericanos de origen italiano. Dado que la plaza existente está a caballo de South Broad Street (teniendo como «punto de fuga», por el norte, el famoso ayuntamiento estilo «Segundo imperio» con su torre), no resultaba posible tratarla como una *piazza* tradicional italiana.
El monumento consiste en dos, vamos a llamarlas así, «vallas anunciadoras» [*billboards*] de piedra, pensadas para ser vistas enmarcando el gran eje vial, que representan las fachadas de dos tipos de edificios italianos. La obra comprende varias clases de piedra de diferentes colores, componiendo un motivo vívido, simpático y amable.
Los arquitectos estiman que este planteamiento es adecuado a escala de la ciudad como conjunto, a la vez que funciona como monumento dentro de su contexto local.

1985 Monument in Marconi Plaza, Philadelphia, Pennsylvania. Venturi, Scott Brown and Associates. Project.
This monument is for a big square at the edge of the Italian-American community in South Philadelphia; it also straddles South Broad Street and the great axis that it is terminated by in the north, Philadelphia's famous City Hall and its tower. It consists of two masonry billboards that frame the great axis, and which represent the facades of two kinds of Italian buildings. The masonry would involve various kinds of stone in different colors that would promote a vivid patterned effect. The architects think this approach would have worked well at the scale of the city as a whole and would connect at the same time as a monument in its local context.

1985/1989 Edificio de Investigaciones clínicas, Universidad de Pensilvania, Filadelfia, Pensilvania. Venturi, Rauch y Scott Brown, con Payette Associates.
El edificio (16.257 m²) alberga los laboratorios y es uno de los primeros proyectos terminados del nuevo Health Center, situado en la zona periférica del *campus* de la Universidad de Pensilvania.
Los exteriores están completamente condicionados a la necesidad de vincular el edificio, tanto visual como físicamente, al campus y a la Facultad de Medicina, así como al nuevo Health Center. El proyecto responde a la exigencia de obtener el máximo de flexibilidad para los laboratorios, en previsión de futuros cambios, en el marco de una estructura «genérica» y homogénea.

1985/1989 Clinical Research Building, University of Pennsylvania, Philadelphia, Pennsylvania. Venturi, Rauch and Scott Brown, with Payette Associates.
This 16,257 meters building houses laboratories and was one of the first completed projects in the construction of the new Health Center, situated in a peripheral area of the University of Pennsylvania campus.
The exteriors are entirely determined by the need to link the building, both visually and physically, with the campus and the Faculty of Medicine as well as with the new Health Center. The project responds to the need to ensure the greatest possible flexibility for the laboratories, with a view to future changes, inside the framework of a "generic" and homogeneous structure.

Detalle de la fachada

Detail of the facade

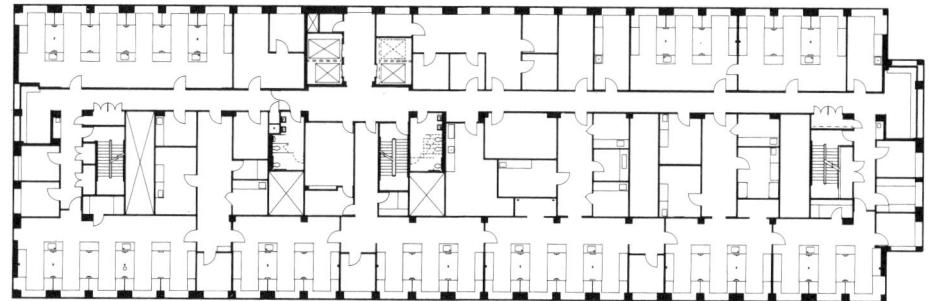

Planta tipo   Typical floor plan

Vista en escorzo   Oblique view

1985/1991 Ala Sainsbury, National Gallery, Londres, Gran Bretaña.
Ampliación. Venturi, Rauch y Scott Brown.
Construida en el último espacio que quedaba libre en Trafalgar Square, la ampliación de la National Gallery (proyectada, por William Wilkins en la primera mitad del siglo XIX) acoge una de las colecciones de pintura más prestigiosas del primer Renacimiento italiano y nórdico.

El edificio de ampliación, pensado estilísticamente como fragmento inflexionado del museo preexistente, está caracterizado por cuatro fachadas completamente diferentes, y ha sido proyectado como reflejo y ampliación de su contexto, manteniendo al mismo tiempo su propia identidad de obra contemporánea. La inflexión, promotora de la continuidad entre los dos museos, se manifiesta en la forma y en la réplica, en su fachada

1985/1991 Sainsbury Wing, National Gallery, London, England.
Extension. Venturi, Rauch and Scott Brown.
Constructed on the last remaining vacant space in Trafalgar Square, the extension to the National Gallery (designed by William Wilkins and dating from the first half of the 19th century) houses the most prestigious collections of early Italian Renaissance and Nordic painting.

The building, conceived stylistically as an inflected fragment of the existing museum, is characterized by its four completely different facades, and has been designed to be a reflection and extension of its context, while at the same time conserving its own identity as a contemporary building. The inflection,

Entrada · Entrance

Boceto de las galerías interiores
Sketch of the interior galleries

Planta general
General floor plan

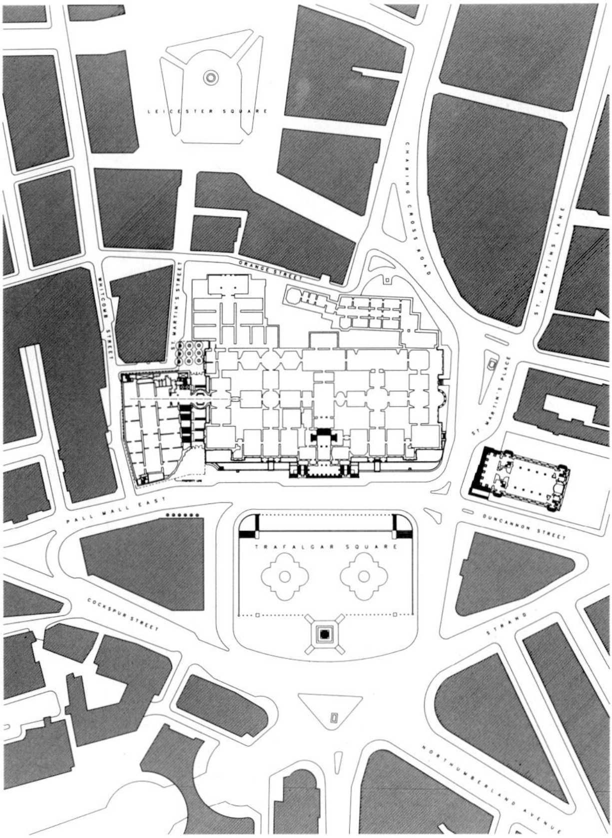

principal, de elementos arquitectónicos tomados prestados de la composición clásica de Wilkins. El juego rítmico de columnas y pilastras se sirve, sin embargo, de una nueva armonía con respecto al edificio preexistente, gracias a la inserción de nuevos huecos de acceso que interrumpen la composición clásica de la fachada, y a las esbeltas columnas metálicas.

En su interior se albergan las funciones principales de un museo contemporáneo, como salas de conferencias y proyecciones, salas para exposiciones temporales, centro de información, *bookshop* (librería) y restaurante. La gran escalinata de una sola rampa, localizada asimétricamente junto a la pared acristalada, sirve a todas las plantas del edificio y conduce directamente desde el vestí-

which promotes the continuity between the two museums, is manifested in the form and in the replication on the main facade of architectonic elements borrowed from Wilkins' classical composition. The rhythmic play of columns and pilasters, however, is informed by a new harmony with respect to the existing building, produced by the insertion of new entry openings which interrupt the classical composition of the facade and by slender metal columns.

In the interior are all the principal functions of a contemporary museum, such as lecture and film theatres, rooms for temporary exhibitions, an information center, a bookshop and a restaurant. The great single-flight stairway, positioned asymmetrically alongside the glass wall, serves all the different floors

Planta baja

Ground floor plan

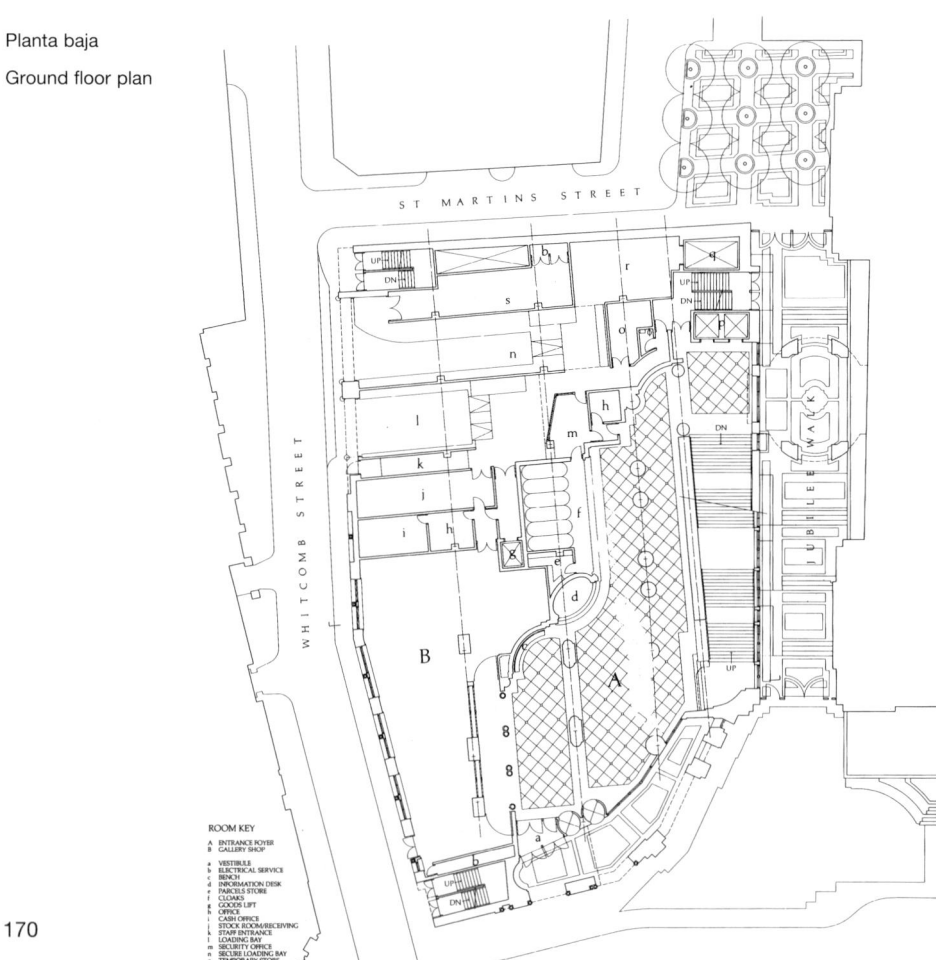

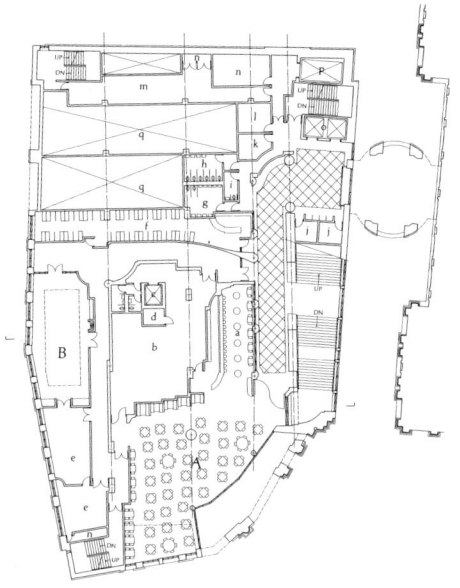

Planta entresuelo

Mid-level floor

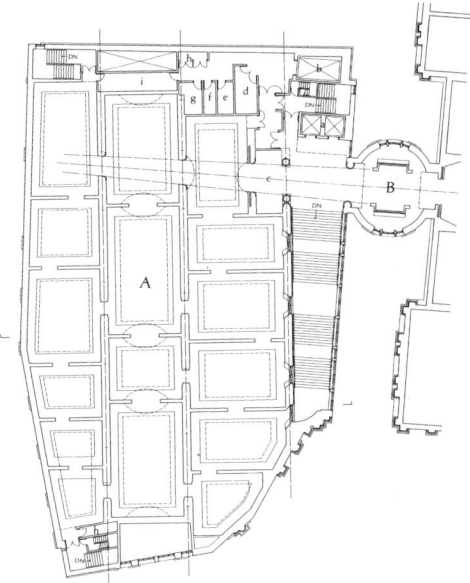

Planta del nivel de las galerías

Plan of the gallery level

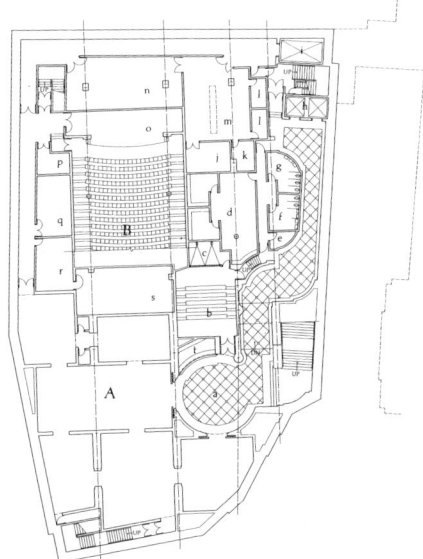

Planta sótano

Plan of the basement level

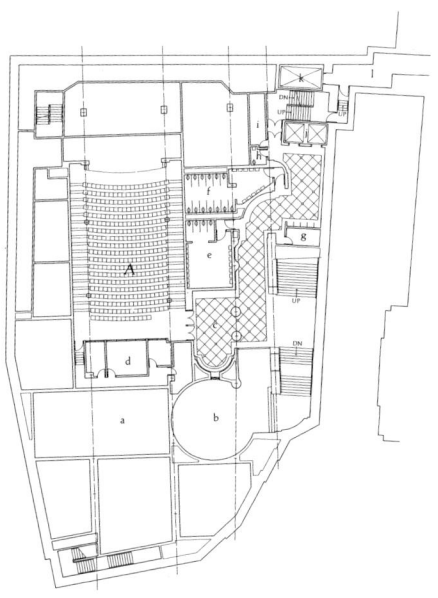

Entresuelo subterráneo

Underground mid-level

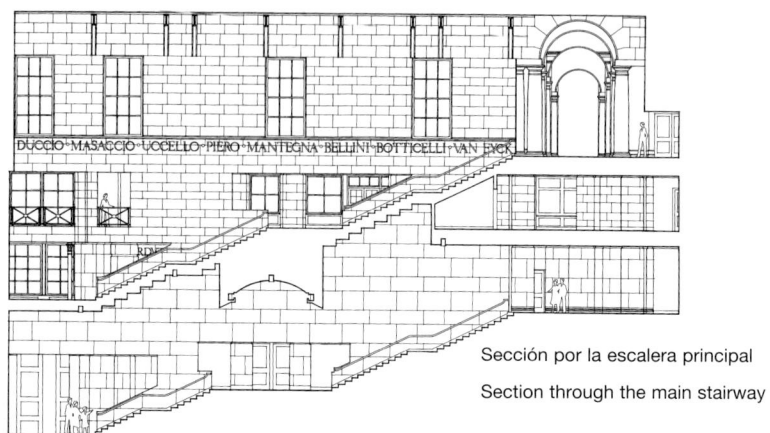

Sección por la escalera principal

Section through the main stairway

bulo de entrada a las galerías permanentes del segundo piso, conectado con el museo preexistente a través de un puente elevado. Las galerías, inspiradas en la Dulwich Gallery de John Soane, están dotadas de iluminación natural y artificial.

El clasicismo libre de esta fachada tiene precedentes en la arquitectura clasicista inglesa, en la cual, según Venturi, se ha hecho siempre un uso no convencional de los elementos tradicionales «heredados». La idea es que la transgresión de hoy sea la norma de mañana.

and leads directly from the entrance vestibule to the permanent galleries on the second floor, connecting with the existing museum by way of a raised bridge. The galleries, inspired by John Soane's Dulwich Gallery, are provided with both natural and artificial lighting.

The free classicism of this facade has its precedents in English classicist architecture, in which, according to Venturi, conventional use has always been made of "inherited" traditional elements. The idea is that today's transgression is tomorrow's norm.

Fachada sur

South facade

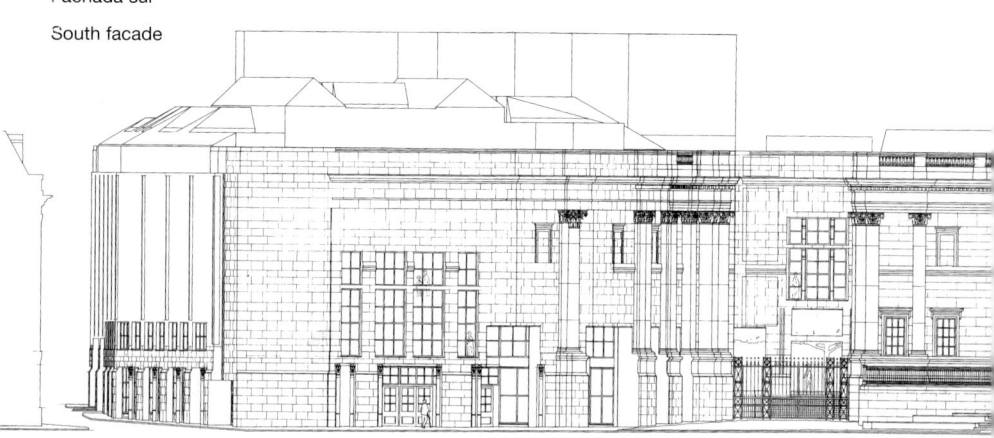

Vista de la fachada principal
View of the main facade

Perspectiva interior de las galerías

Interior perspective of the galleries

1986/1991 Museo de Arte de Seattle, Seattle, Washington. Venturi, Rauch y Scott Brown, con Olson, Sundberg Associates.
El museo (4.645 m²) está rodeado de rascacielos; los arquitectos utilizan la gran escala para enfatizar su presencia. La fachada principal de piedra está acanalada rítmicamente, en su parte superior figura inscrito en grandes letras el nombre del museo. En contraste con la superficie acanalada, la fachada de la planta baja se ha tratado como una secuencia alternada de tímpanos y arcos de diversos materiales. Grandes ventanas, entre una y otra pilastra, reflejan la progresión rítmica de la escalera aterrazada y realzan la continuidad entre interior y exterior. La explicitación de la morfología del terreno, reflejada exteriormente en el escalonamiento del diseño de la fachada de la planta baja, entra deliberadamente en contradicción con la franja horizontal de ventanitas altas —mediadora en la relación entre la inclinación de la parte inferior del edificio y la horizontalidad de la parte alta del mismo— que, por otro lado, se alinea con la gran abertura de acceso. En la fachada oeste la envoltura del muro se retrasa para dar lugar a una plaza que linda con una de las entradas principales; éstas, ubicadas en los dos extremos del museo, se conectan interiormente entre sí mediante una gran escalinata paralela y especular a la exterior. La escalera goza de unos amplios rellanos de acceso a las distintas plantas, los cuales, por sus dimensiones, son intercambiables con las verdaderas salas de exposición.

1986/1991 Seattle Museum of Art, Seattle, Washington. Venturi, Rauch and Scott Brown with Olson, Sundberg Associates.
In this museum (4,645 m²) surrounded by skyscrapers the architects have used grand scale to emphasize the building's presence. The main facade, of stone, is rhythmically grooved; the name of the museum is inscribed in large letters on the upper part of the facade. In contrast to the grooved surface, the ground-floor facade has been treated as an alternate sequence of tympanums and arches in a variety of materials. The large windows, set between pairs of pilasters, reflect the rhythmic progression of the terraced steps and underline the continuity between interior and exterior. The explicit expression of the morphology of the site, reflected on the exterior in the stepping of the design of the ground-floor facade, deliberately enters into contradiction with the horizontal strip of small high windows —mediating the relationship between the inclination of the lower part of the building and the horizontal character of the upper part— which is at the same time aligned with the large opening of the access. On the west facade, the envelope of the wall is set back to make way for a square abutting one of the main entrances; situated at either end of the museum, these are connected with one another in the interior by way of a great flight of steps, parallel to and mirroring the steps on the exterior. The steps have spacious landings giving access to the different floors, the dimensions of which make them readily interchangeable with the genuine exhibition rooms.

Alzado de la fachada principal

Elevation of the main facade

Boceto inicial
Preliminary sketch

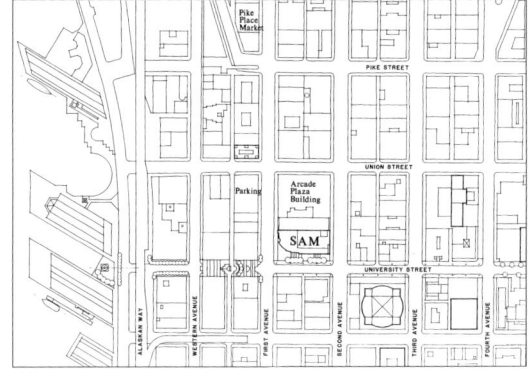

Planta general
Site plan

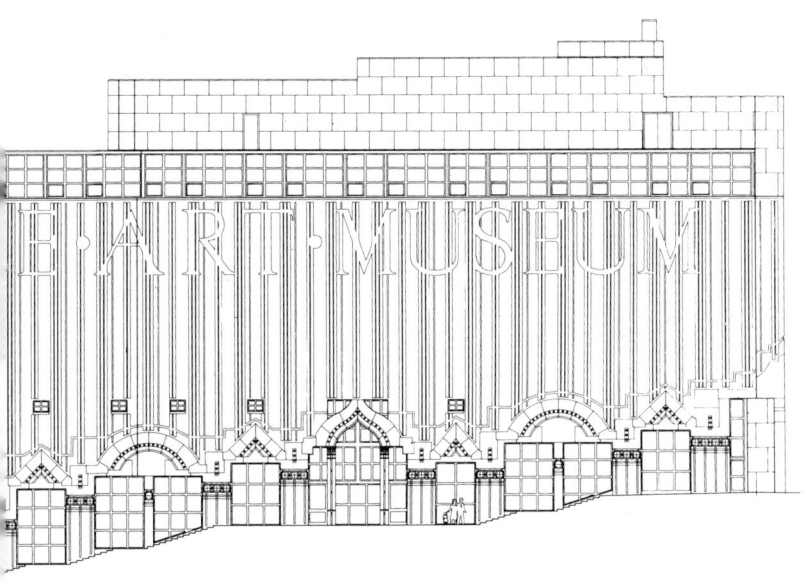

Detalle / Detail

Interior / Interior

Vista general / General view

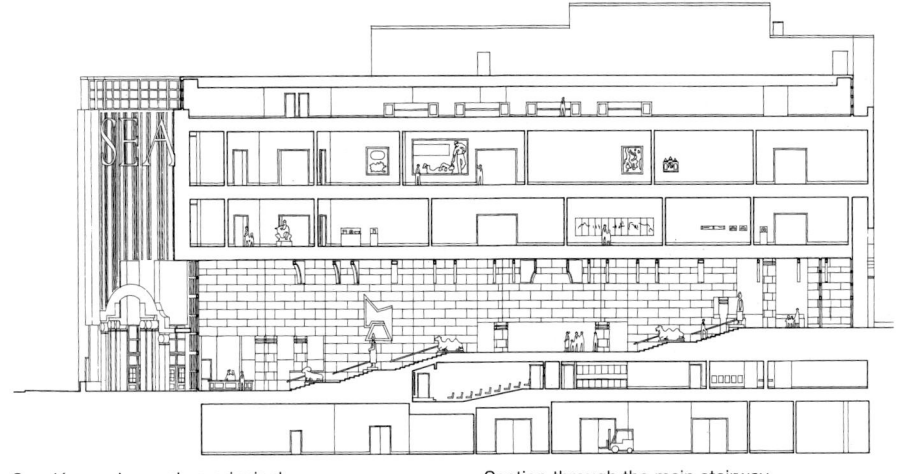

Sección por la escalera principal   Section through the main stairway

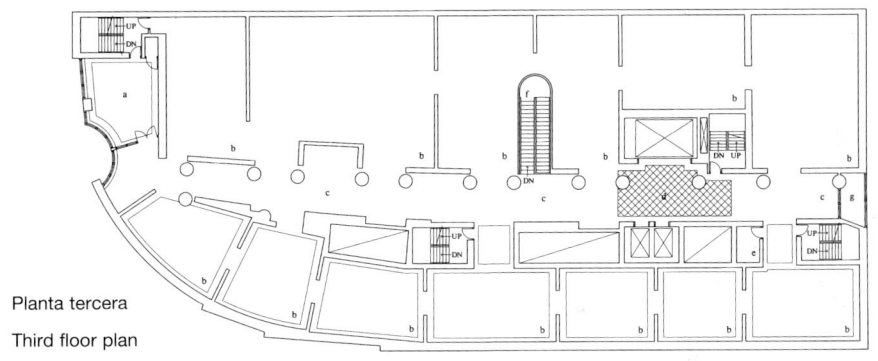

Planta tercera

Third floor plan

Planta compuesta: baja, primera y segunda   Composite floor plan: ground, first and second

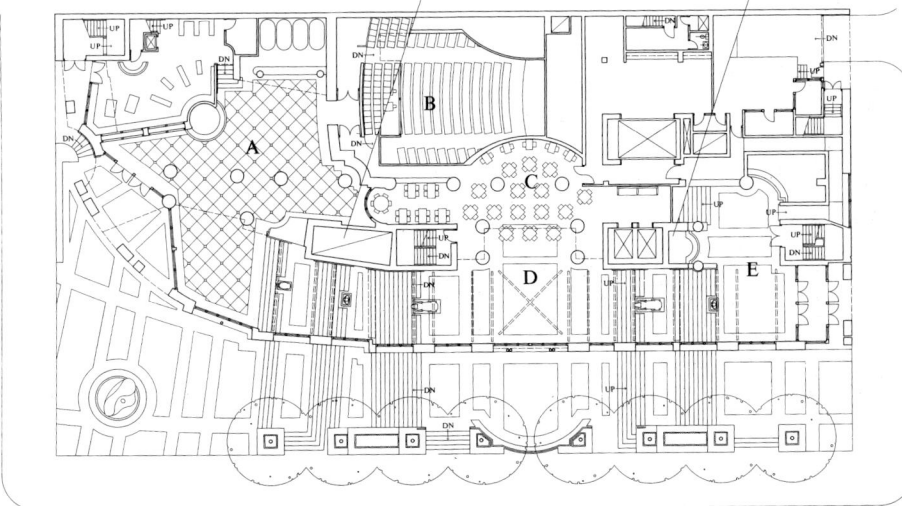

1986/1995 Museo de Arte Contemporáneo de San Diego, La Jolla, California.
Ampliación y restauración. Venturi, Rauch y Scott Brown.
El museo, fundado en 1941, ocupa la casa Scripps, una villa del primer Movimiento Moderno, proyectada en 1915 por Irving Gill, que posteriormente sufrió diversas ampliaciones y que comprometieron su imagen.
La restauración prevé una nueva fachada para los edificios existentes, a fin de enriquecer la imagen y la presencia física del museo. Se ha restaurado y dado relieve a la fachada de la casa Scripps; la pérgola del jardín original ha sido reconstruida, para formar un nuevo patio de entrada y el restaurante.
Tras la nueva fachada, constituida por unas aberturas en arco sugeridas por otros edificios adyacentes de Irving Gill, se han acomodado el restaurante, apartamentos para artistas y una gran librería. El porche preexistente de hormigón y el patio de entrada han sido sustituidos por un nuevo patio central (rematado por una cúpula-lucernario) que distribuye los accesos a la librería, al auditorio y a las galerías, además de servir como gran vestíbulo representativo.

1986/1995 San Diego Museum of Contemporary Art, La Jolla, California.
Extension and restoration. Venturi, Rauch and Scott Brown.
The museum, founded in 1941, occupies the Scripps House, a villa from the early years of the Modern Movement, designed by Irving Gill in 1915, and subsequently subject to a number of modifications.
The restoration includes a new facade for the existing buildings, with the idea of enriching the museum's image and physical presence. The facade of the Scripps house was restored and thrown into greater relief; the pergola originally found in the garden has been reconstructed in order to create the new entrance courtyard and the restaurant.
Behind the new facade, constituted by a series of arched openings suggested by other neighboring buildings by Irving Gill, are the restaurant, apartments for artists and a large library. The existing concrete porch and the entrance courtyard have been replaced by a new central courtyard (crowned by a lantern cupola) which distributes access to the library, the auditorium and the galleries, as well as serving as a grand "representative" vestibule.

Planta baja

Ground floor plan

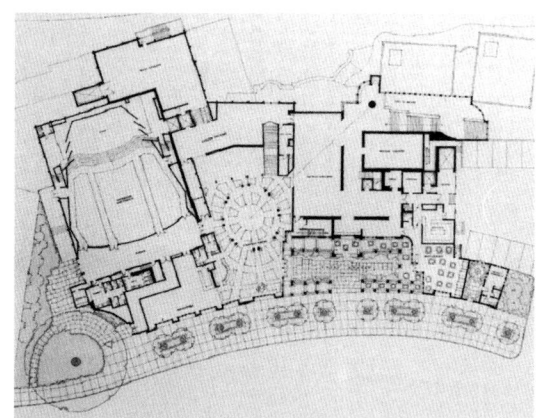

Alzado de la fachada principal

Elevation of the main facade

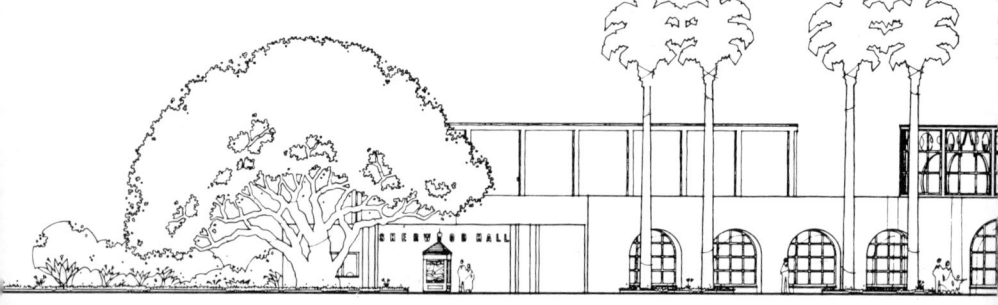

Maqueta: vista general

Model: general view

Perspectiva de la fachada principal

Perspective of the main facade

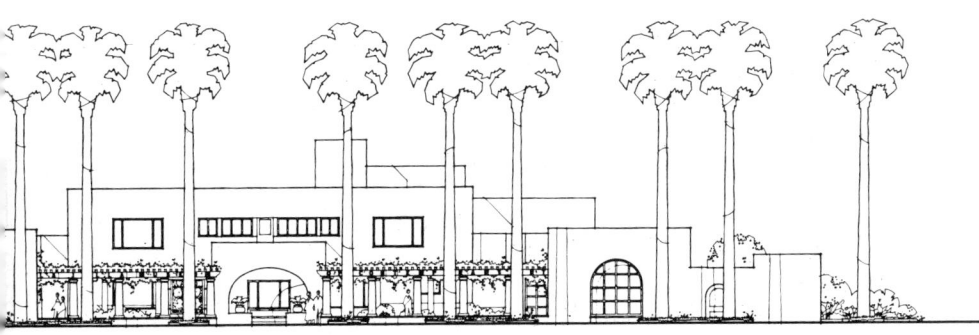

1986/1990 Fisher and Bendheim Hall, Universidad de Princeton, New Jersey.
Venturi, Scott Brown y Associates.
Sede de un centro de estudios internacionales de economía, es el tercer edificio en importancia (5.574 m^2) de los proyectados por los arquitectos para la Universidad de Princeton.
La estructura está vinculada a dos edificios preexistentes. El programa incluye: oficinas de la facultad, aulas, espacios para seminarios y ordenadores, así como zonas de estudio y de relación. El edificio funciona como mediador entre la escala íntima y doméstica del comedor universitario existente, y la amplia e imponente estructura institucional presente en el campus.

1986/1990 Fisher and Bendheim Hall, Princeton University, New Jersey.
Venturi, Scott Brown and Associates.
This building, the headquarters of an international economics study center, is the third largest (5,574 m^2) of those the architects designed for Princeton University.
The structure connects with two existing buildings. The program includes: faculty offices, classrooms, spaces for seminars and for computing, and study and leisure areas. The building functions as a mediator between the intimate and domestic scale of the existing university refectory and the extensive and imposing institutional structure present on the campus.

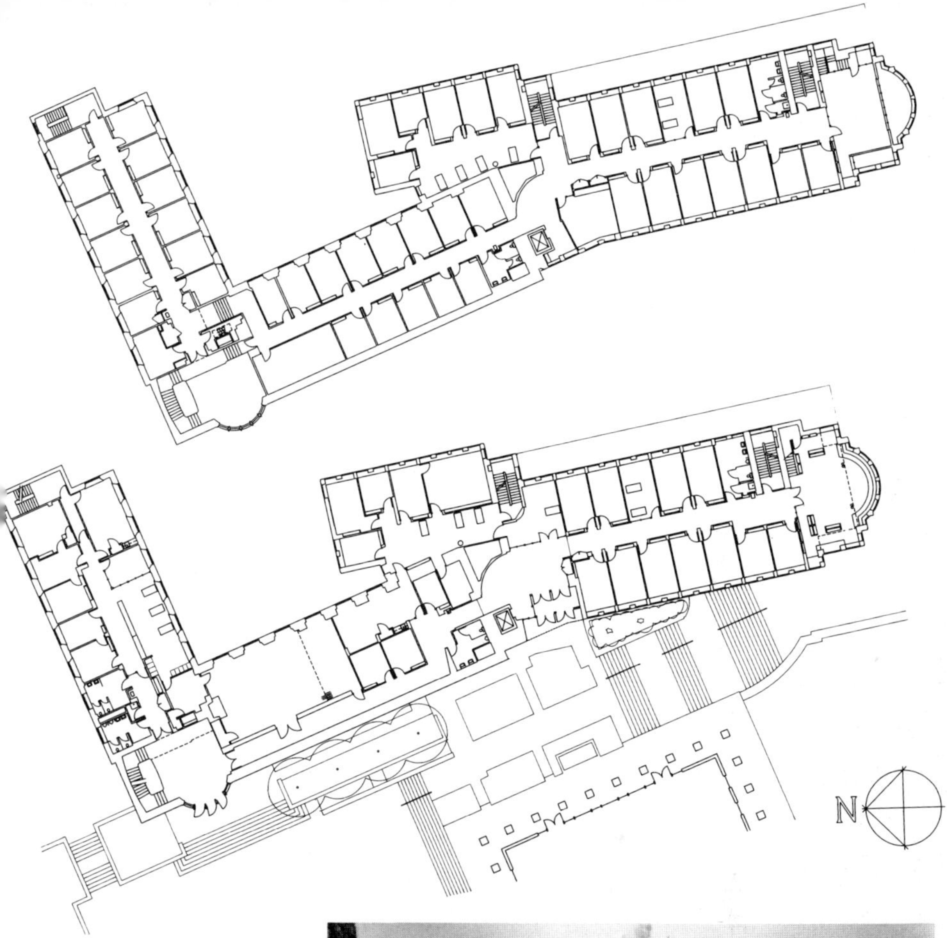

Plantas primera y baja

First floor and ground floor plans

Página anterior: Vista de la entrada

Previous page: View of the entrance

Vista en escorzo de la fachada sur

Oblique view of the south facade

Alzado sur

South elevation

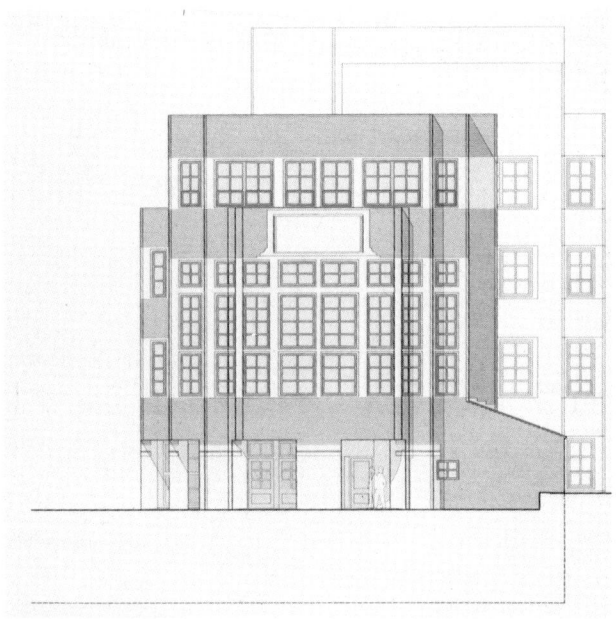

Vista de la fachada sur

View of the south facade

1986/1991 Laboratorios de Investigación médica Gordon and Virginia MacDonald, Universidad de California, Los Ángeles, California. Venturi, Scott Brown y Associates, con Payette Associates.

Emplazado en una zona de fuerte pendiente, el edificio, de siete plantas, contiene oficinas, laboratorios y otros espacios.

En la planta baja, en consonancia con las arquitecturas históricas localizadas en la parte más antigua del campus, unos soportales ocupan toda la longitud de la fachada a la plaza. En su extremo norte un gran portal en arco se prolonga hasta más allá del edificio, proporcionando el acceso desde el exterior y creando una entrada de carácter simbólico.

Los principales materiales exteriores se inspiran en los de las arquitecturas antiguas preexistentes en el campus. Piedra volcánica, terracota y un dibujo de ladrillos rojos se han combinado para formar un diseño de bandas horizontales en las cuatro fachadas; el revestimiento calizo en gris subraya las dos primeras plantas de la fachada principal. Unas pequeñas ventanas regularmente dispuestas indican la posición de las oficinas y laboratorios, mientras que a nivel del ático las rejillas de cerámica esmaltada delatan la función tecnológica del edificio.

1986/1991 Gordon and Virginia MacDonald Medical Research Laboratories, University of California, Los Angeles, California. Venturi, Scott Brown and Associates with Payette Associates.

The building, located on a steeply sloping site, includes 7 floors of offices, laboratories and other spaces.

On the ground floor, in keeping with the historic architecture found in the older part of the campus, a colonnade runs the entire length of the facade fronting the square. At the northern end, a great arched porch extends out beyond the building, providing access from the exterior and creating an entrance with symbolic character.

The principal materials on the exterior are derived from the older architecture on the campus. Volcanic stone, terracotta and patterned red brickwork have been combined to compose a design of horizontal bands on all four facades; the grey lime rendering on the main facade draws attention to the first two floors. A series of small regularly spaced windows indicates the position of offices and laboratories, while the enamelled ceramic grating at attic level declares the building's technological function.

Perspectiva exterior de la zona de entrada

Exterior perspective of the entrance

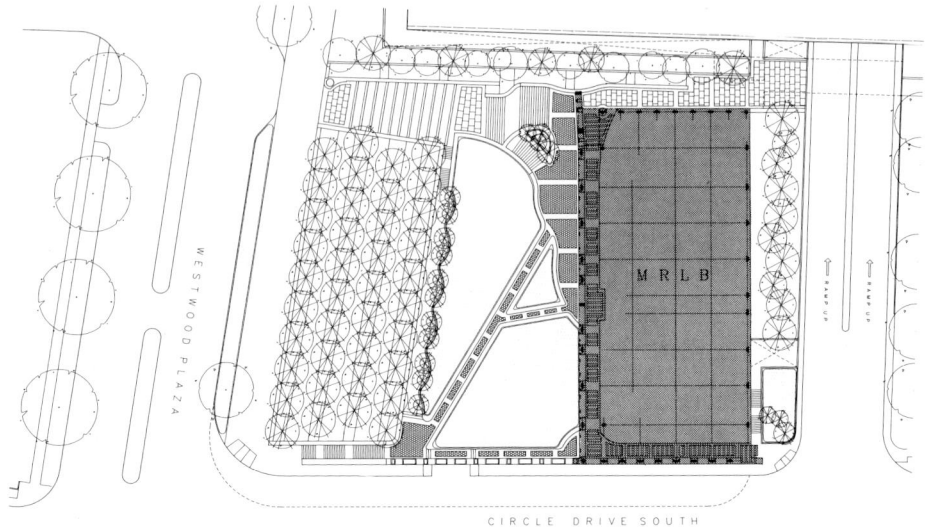

Plano de emplazamiento *(arriba)* y fragmento de la fachada principal con la entrada *(al lado)*

Site plan *(above)* and partial view of the main facade with the entrance *(opposite)*

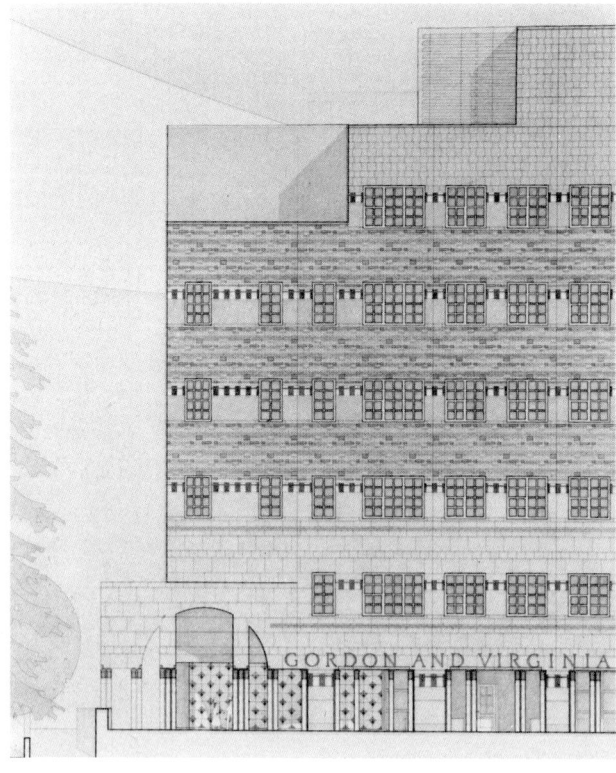

1986/1989 Casa en Seal Harbour, Maine.
Venturi, Scott Brown y Associates.

Construida junto a un bosque de la orilla del Maine, sobre un altiplano que ofrece una magnífica vista del océano.

El proyecto es una referencia clara a las casetas *Shingle Style* típicas de esta zona; el uso de la madera de cedro, de la piedra local y de los elementos de color verde oscuro concurren a armonizar la arquitectura con el paisaje.

Los espacios interiores están proyectados para albergar una familia de cuatro personas y sus correspondientes invitados. Se ha puesto el acento en el *casual-living* (estilo de vida informal); el empleo de mano de obra especializada en el trabajo con maderas exóticas y con la piedra local confiere a este espacio un aire de rústica elegancia.

La casa se ha organizado con un vestíbulo a doble altura, cinco dormitorios y un estudio que se asoma sobre la fachada este («el nido del cuervo»), lugar panorámico por excelencia.

1986/1989 House in Seal Harbour, Maine.
Venturi, Scott Brown and Associates.

At the edge of the woods, on the Maine coast, the house stands on a plateau from which it enjoys a magnificent view of the ocean.

The project makes clear reference to the Shingle Style cabins typical of this area; the use of cedar wood and local stone and the various elements of a dark green color contribute to the harmonizing of the architecture with the landscape.

The interior spaces have been designed to accommodate a family of four, as well as their house guests. The accent here is on casual living; the use of skilled workers specialized in handling hardwoods and the local stone gives the interior an air of rustic elegance.

The house is organized on the basis of the double-height vestibule, five bedrooms and a study (the "crow's nest") which projects out over the east facade to command panoramic views of the surrounding landscape.

Vista de la fachada norte   View of the north facade

Alzado sur — South elevation

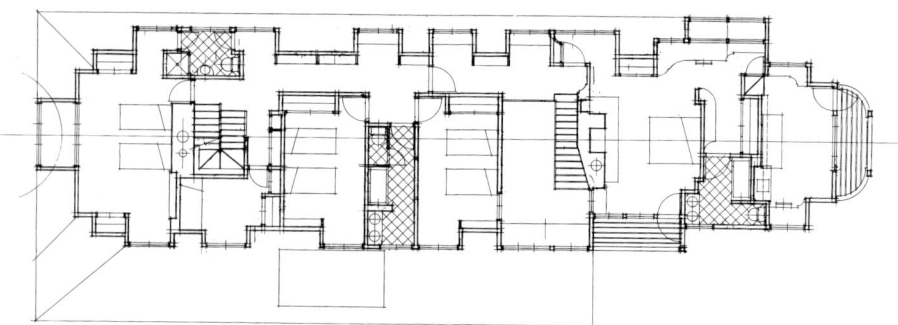

Planta piso — First floor plan

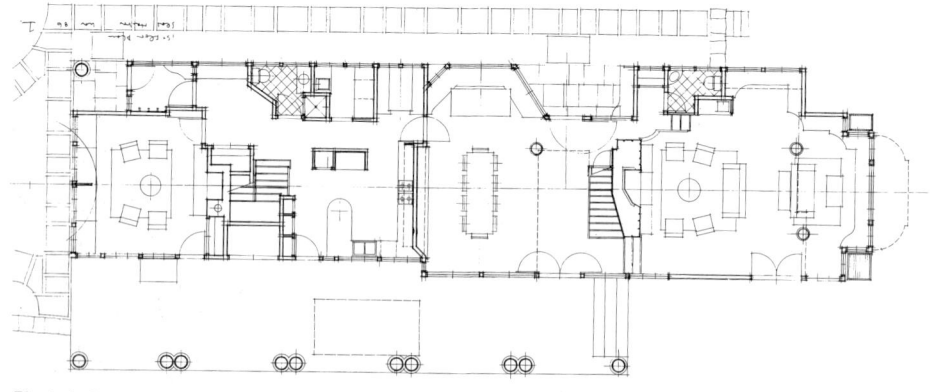

Planta baja — Ground floor plan

Vista de la sala de estar
View of the living room

Vista de la entrada
View of the entrance

Vista de la fachada este

View of the east facade

1987 Philadelphia Orchestra Hall, Filadelfia, Pensilvania.
Venturi, Rauch y Scott Brown.
El nuevo auditorio para la célebre orquesta de Filadelfia está enclavado en la zona central de la ciudad.
En la planta baja, el vestíbulo de entrada acoge las tiendas, el guardarropa y los ascensores; una amplia escalinata conduce al *Grand Lounge*, en la planta principal del auditorio. La sala de conciertos está estudiada acústicamente para obtener condiciones óptimas de audición con diversos tipos de representaciones. Los palcos del anfiteatro rodean enteramente el escenario, arrojando una cabida total de unas 2.800 butacas. Los interiores están lujosamente decorados, con luces indirectas localizadas detrás de las decoraciones de los palcos.
El diseño exterior del edificio presenta algunos apuntes de la adyacente University of the Arts Main, edificio en estilo neogriego. Las amplias ventanas de la fachada a Broad Street se abren sobre el *Grand Lounge*, permitiendo vislumbrar desde la calle la excitante atmósfera de las grandes galas nocturnas.

1987 Philadelphia Orchestra Hall, Philadelphia, Pennsylvania.
Venturi, Scott Brown and Associates.
The new auditorium for the famous Philadelphia Orchestra is situated in the heart of the city center.
On the ground floor, the entrance vestibule accommodates various shops, the wardrobe and the lifts; a wide staircase leads up to the Grand Lounge, on the main floor of the auditorium. The acoustics in the concert hall have been calculated to ensure optimum listening conditions for different types of performance. The boxes in the dress circle entirely surround the stage, with seating for almost 2,800. The interiors are luxuriously decorated, with the indirect lighting located behind the decoration in the boxes.
The exterior design of the building presents a number of notes alluding to the nearby Main University of the Arts, a neo-Greek construction. The ample windows on the Broad Street facade of the Grand Lounge in the interior make the exciting atmosphere of the nocturnal galas visible from the street.

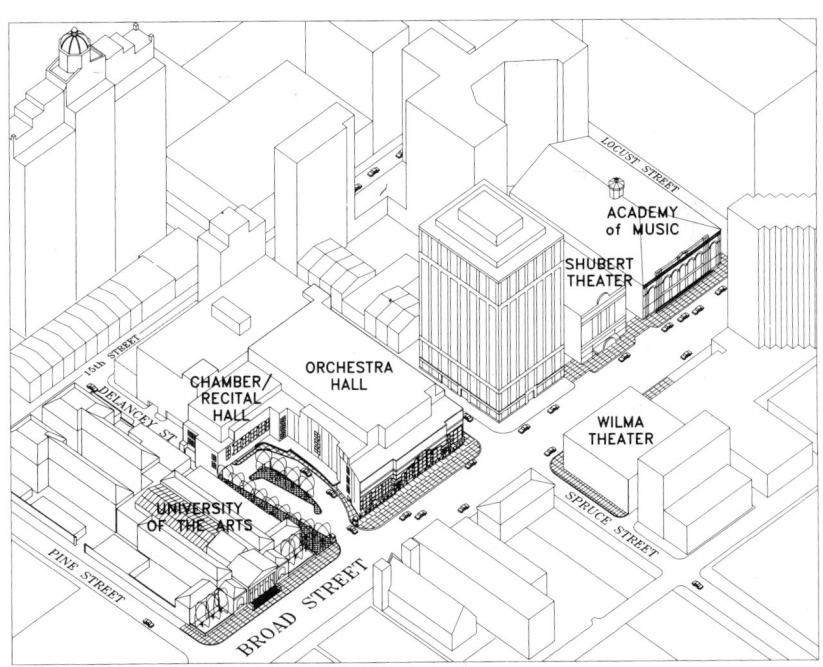

Axonometría del área de intervención   Axonometric of the project area

Fachada a Broad Street: alzado y maqueta   Broad Street facade: elevation and model

Alzado a Broad Street

Broad Street elevation

Planta baja

Ground floor plan

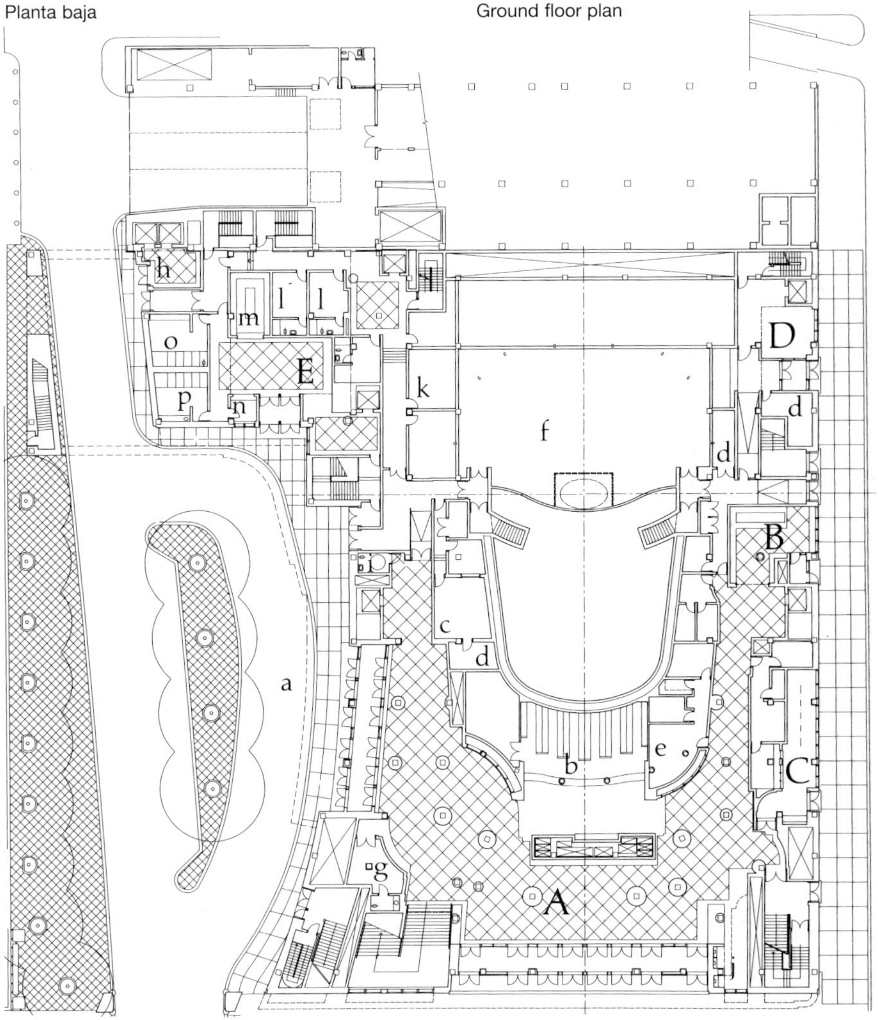

Planta del nivel entresuelo del auditorio

Plan of the entry level of the auditorium

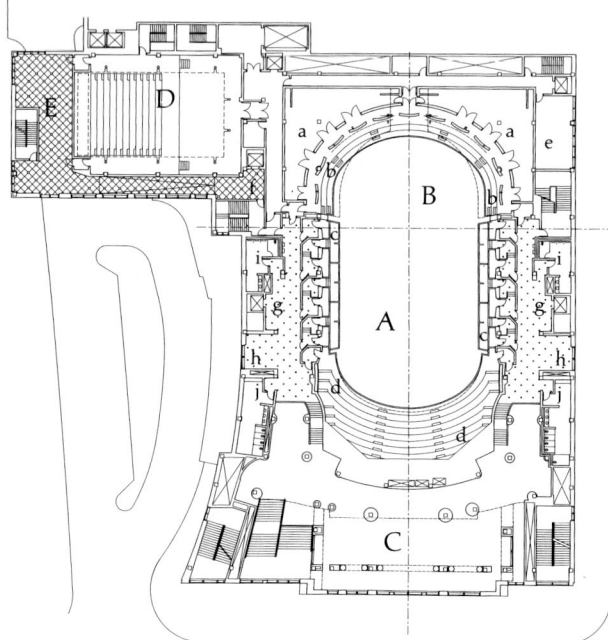

Planta del nivel principal del auditorio

Plan of the main level of the auditorium

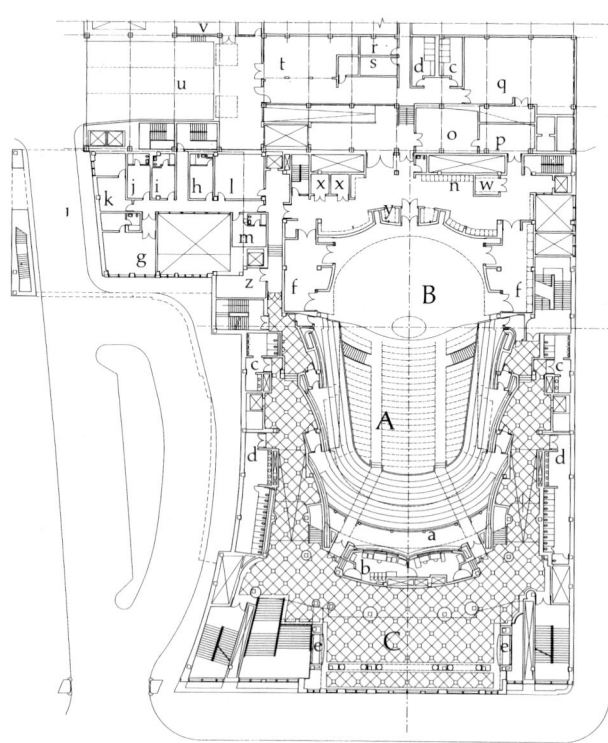

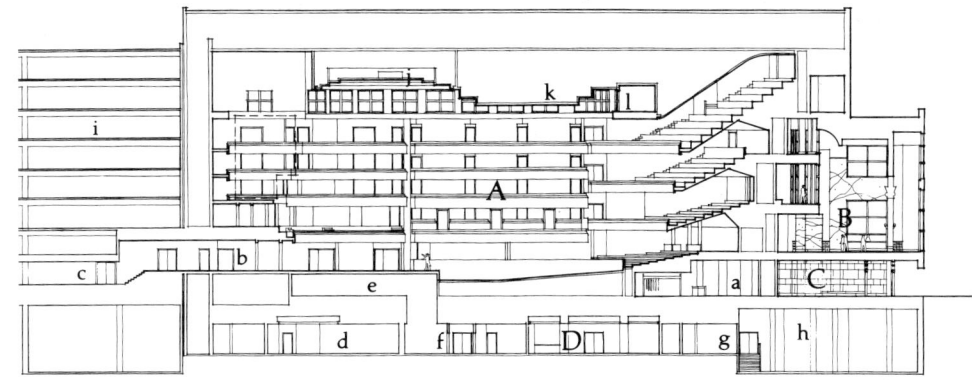

Sección longitudinal

Longitudinal section

Perspectiva del *Grand Lounge*

Perspective of the Grand Lounge

Perspectiva del salón para solistas

Perspective of the soloists' recital room

Perspectiva del salón principal de conciertos

Perspective of the main concert hall

1988 Plan urbanístico para Dartmouth College, Hanover, New Hampshire. Proyecto. Venturi, Scott Brown y Associates; directora del equipo: D. Scott Brown.
El plan, previsto para el sector norte del campus de Dartmouth, incluye un estudio sobre la reutilización a corto plazo de los edificios hospitalarios preexistentes y una previsión para el desarrollo futuro del área. En este estudio destacan por su importancia las relaciones establecidas entre la planificación teórica y la planificación concreta.

1988 Campus Plan for Dartmouth College, Hanover, New Hampshire. Project. Venturi, Scott Brown and Associates; project team leader: D. Scott Brown.
The plan, which focuses on the northern sector of the Dartmouth campus, included a study for the short-term reutilization of the existing hospital buildings and prevision for the possible future development of the area. Of particular importance in this study are the relationships established between theoretical and concrete planning.

Boceto

Sketch

«El asunto de los antepatios tiene su importancia en la planificación de la zona norte de Elm Street. Dado que las principales rutas peatonales hacia el norte serán, previsiblemente, North Main Street y College Street, los antepatios a ambos lados de esas calles ayudarán a conservar la amenidad y proporcionarán una continuidad con el campus y la ciudad.» (De la memoria del proyecto)

"The matter of the forecourts has its importance in the planning of the northern zone of Elm Street. Given the fact that the main pedestrian routes to the north will, foreseeably, be North Main Street and College Street, the forecourts on both sides of these streets will help to conserve their amenity and provide continuity with the campus and the city." (From the project report)

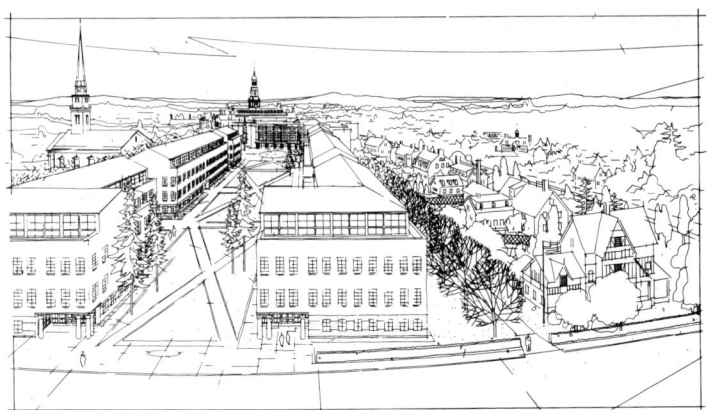

Perspectiva de conjunto

Perspective of the entire complex

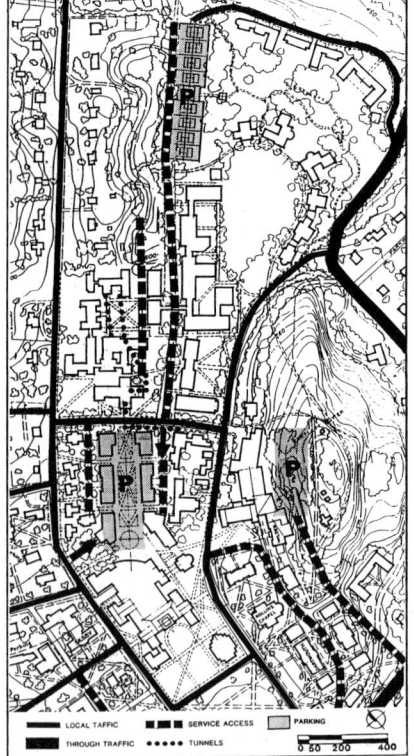

Plano de transportes

Transport plan

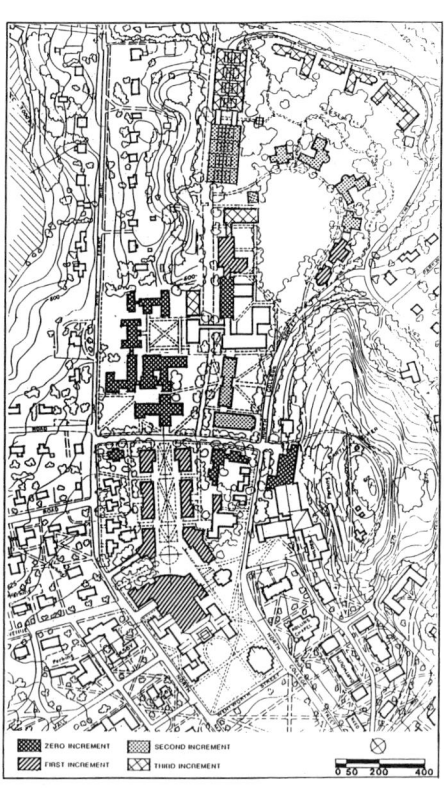

Plano de nuevos usos de los edificios

Plan of new uses for the buildings

1988 Reloj de cuco para Alessi, Italia.
Venturi, Rauch y Scott Brown.
El reloj, de madera, es una jocosa abstracción del banal y amado objeto.

1988 Cuckoo clock for Alessi, Italy.
Venturi, Rauch and Scott Brown.
The clock, in wood, is a humorous abstraction of the banal yet dearly loved object.

Reloj de cuco

Cuckoo clock

1989 Pabellón de Estados Unidos para la Expo'92, Sevilla, España. Proyecto de concurso. Venturi, Scott Brown y Associates; director de equipo: S. Izenour.
Según los arquitectos, la forma más eficaz de expresar el pluralismo y la diversidad, condiciones típicas de la democracia americana, es la de proyectar el pabellón USA como una sencilla estructura donde se ofrezca plena expresión a los diversos caracteres de cada uno de los expositores, todo ello bajo la enseña unificadora de la bandera americana.
El proyecto ocupa virtualmente el solar entero; las zonas destinadas a funciones más específicas, como el teatro, el restaurante, el museo y la administración, se concentran en una estructura de varios pisos centrada en el eje de la avenida más importante de la feria. El resto del edificio está destinado a una sala hipóstila para las exposiciones. La pavimentación se ha diseñado siguiendo una retícula de «manzanas» y «calles».

1989 United States Pavilion for Expo'92, Seville, Spain. Competition project. Venturi, Scott Brown and Associates; project team leader: S. Izenour.
The most efficient way of expressing pluralism and diversity, typical features of American democracy, was to design the USA Pavilion as a simple structure in which free expression is allowed to the character of each of the different exhibitors, all laid out under the unifying standard of the American flag.
The project occupies virtually the whole of the plot; the areas intended for the more specific functions, such as the theatre, the restaurant, the museum and the administrative offices, are concentrated in a structure several stories high, centered on the axis of the main avenue of Expo'92. The rest of the building is in the form of a hypostyle hall for exhibitions. The design of the paving is based on a grid pattern of "blocks" and "streets".

Perspectiva de la sala de exposiciones

Perspective of the exhibition hall

Alzado

Elevation

Plantas y secciones Plans and sections

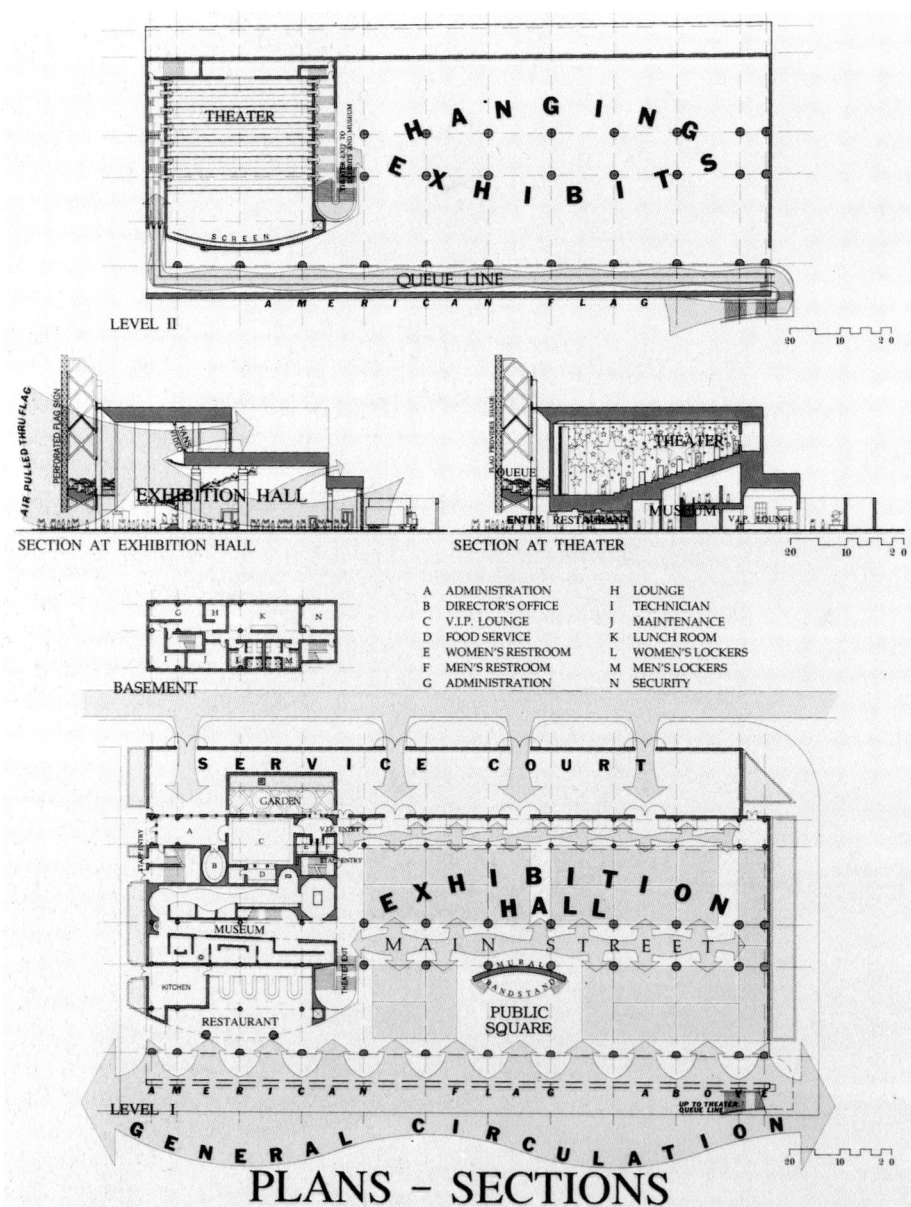

Vistas de la maqueta

Views of the model

1987/1991 Biblioteca Furness, Universidad de Pensilvania, Filadelfia, Pensilvania. Restauración. Venturi, Scott Brown y Associates, junto con Clio Group, Inc. y Marianna Thomas Architects, asesores en temas de restauración e historia.

El edificio, un hito histórico nacional que originariamente había sido la mayor biblioteca de Pensilvania, fue proyectado en 1888 por Frank Furness y está universalmente reconocido como una de sus obras maestras. Fue el propio Furness quien solucionó el problema del carácter dual del edificio, creando espacios públicos de «alta arquitectura», en contraste con la utilitaria ala ampliable de almacenamiento de libros.

La construcción comportó tres fases, que comenzaron con la restauración exterior, en 1987. A ella siguieron las reformas y restauración exterior del edificio de almacenamiento de libros. La tercera fase comprendió la restauración de los magnos espacios interiores. Se restauró la claraboya de vidrio emplomado del salón principal de lectura y se demolió la adición de la entreplanta construida en el año 1922.

La planta revela la lógica del proyecto de la biblioteca de 1888, y contempla la ampliación de la Biblioteca de Bellas Artes Fisher y de los Archivos de Arquitectura, a la vez que cumple las necesidades de espacio para estudio, enseñanza y oficinas para la Escuela universitaria de graduados en Bellas Artes.

1987/1991 Restoration of the Furness Building, University of Pennsylvania, Philadelphia, Pennsylvania. Venturi, Scott Brown and Associates in association with the Clio Group, Inc. and Marianna Thomas Architects, restoration and historical consultants.

A National Historic Landmark, the building —which originally served as Penn's main library— was designed in 1888 by Frank Furness and is widely regarded as one of his masterpieces. It was Furness who solved the problem of the dual character of the building by creating "high architecture" public spaces in contrast with the utilitarian extendable book-storage wing.

Construction involved three phases beginning with exterior renovation in 1987. Renovations and exterior restoration of the bookstack building followed. The third phase involved restoration of the great interior spaces. The Main Reading Room's leaded-glass skylight was restored and the 1922 mid-level floor addition was removed.

The resulting plan reveals the logic of the 1888 Library plan and allows for growth of the Fisher Fine Arts Library and the Architectural Archives while meeting studio, teaching and faculty office space needs for the Graduate School of Fine Arts.

Sección

Section

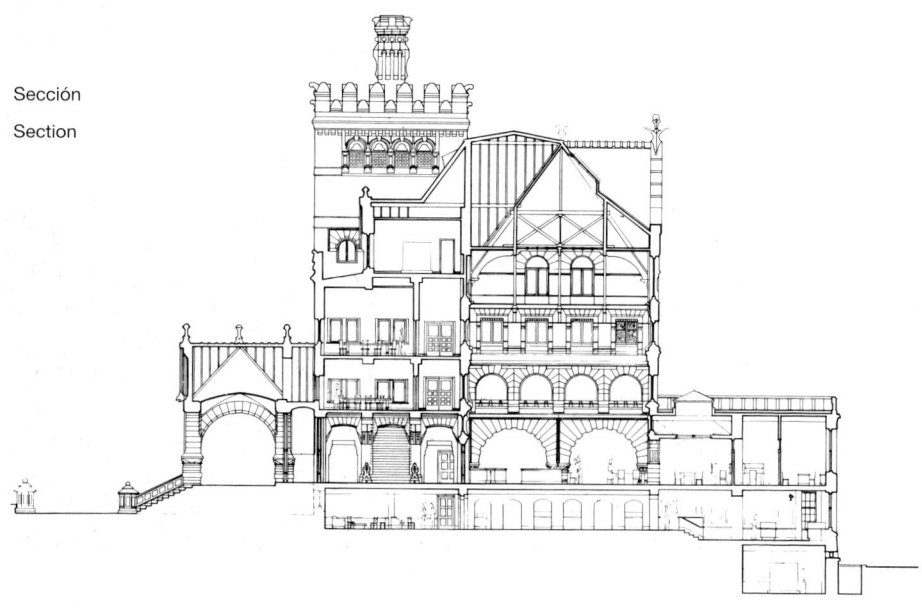

Planta
Plan

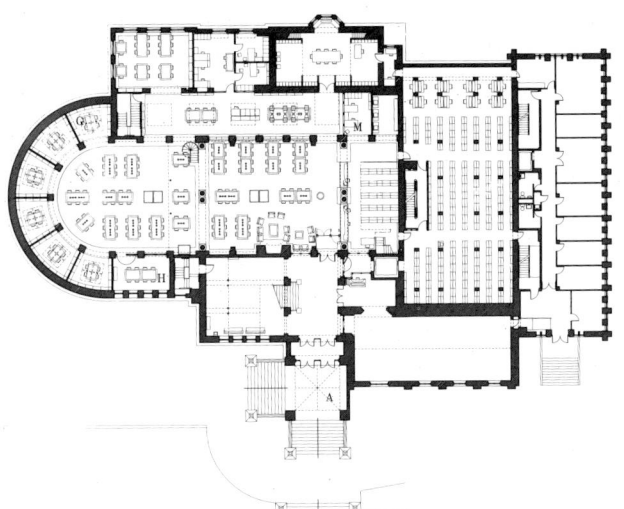

Vista de la fachada principal   View of the main facade

Vista de la sala principal de lectura · View of main reading room

Vista del interior · View of interior

Vista de las escaleras — View of the stairs

1989 Restauración del vestíbulo oeste, Museo de Arte de Filadelfia, Filadelfia, Pensilvania. Venturi, Scott Brown y Associates.
Este proyecto comprende el interior del vestíbulo oeste, que se ha convertido en la entrada principal del museo. Los objetivos del proyecto fueron los de facilitar la circulación y entrada de grandes aglomeraciones de gente, mejorar la transmisión de información, elevar el nivel de las comodidades para los visitantes, y proporcionar unas mejores condiciones de iluminación. Esos objetivos debían conseguirse dentro del contexto del hermoso, aunque severo, vestíbulo de piedra, y del espíritu de la vigorosa y colorista ornamentación griega de la fachada del museo.
Se reemplazaron los mostradores existentes de la recepción (socios e información) por un solo mostrador central en torno a un alto quiosco. El frontal del quiosco incorpora la señalización correspondiente a los precios de las entradas para socios y público en general, y un gran rótulo electrónico en su parte posterior suministra información cambiante sobre recorridos y eventos en el museo. El mismo quiosco contiene la iluminación del techo y está rematado por tres grifos mitológicos de neón azul, derivados de los grifos de bronce (en realidad, pararrayos) que adornan la cubierta del museo.

1989 West Foyer Renovation, Philadelphia Museum of Art, Philadelphia, Pennsylvania. Venturi, Scott Brown and Associates.
This project involves the interior of the West Foyer, which has become the museum's main entrance. The goals of the project were to facilitate the circulation and admissions of large crowds, to improve the transmission of information, to upgrade the amenities for visitors, and to provide better lighting conditions. These goals were to be met within the context of the beautiful lobby, and in the spirit of the lively and colorful Greek ornament of the Museum's exterior.
The existing desk for admissions, membership and information was replaced by a single central desk surrounding a tall kiosk. The kiosk incorporates signage on the front that provides membership and admissions prices, and a large electronic sign on the back, which gives changing information for tours and events in the Museum. The kiosk also contains lighting for the ceiling, and is topped by three blue neon griffins, derived from the bronze griffins (actually lightning rods) that adorn the museum's roof.

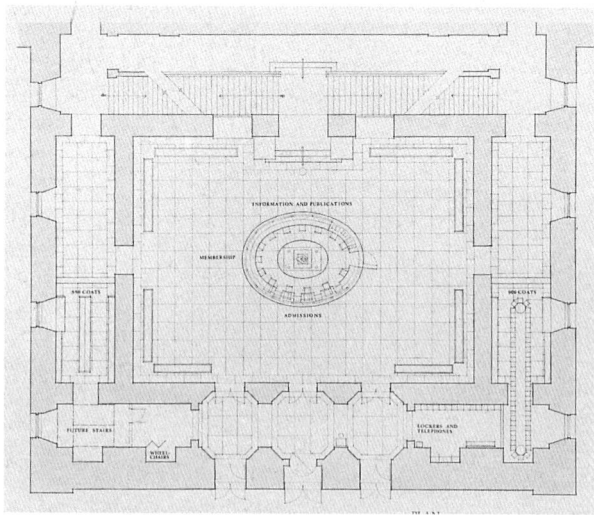

Planta

Plan

Sección   Section

Vista del mueble de la recepción   View of central desk and kiosk

1990 MASS MoCA, North Adams, Massachusetts. Estudio de viabilidad.
Venturi, Scott Brown y Associates.
El Museo de Arte contemporáneo de Massachusetts, o MASS MoCA, ocupará más de 65.000 m² de antiguas fábricas textiles del siglo XIX, que anteriormente fueron propiedad de la Compañía eléctrica Sprague. También incluirá un nuevo edificio «comodín» para exposiciones itinerantes y obras de arte de gran tamaño. El museo se centrará en varias colecciones importantes de arte de los años sesenta y posteriores.
En palabras del iniciador del proyecto, Thomas Krens, está previsto que MASS MoCA sea «un museo como ningún otro». Comprenderá una mezcla integrada de galerías, una hospedería dentro del museo, restaurante y tiendas minoristas, espacios de orientación y de teatro, talleres, y espacios para actividades infantiles organizadas en torno a los patios existentes y a los espectaculares puentes y túneles que interconectan los edificios de la antigua fábrica textil.
El proyecto promete ser un importante acicate para el crecimiento económico de North Adams, así como un centro internacional de arte contemporáneo.

1990 MASS MoCA, North Adams, Massachusetts. Feasibility study.
Venturi, Scott Brown and Associates.
The Massachusetts Museum of Contemporary Art, or MASS MoCA, will occupy over 65,000 meters of 19th-century textile mill buildings formerly occupied by the Sprague Electric Company. It will also include a new "Butler" building for changing exhibitions and large-scale works of art. The museum will focus on several major collections of art of the sixties and later.
In the words of the project's initiator, Thomas Krens, MASS MoCA is envisioned as a "museum like no other". It will include an integrated mix of galleries, an inn within the museum, restaurant and retail spaces, orientation and theater spaces, staff workshops, and children's activity spaces organized around the existing courtyards and dramatic bridges and tunnels that connect the buildings of the former mill.
The project promises to be a major spur to economic growth for North Adams, and an international center of contemporary art.

Alzado   Elevation

Estudios con *collage*

Collage studies

Emplazamiento.
Estudio de circulación

Site circulation study

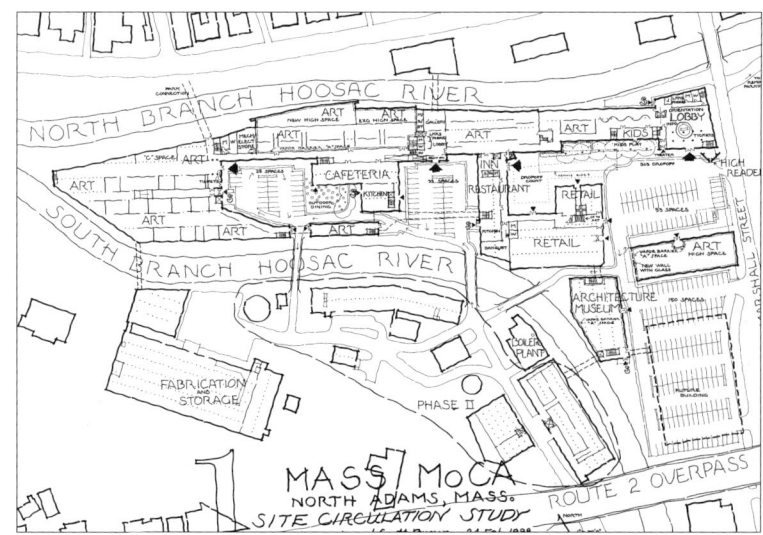

1992 Monumento a Cristóbal Colón, Filadelfia, Pensilvania. Venturi, Scott Brown y Associates.

Este proyecto, emplazado en el Penn´s Landing, el antiguo puerto de Filadelfia, conmemora el 500 aniversario de la travesía de Cristóbal Colón y exalta el papel que han tenido todos los inmigrantes en el desarrollo de Filadelfia y de los Estados Unidos.

El diseño utiliza la tecnología del acero para crear una representación moderna de un símbolo tradicional italiano: el obelisco que realza las plazas romanas. El monumento, en lugar de estar tallado en piedra maciza, está construido con delgados paneles de acero inoxidable en voladizo, anclados a una estructura interna de acero inoxidable. La base de granito de este monumento, de tres lados, tiene inscripciones y dedicatorias policromadas.

El obelisco se eleva hasta una altura de 32 metros y está rematado por una esfera y una veleta con los colores de Italia y España. Las anchas juntas abiertas existentes entre los paneles crean acusadas sombras durante el día, y por la noche están espectacularmente iluminadas por rayos de luz proyectada hacia el cielo a través del obelisco.

1992 Christopher Columbus Monument, Philadelphia, Pennsylvania. Venturi, Scott Brown and Associates.

This monument, located at Penn's Landing, Philadelphia's old seaport, commemorates the 500th anniversary of Christopher Columbus' voyage and celebrates the role of all immigrants in the development of Philadelphia and the United States.

The design utilizes steel technology to create a modern representation of a traditional Italian symbol, the Obelisk which punctuates Roman plazas. Instead of being hewn from solid stone, the monument is fabricated from thin stainless steel panels cantilevered from an internal stainless steel structure. The base of the three-sided monument is granite with polychrome inscriptions.

This obelisk rises to the height of 32 meters and is capped by a sphere and weathervane/banner representing the national colors of Italy and Spain. The large, open joints between the panels create deep shadows during the day and are illuminated at night by beams of light projected up through the obelisk and into the sky.

Vista nocturna / View at night

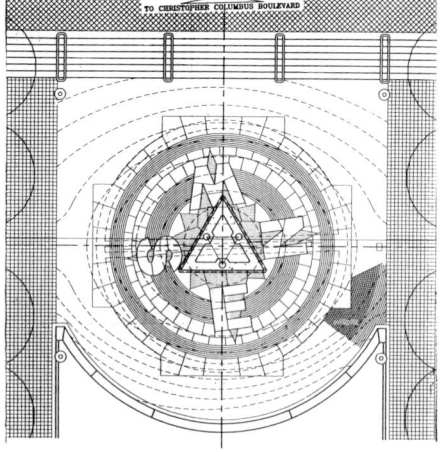

Planta / Plan

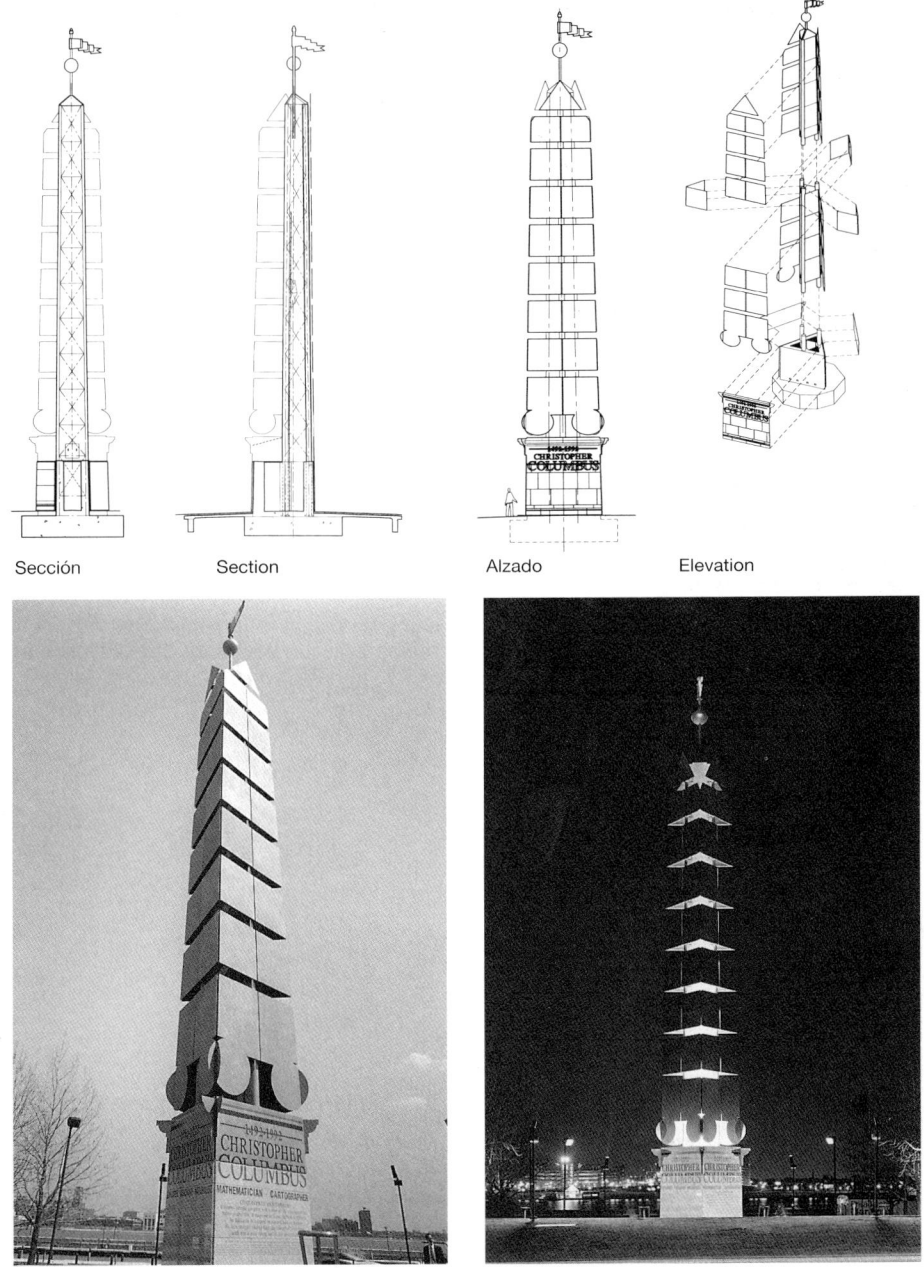

Sección / Section Alzado / Elevation

Vista diurna / Daytime view Vista nocturna / View at night

1988/1995 Memorial Hall, Universidad de Harvard, Cambridge, Massachusetts.

Estudio de viabilidad. Venturi, Scott Brown y Associates.

Este estudio explora la viabilidad del uso del histórico Memorial Hall como comedor y centro para estudiantes. El Memorial Hall, proyectado por Ware y Brunt en 1874, es uno de los mejores ejemplos de arquitectura «gótico-ruskiniana» en los Estados Unidos. Contiene un «gran vestíbulo», elegantemente panelado, que antes se usaba como comedor, y un hermoso auditorio.

Los arquitectos recomendaron a la universidad que alterase lo menos posible los espacios públicos históricos, y que se diera acomodo a las modernas necesidades de los estudiantes en la planta sótano. Ello les permitiría escoger entre un estilo formal y tradicional de comer, arriba, en el gran vestíbulo, o un tipo más informal de comida, en el sótano.

El proyecto establece la distinción entre los espacios lujosamente decorados y artesanalmente trabajados de la parte «histórica» del edificio, con sus tradicionales cualidades de simbolismo y formalidad, y el inferior nivel de la parte «moderna», que contiene nuevas funciones. Este planteamiento respeta la división decimonónica de los espacios del nivel superior en discretos conjuntos, a la vez que explota la continuidad, sólo subdividida por la retícula de columnas, de los espacios del nivel inferior, que se consideran más adecuados para cumplir con las modernas necesidades de flexibilidad, diversidad, informalidad, e, incluso, barullo.

1988/1995 Memorial Hall, Harvard University, Cambridge, Massachusetts.

Feasibility Study. Venturi, Scott Brown and Associates.

This study explores the feasibility of using historic Memorial Hall as a freshman dining facility and student center. Designed by Ware and Brunt in 1874, Memorial Hall is one of the finest examples of Ruskinian Gothic architecture in the United States. It contains an elegantly panelled "great hall" that was originally used for dining, and a beautiful auditorium.

The architects recommended that the University change the historic public spaces as little as possible, while accommodating the modern needs of the student center in the basement level. This would allow students to choose between a formal, traditional dining experience in the great hall upstairs, and informal dining below.

The design approach distinguishes between the richly decorated and crafted "historical" part of the building, with its traditional qualities of symbolism and formality, and the below-grade "modern" part that contains new kinds of functions. This approach respects the 19th-century division of the upper-level spaces into discrete wholes, while exploiting the column-gridded, loft-like flowing spaces of the lower level, which can fulfill the modern need for flexibility, diversity, informality, indeed for clutter.

Maqueta   Model

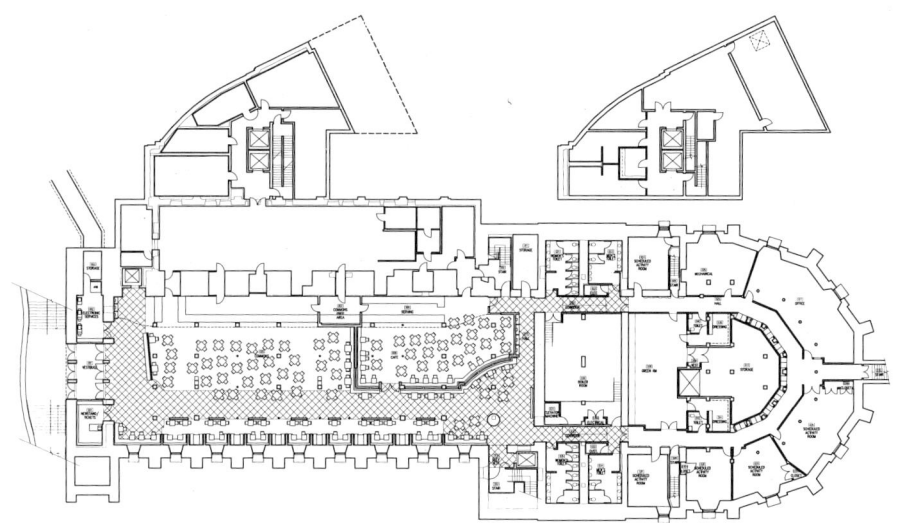

Planta semisótano   Plan of basement level

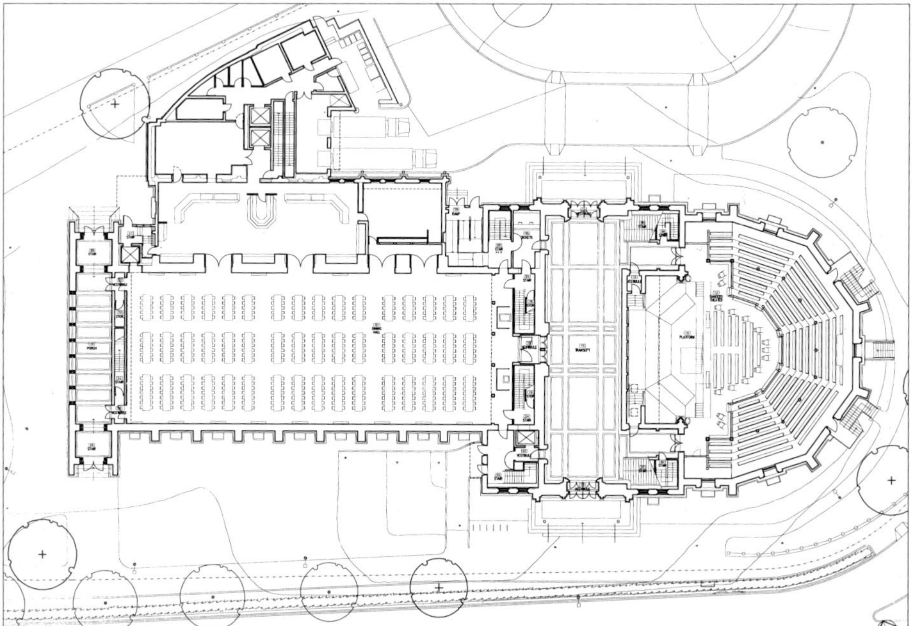

Planta del nivel principal   Plan of main level

Sección transversal

Transverse section

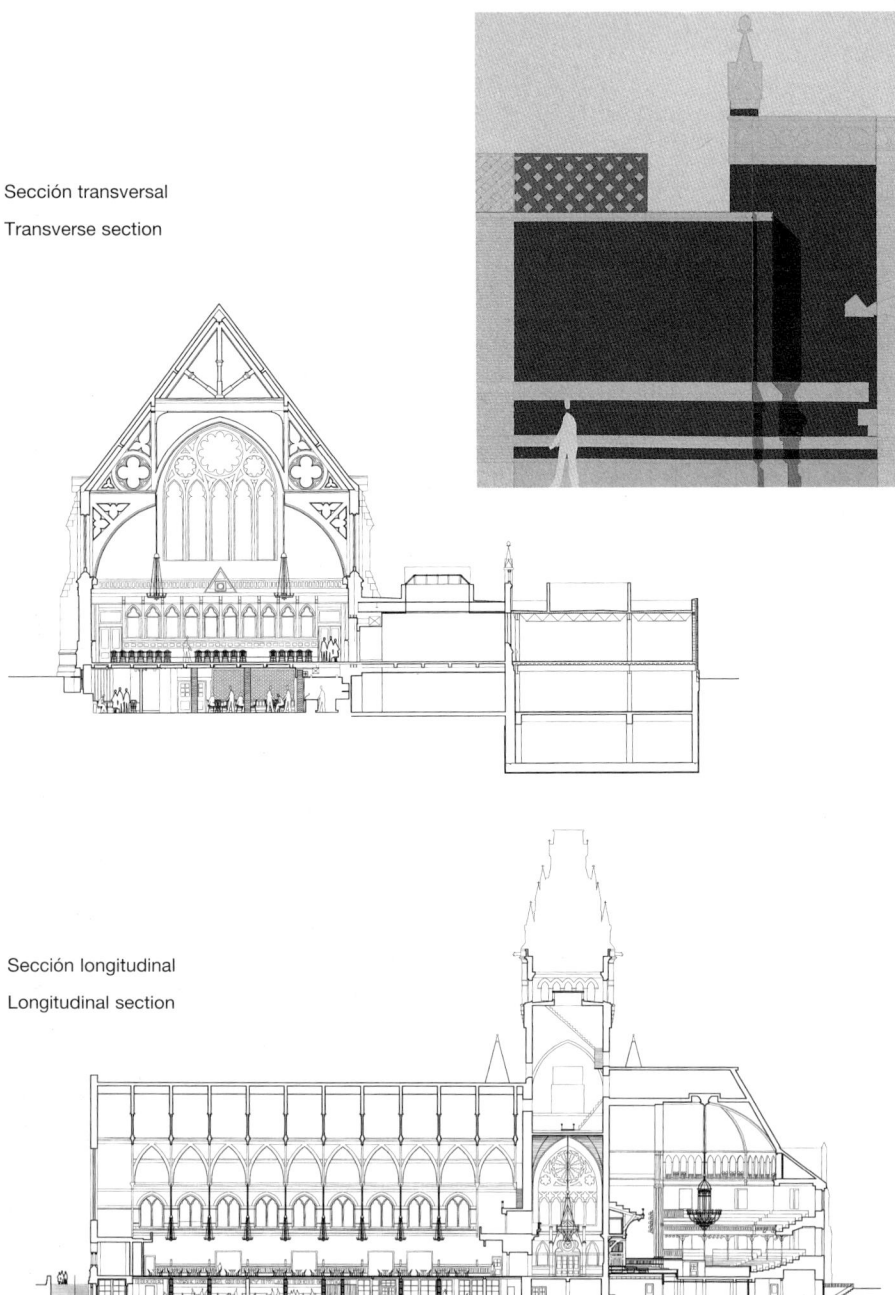

Sección longitudinal

Longitudinal section

Alzados interiores   Interior elevations

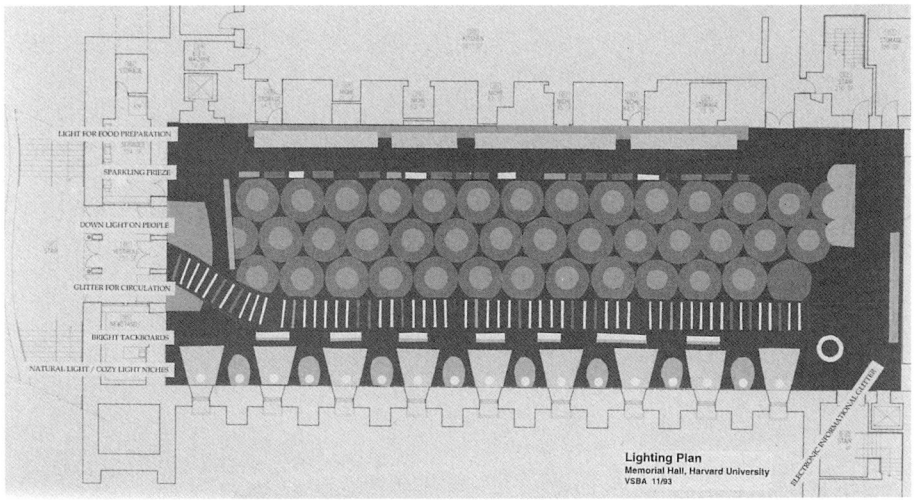

Planta de iluminación   Lighting plan

1993/1994 Biblioteca Charles P. Stevenson, Jr., Bard College, Annandale-on-Hudson, Nueva York. Ampliación y renovación. Venturi, Scott Brown y Associates.
El Bard College necesitaba ampliar y renovar sus edificios para transformarlos en un complejo de biblioteca dotado con los últimos adelantos tecnológicos, que fuera capaz de convertirse en el centro intelectual y simbólico del campus.
Los requerimientos de proyecto incluyen: doblar el tamaño de la actual biblioteca; ampliar las instalaciones de ordenadores; proporcionar cuartos para estudios especializados y para seminarios; e integrar la nueva adición al templo de estilo neogriego de 1893 y a la adición realizada en 1974.
El acceso principal al nuevo complejo de biblioteca desde el campus conserva la perspectiva preexistente del edificio original de la Biblioteca Hoffman, con su columnata y su cubierta de cobre, a la vez que presenta un nuevo pabellón de entrada exento. El pabellón, con su vivificante decoración, anuncia el complejo de la biblioteca y coadyuva a la formación de una nueva plaza de entrada al aire libre. La plaza —situada en equilibrio a lo largo de la plataforma rocosa original en que se asienta, a la manera de una acrópolis, el templo Hoffman— proporciona una espectacular perspectiva de las montañas Catskill.
El multicolor muro cortina de aluminio y vidrio del nuevo patio de entrada, por su situación adyacente al templo Hoffman, complementa y, a la par, proporciona un contrapunto al heroico clasicismo de la columnata griega existente, gracias a sus ritmos verticales y al uso de colores afines y contrastantes.

1993/1994 The Charles P. Stevenson, Jr. Library, Bard College, Annandale-on-Hudson, New York. Venturi, Scott Brown and Associates.
Bard College required an expansion and renovation of its existing buildings into a state-of-the-art library complex capable of serving as the intellectual and symbolic focal point of the campus. Design requirements include doubling the size of the library, expanding its computer capabilities, providing specialized study and seminar rooms, and integrating the new addition with the original 1893 Greek Revival temple and its 1974 addition.
The principal approach to the new library complex from the campus preserves the existing view of the original colonnaded and copper-roofed Hoffman Library while featuring a new free-standing entrance pavilion. The pavilion, with its lively coloration, announces the library complex and helps to form a new outdoor entrance plaza. The plaza, poised along the original Acropolis-like rock plateau siting of the Hoffman temple provides a dramatic overlook to the Catskill Mountains.
As seen adjacent to the Hoffman temple, the multi-colored aluminum and glass of the new entrance atrium curtain wall simultaneously complements and provides a counterpoint to the heroic classicism of the existing Greek colonnade through its vertical rhythms and use of related and contrasting colors.

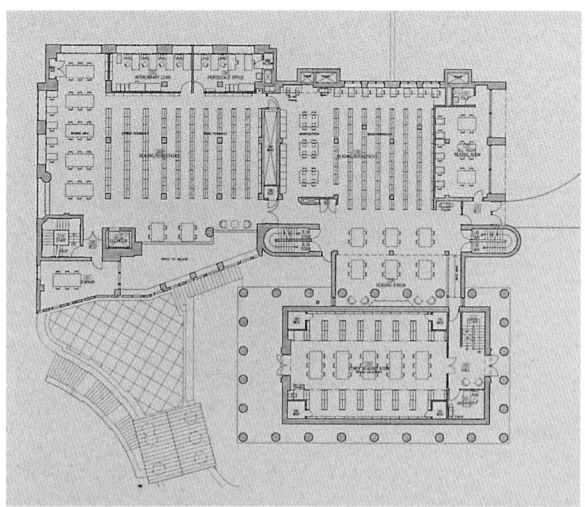

Planta baja

Ground floor plan

Vista exterior

View of exterior

Vista exterior

View of exterior

217

Boceto preliminar

Preliminary sketch

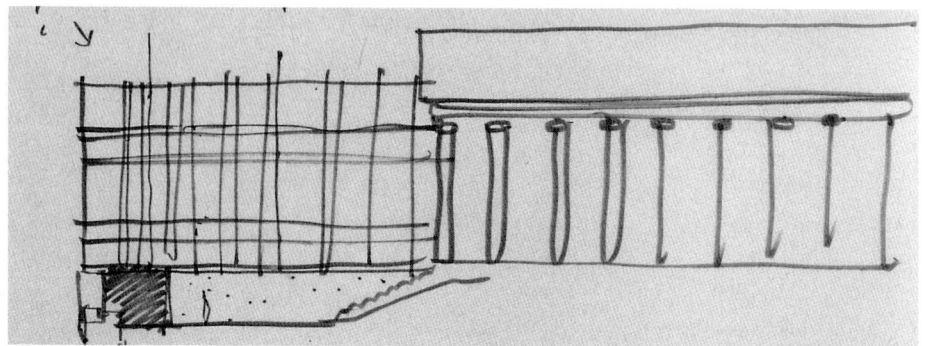

Vista exterior

View of exterior

Vista interior
Interior view

Acceso
Entry

1990/1991 Princeton Club of New York, Nueva York, Nueva York. Venturi, Scott Brown y Associates, con Anderson/Schwartz Architects.

El Princeton Club of New York está ubicado en un edificio moderno de nueve plantas, situado en el centro de Manhattan. El proyecto de reforma incluye el comedor Woodrow Wilson y el bar-grill Tiger, el salón y el comedor privado del tercer piso, y el vestíbulo principal.

El diseño del nuevo comedor principal establece el estilo para la renovación por fases de todo el club: un club tradicional para los años noventa, en contraposición a un club decimonónico. Un panelado mural hecho a medida, formado por una serie de piezas moldeadas distribuidas en torno a la habitación y pintadas en una paleta de tonos grises, con atrevidas franjas de cromo, naranja y negro para sugerir la presencia «subliminal» de las franjas naranjas y negras del tigre (Tiger) del Princeton.

Unos paneles suavemente iluminados, diseñados como parte de los bancos corridos sirven, de día, como separadores transparentes de ambientes. Las cortinas a listas y los visillos filtran la luz natural y tamizan la visión de los parduscos edificios vecinos. Las sobredimensionadas columnas emparejadas, los paneles del techo y las atrevidas orlas de la alfombra hecha a medida, colaboran con los bancos corridos en la división del espacio en tres partes, al tiempo que conservan la escala de un único gran ambiente.

1990/1991 Princeton Club of New York, New York, New York. Venturi, Scott Brown and Associates with Anderson/Schwartz Architects.

The Princeton Club of New York is located in a nine-story modernist structure in midtown Manhattan. The renovation project includes the Woodrow Wilson Dining Room and the Tiger Bar and Grill, Fourth Floor Meeting and Private Dining rooms, and the Main Lobby. The design for the new main dining room sets the tone for the phased renovation of the entire club, a traditional club for the 1990s as opposed to one in the 1890s. Custom wall panelling composed of a series of incised moldings which vary in frequency around the room and are painted in a palette of gray shades plus accent stripes of orange and charcoal suggest the "subliminal" presence of the black and orange stripes of the Princeton Tiger.

Softly illuminated glass flower-basket panels, designed as part of the banquettes, serve as transparent room dividers. Striped drapes and sheers diffuse natural light and screen out the drab midtown neighboring buildings. Paired oversize columns, ceiling panels and the bold borders in the custom carpet design work with the banquettes to divide the space into three parts while maintaining the scale of a single large club-like environment.

Comedor Woodrow Wilson

Woodrow Wilson dining room

Bar y grill Tiger

Tiger bar and grill

1992 Museo infantil de Houston, Houston, Texas. Venturi, Scott Brown y Associates, con Jackson & Ryan Architects.
El Museo infantil incorpora elementos de la arquitectura clásica y de la arquitectura moderna. El museo satisface la necesidad de suministrar un espacio flexible que acomode exposiciones interdisciplinarias itinerantes, y también actúa como una imagen permanente y evocadora, creando la característica identidad del Museo infantil.
Una galería de doble altura iluminada por claraboyas laterales, la *Kid's Mall* («Galería de los chiquillos»), rítmicamente organizada mediante unos arcos decorativos vivamente coloreados en toda la gama del espectro, recorre el edificio a todo lo largo y sirve como eje organizativo del conjunto. La colorista fachada «clásica», con su rótulo de grandes letras, da la bienvenida a los niños y visitantes que llegan por la zona de aparcamiento y el campo de juegos.
El museo contiene galerías para exposiciones itinerantes, un auditorio, aulas, un estudio de arte, una exposición de arte, y una tienda de regalos, así como oficinas administrativas para el personal del museo.

1992 The Children's Museum of Houston, Houston, Texas. Venturi, Scott Brown and Associates, with Jackson & Ryan Architects.
The Children's Museum incorporates elements of both traditional Classical and Modern architecture. The design addresses the dual need for flexible space that accommodates inter-disciplinary changing exhibits, as well as a permanent and evocative image that creates the The Children's Museum's identity. A two-story, clerestory-lit "Kids' Mall" with a rhythm of decorative arches in a spectrum of colors runs the full length of the building and serves as the organizing spine of the facility. A colorful "classical" facade with large letters greets the children from the parking area and playground.
The Museum contains galleries for hands-on exhibits, an auditorium, classrooms, an art studio, a gift shop and administrative offices.

Vista del acceso   View of the entrance

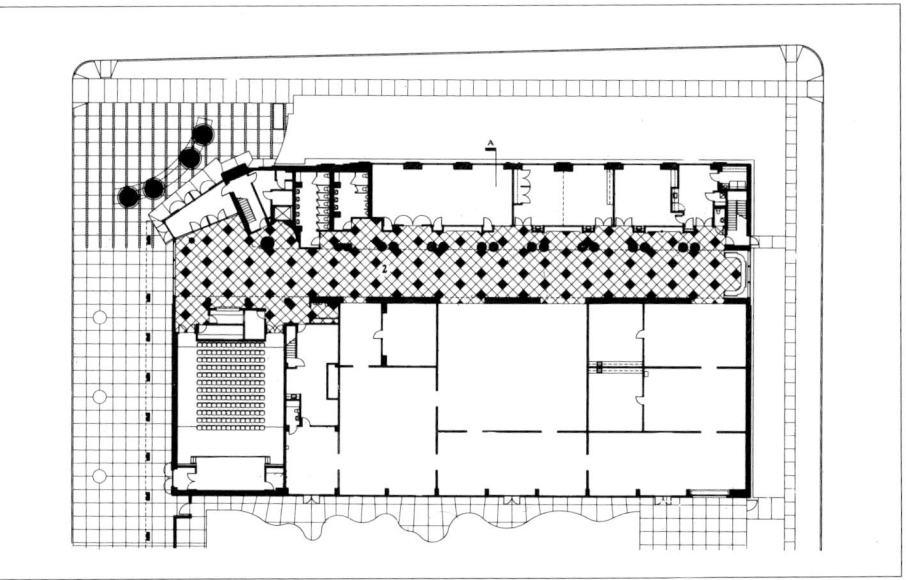

Planta baja Ground floor plan

Vista del interior View of the interior

Boceto Sketch

Diversas vistas del acceso   Views of the entrance

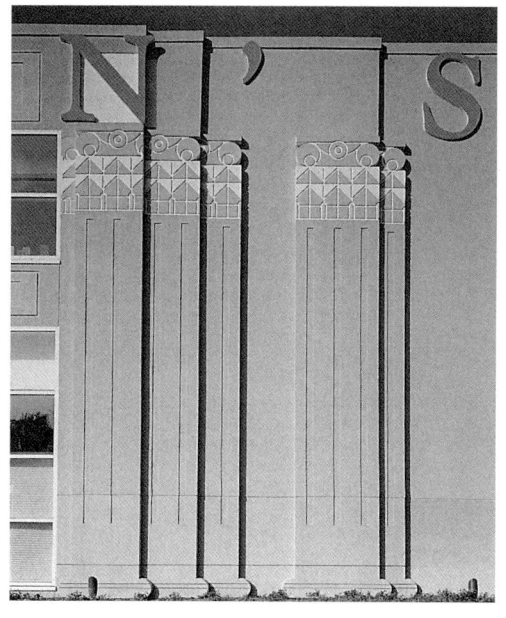

Detalle del exterior
Detail of the exterior

Vistas del interior del acceso
Interior view of the entrance

1990/1995 Edificio para laboratorio de investigación, Institute for Advanced Science and Technology (Fase I), Universidad de Pensilvania, Filadelfia, Pensilvania. Venturi, Scott Brown y Associates, con Payette Associates, arquitectos asociados.
El edificio, de 10.500 m², es un nuevo laboratorio de investigación para uso conjunto de los departamentos de Química, Bioingeniería e Ingeniería química. El edificio y las subsiguientes adiciones y renovaciones a realizar en las adyacentes instalaciones de ingeniería y química, constituirán un único centro simbólico, en el núcleo del campus de la Universidad de Pensilvania.
Los principios básicos que han informado el proyecto del Instituto y del edificio de la Fase I han sido la promoción de la interacción entre investigadores y la colaboración entre departamentos. Esta naturaleza social del mundo de la investigación se expresará en la organización y carácter global de las instalaciones, pretendiéndose llegar hasta el último detalle de trabajo en cada laboratorio.

1990/1995 Institute for Advanced Science and Technology Phase I Research Laboratory Building, University of Pennsylvania, Philadelphia, Pennsylvania. Venturi, Scott Brown and Associates, with Payette Associates, associated architects.
The building is a new 10,500 m² research laboratory facility to be used jointly by the Departments of Chemistry, Bioengineering, and Chemical Engineering. The building and subsequent additions and renovations to adjacent historic engineering and chemistry facilities will establish a unique symbolic center for collaborative research and educational programs at the core of Penn's campus.
The basic principal of the design promotes interaction between researchers and interdepartmental collaboration. The social nature of the research environment will be expressed in the overall organization and character of the facility, including the smallest working details within each lab.

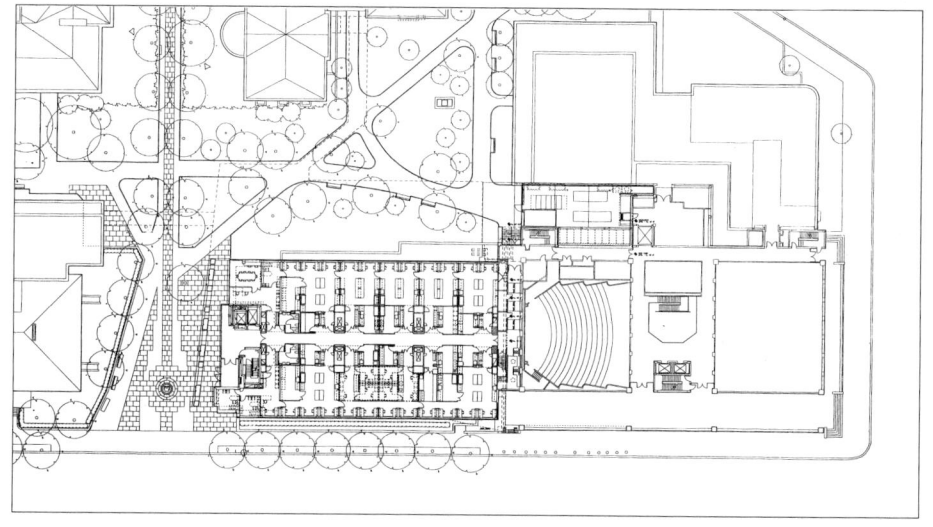

Emplazamiento · Site plan

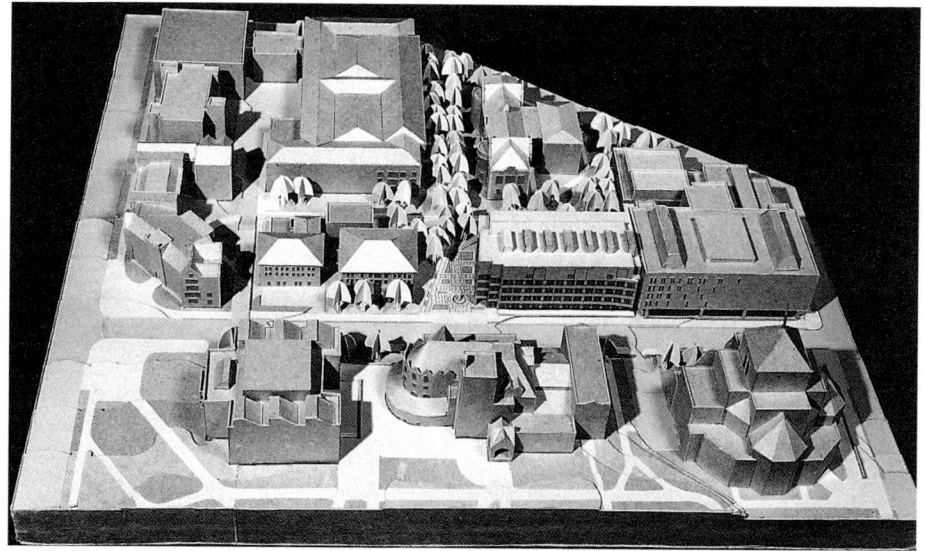

Maqueta · Model

1991 Centro cívico Perris, Perris, California. Proyecto de concurso. Venturi, Scott Brown y Associates, y Anderson/Schwartz Architects con Quennell Rothschild Associates, arquitectos paisajistas.

El espíritu del urbanismo americano está basado en la retícula. A menudo, la retícula se trazaba con anticipación —una optimista anticipación— al desarrollo de la propiedad inmobiliaria. Aunque en sus orígenes tal vez no se anticipara o expresara de forma consciente, lo asombroso de esta tradición de la retícula (que posiblemente se inició a finales del siglo XVII, con el plan urbanístico de Penn para Filadelfia) es su contenido democrático derivado de su ausencia de jerarquías: ninguna ubicación, ninguna propiedad en relación a su ubicación, es intrínsecamente más que otra. En su estado puro, la ciudad americana no contiene ni un Boulevard de la Ópera, con su teatro de la Ópera como remate de este importante eje vial, ni un ayuntamiento dominando sobre una plaza; al contrario, el edificio del ayuntamiento suele estar situado a lo largo de una calle, ni más ni menos que cualquier otro.

En la ciudad americana, los edificios cívicos adquieren su importancia jerárquica por la vía de sus cualidades inherentes, por su escala arquitectónica, por su estilo y simbolismo, más que a través de una especial ubicación.

En su proyecto para Perris, los arquitectos han hecho honor a este pragmático espíritu urbano americano encarnado en la retícula, con sus cualidades igualatorias. En Perris, han abstraído la retícula mediante la reducción de su escala, y la han simbolizado haciendo con ella un parque urbano. Han mantenido los elementos arquitectónicos históricos y naturales existentes (edificios y árboles) en el terreno, que también actúan como contrapuntos y excepciones dentro de la retícula.

1991 Perris Civic Center, Perris, California. Competition project. Venturi, Scott Brown and Associates and Anderson/Schwartz Architects with Quennell Rothschild Associates, Landscape Architects.

The genius of American urbanism is based on the grid plan. The grid plan was usually plotted in advance of, and in optimistic anticipation of, real estate development. The amazing thing about this grid tradition —perhaps initiated in Penn's plan for Philadelphia in the late 17th century, and perhaps originally not consciously anticipated or expressed— is its democratic content that derives from its lack of hierarchy: no one location, no one property in relation to its location, is inherently more important than another. In its purest state, the American city contains no Boulevard de l'Opera with the opera house terminating this important axis, no city hall dominating a plaza; rather, city hall is along the street, essentially like any other building. Civic buildings acquire their hierarchical status via their inherent quality in terms of architectural scale, style and symbolism rather than through special location. The architects have in their design for Perris celebrated this pragmatic American urban genius for the grid with its egalitarian quality. In Perris they have abstracted the grid by reducing the scale and symbolized it in making it an urban garden park. They have maintained the existing historic architectural and natural elements (buildings and trees) that are on the site and also act as counterpoints and exceptions within with grid.

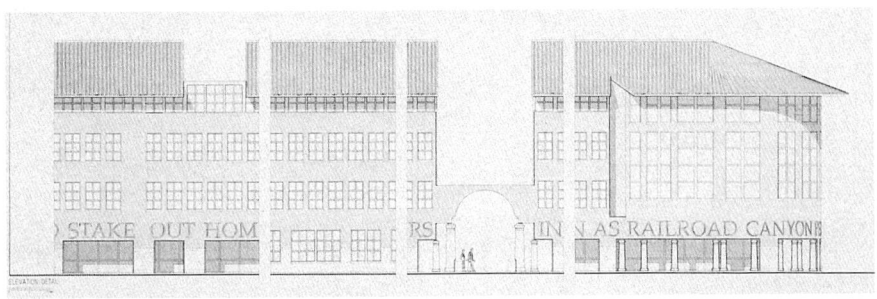

Perspectiva　　　　　　　　　Perspective

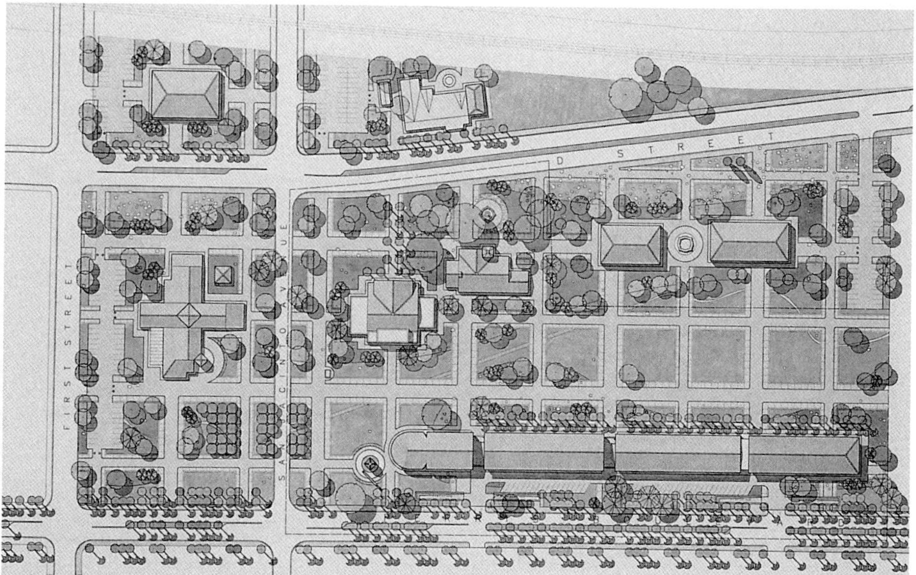

Emplazamiento　　　　　　　　Site plan

1993/1995 Centro para el estudio de las enfermedades humanas, Facultad de Medicina de Yale, New Haven, Connecticut. Venturi, Scott Brown y Associates, con Payette Associates, arquitectos asociados.
Este edificio tiene una superficie de 17.750 m² e incluye espacios para los departamentos de investigación distribuidos en cuatro plantas, espacios interdepartamentales en una planta, y una planta «comodín» para permitir las renovaciones actualmente en curso en el complejo médico existente.
La planta de laboratorios tipo está basada en módulos genéricos repetitivos. El proyecto se organiza sobre la base de concentrar la actividad humana en el perímetro del edificio, a efectos de aprovechar al máximo la luz natural y facilitar las conexiones visuales con el entorno. Se han agrupado las oficinas, para proporcionar el máximo de interacción profesor-alumno y permitir una fácil asignación y reasignación de los espacios destinados a laboratorios.
El carácter arquitectónico de este nuevo edificio deriva, en planta y alzado, del espacio genérico tipo *loft;* de los ocasionales cambios de forma, escala y ritmo del ventanaje de la fachada derivan notables efectos estéticos.

1993/1995 Center for the Study of Human Disease, Yale School of Medicine, New Haven, Connecticut. Venturi, Scott Brown and Associates, with Payette Associates, associated architects.
This building is 17,750 m² and includes departmental research space, interdepartmental space, and a floor of swing space to allow for ongoing renovations in the existing medical complex. The typical lab floors are arranged in repetitive generic modules. The plan is organized to concentrate human activity on the perimeters of the building where natural light and visual connections to the external environment are maximized. The offices have been clustered together to provide a maximum amount of faculty-student interaction and for easy reassignment of laboratory space.
The architectural character derives from generic loft-like spaces in plan and elevation; important aesthetic effects derive from occasional exceptions in the form and in the scale and rhythms of fenestration in the facade.

Vistas en perspectiva   Perspective views

Estudio de la fachada
Facade study

Planta baja
Ground floor plan

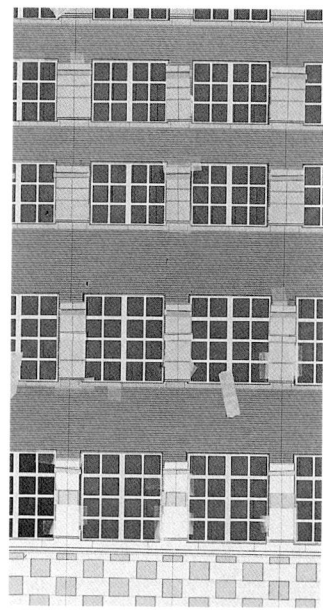

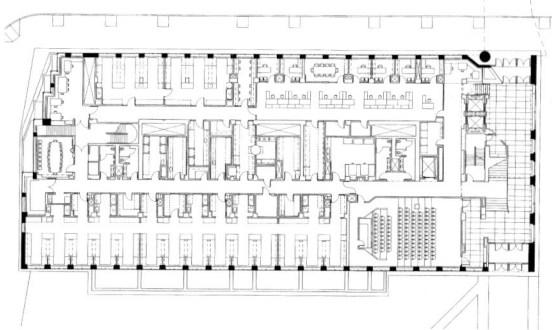

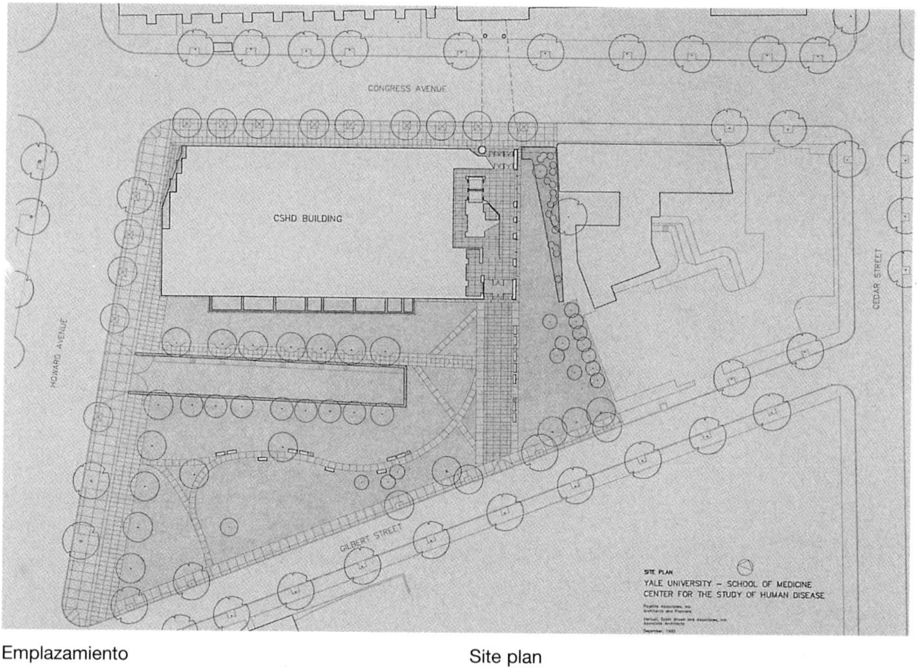

Emplazamiento   Site plan

1993 Museo Stedelijk, Amsterdam, Holanda. Concurso. Venturi, Scott Brown y Associates.
Los objetivos esenciales del proyecto son los siguientes:
— Reconocer, en el carácter y cualidad del diseño, la singularidad del museo actual como institución en el mundo del arte y como edificio situado en un emplazamiento notable.
— Crear un todo en el interior, dando acomodo al variado y complejo programa del nuevo pabellón y relacionándolo con las actividades del edificio antiguo.
— Crear escenarios para arte que sean arte en sí mismos, pero que actúen también como fondo para el arte.
— Crear un edificio complejo que tenga carácter cívico y a la vez institucional, cuya escala esté relacionada con la ciudad y cuyas formas y simbolismo sean atractivos y agradables para muy diversos tipos de personas.
— Crear armonía arquitectónica entre lo antiguo y lo nuevo, a través del diseño de nuevos elementos que sean análogos y a la vez contrasten con los antiguos.

1993 Amsterdam Stedelijk Museum Competition, Amsterdam, Holland.
Venturi, Scott Brown and Associates.
The essential goals of this winning Competition design are:
— Acknowledge, in the character and quality of the design, the distinction of the current museum, as an institution in the world of art and a building in an important place.
— Create a whole on the inside, accommodating the varied and complex program of the new wing and relating it to the activities in the old building.
— Create settings for art that are in themselves art but that work equally well as background for art.
— Create a building complex that is civic as well as institutional, whose scale relates to the city as a whole and whose form and symbolism are inviting and attractive to many different people.
— Create architectural harmony between the old and the new through the design of new elements that are both analogous to and contrasting with the old.

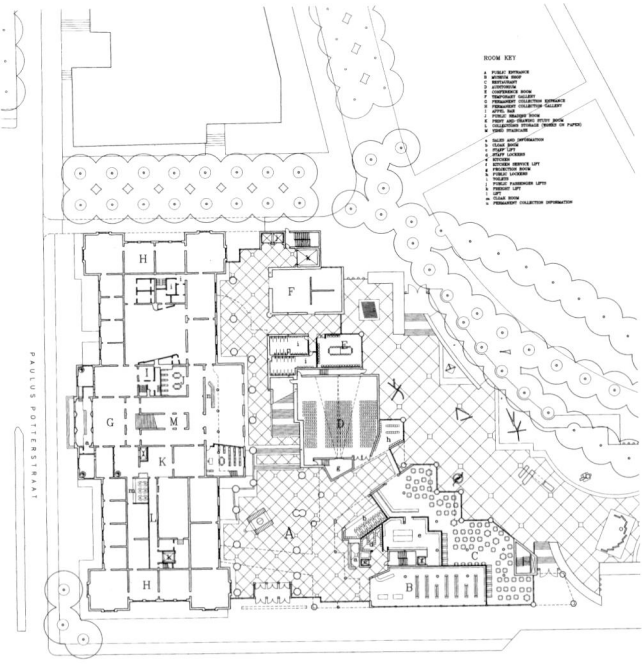

Planta baja

Ground floor plan

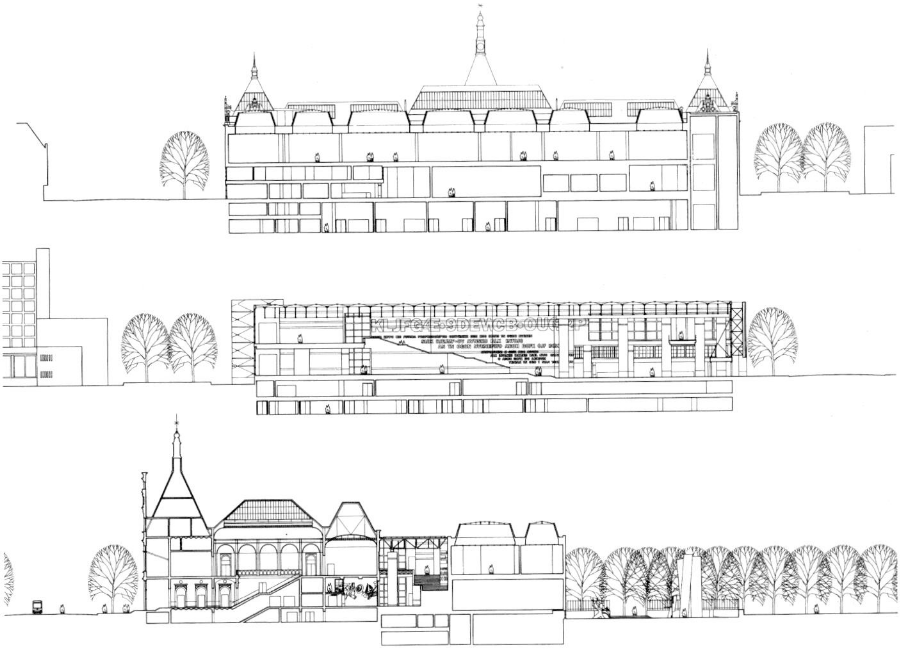

Secciones   Sections

Vista de la maqueta   View of the model

1993 Exposición ICA, Instituto de Arte Contemporáneo, Universidad de Pensilvania, Filadelfia, Pensilvania. Venturi, Scott Brown y Associates.

El diseño de esta exposición aborda algunas de las dificultades inherentes a toda exposición de arquitectura. Por su propia naturaleza, las exposiciones sobre arquitectura implican otras fuentes secundarias: dibujos, fotografías, maquetas. Aunque esos elementos puedan ser artísticos en sí mismos, no coinciden exactamente con lo que es la arquitectura: edificios tridimensionales que comprenden espacio, estructura y simbolismo.

En el proyecto de esta exposición, los arquitectos emplearon tres elementos tradicionales: bocetos originales, fotografías (mediante proyección de diapositivas a gran tamaño) y maquetas, añadiendo un cuarto elemento, a saber: grafismos para describir en palabras una arquitectura de las ideas. Este uso de grafismos en vinilo, a gran y pequeña escala, amén de ser decorativo, está lleno de sustancia, y les permitió tratar explícitamente el contenido, el debate y las oposiciones intelectuales y arquitectónicas. Las maquetas y dibujos proporcionaron, a escala pequeña, un contrapunto visual a la gran escala de los grafismos y las proyecciones de diapositivas.

1993 ICA Exhibition, Institute of Contemporary Art, University of Pennsylvania, Philadelphia, Pennsylvania. Venturi, Scott Brown and Associates.

The design of this exhibit attempts to deal with some of the difficulties inherent in architectural exhibition. Architectural exhibitions by their nature deal with secondary sources —drawings, photos, models. While these elements might be artful in themselves, they are not what architecture is all about— which is three-dimensional buildings involving space, structure and symbolism.

In the design of this exhibition the architects employed three traditional elements: original sketches, photography (via large slide projections), and models and added a fourth, that is graphics, to describe an architecture of ideas in words. This use of big and small-scale vinyl graphics was both decorative and content-driven and allowed them to deal explicitly with content, discussion, and intellectual and architectural oppositions. The models and drawings give a small-scale visual counterpoint to the graphics and the large-scale slide projections.

Detalle de la planta

Detail of the plan

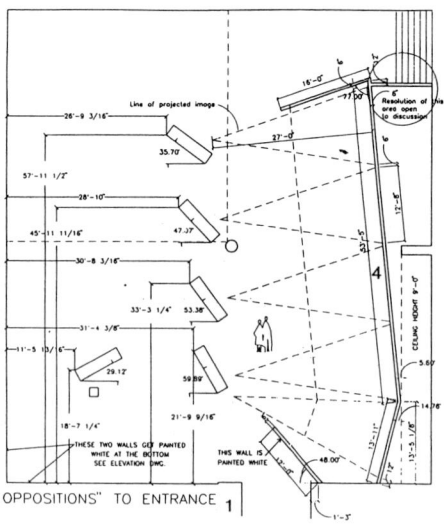

ITIONS
AND POSITIONS
ponse and Intuition
Detectable Order
high culture only
submission to ideal forms
architect is on the road
contradiction as picturesque hype
universal order that's pure and simple

forms
road
uresque hype
pure and simple
decoration and abstraction

TION
..about architecture...
IMAGES
AND
WORDS
old and new
DOWN WITH CHEAP THRIL
in the beginning...
ALL WORDS BY ROBERT VENTURI UNLESS OTHERWISE NOTED
AND THEORY
The origin
Evolution fr
against wh

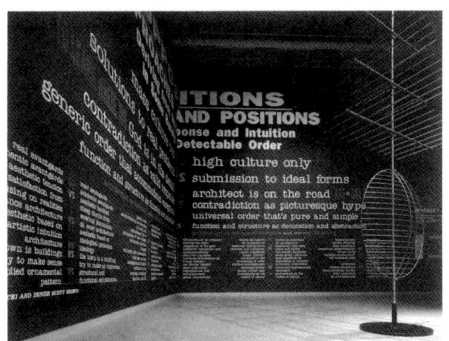

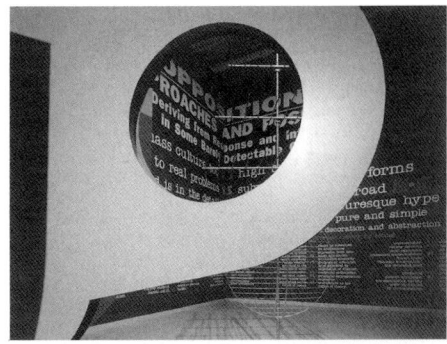

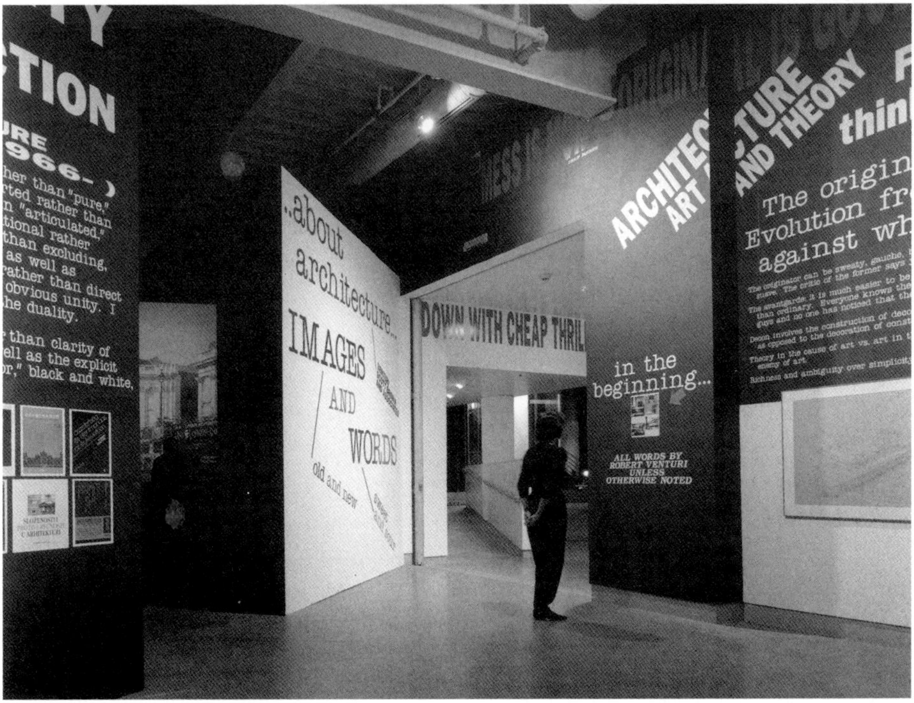

1993 Academia de adiestramiento para la Policía de Nueva York, South Bronx, Nueva York. Proyecto de concurso. Venturi, Scott Brown y Associates y Anderson/Schwartz Architects.

La imagen del edificio y del campus de estas instalaciones de adiestramiento de la Policía de Nueva York simboliza el lema «New York's Finest» («Lo mejor de Nueva York») para las generaciones venideras, mientras la memoria de su atmósfera y *ethos* une a sus graduados con un vínculo de lealtad hacia su Academia, su profesión y su ciudad. Los arquitectos han empleado todas las oportunidades que les ofrecían el solar, el contexto y el programa, para encontrar lo memorable en lo necesario. El edificio es convencional en sus materiales y técnicas constructivas, y rico en sus detalles y en su variedad.

La planta y volumen del edificio de 45.000 m², combinan una variedad de formas —curvas y rectilíneas— que responde a los requerimientos de la enseñanza, en el interior, y a las condiciones urbanas exteriores. Los componentes curvos del edificio derivan de la forma circular de la pista y campo de entrenamiento en el interior. Otras condiciones exteriores derivadas de la calle y la vía del tren, y los requerimientos de los retranqueos de zonificación, aparecen registrados exteriormente en la forma del complejo.

El edificio es largo, bajo y poco profundo, para minimizar el número de niveles y maximizar el aprovechamiento de la luz natural. La anchura constante del edificio, a la vez conforma y está conformada por los espacios exteriores, proporcionando áreas que crean un escenario similar a un campus.

1993 The New York City Police Academy Competition, South Bronx, New York, New York. Venturi, Scott Brown and Associates and Anderson/Schwartz Architects.

The image of the building and campus of the New York City Police Training Facility will symbolize "New York's Finest" for generations to come, and the memory of its atmosphere and ethos will bind its graduates in loyalty to their Academy, their profession and their city. The architects have used every opportunity of site, context and program, to find the memorable in the necessary. The building is conventional in its materials and means of construction, and rich in its detail and variety.

The plan and massing of the 45,000 m² building combines a variety of forms —curved and rectilinear— that respond to the requirements of teaching, on the inside, and urban conditions outside. The curved component of the building derives from the circus form of the track and field on the inside. Other external conditions of the street and railroad, and the requirements of zoning set-backs, register on the shape of the complex on the outside.

The building is long, low and thin to minimize the number of levels and to maximize daylight. The constant width of the building both shapes and is shaped by the exterior spaces, providing areas that create a campus-like setting.

Sección en perspectiva

Section perspective

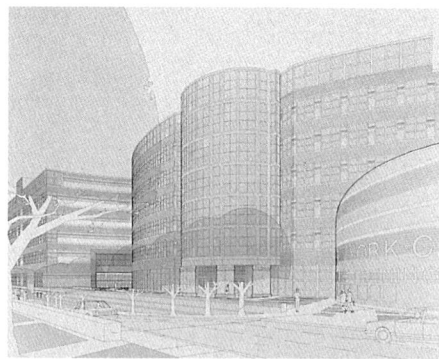

Vista en perspectiva de la fachada del acceso

Perspective view of the entrance facade

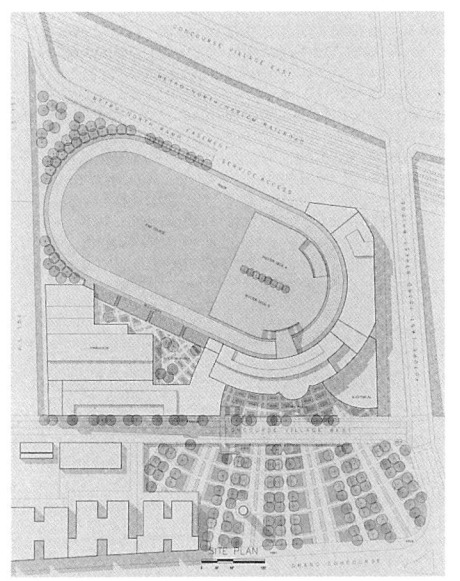
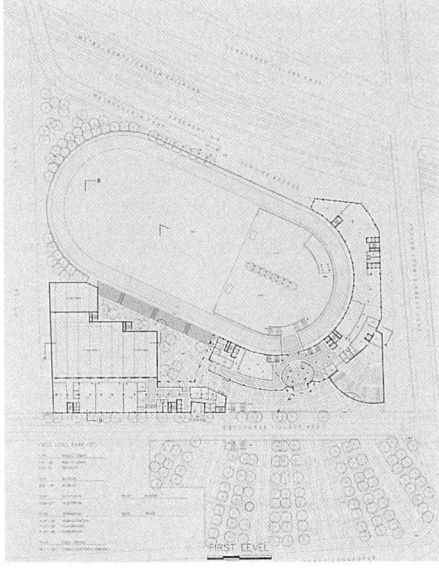

Emplazamiento Site plan Planta baja Ground level plan

Maqueta de la fachada principal Model of principal facade

1992/1994 Sede para los servicios de emergencia de la Reedy Creek, Walt Disney World, Orlando, Florida.
Venturi, Scott Brown y Associates.
El estudio VSBA recibió de la compañía Walt Disney World el encargo de proyectar la nueva sede para sus servicios de emergencia contra incendios. Este edificio será la primera de las instalaciones de apoyo de la casa que resultará visible a los visitantes del parque.
Ha sido proyectado para dar acomodo a un centro dotado con las tecnologías más sofisticadas en materia de defensa y salvamento contra incendios; y se completa con instalaciones residenciales para empleados, oficinas administrativas y un centro de comunicaciones.
Se ha estudiado cuidadosamente el aspecto del edificio, con vistas a reforzar la imagen tradicional y simbólica que se tiene de un parque de bomberos: ladrillos con acabado esmaltado, techo azul, y un motivo dálmata en la fachada de entrada, mientras que, funcionalmente, se trata de una instalación cómoda y moderna, de una sola planta.

1992/1994 Reedy Creek Fire Station, Disney World, Orlando, Florida.
Venturi, Scott Brown and Associates.
VSBA was asked to be the design architects for the new central fire rescue headquarters for Disney World. This building will be the first back-of-house support facility visible to park visitors.
It is planned to accommodate a state-of-the-art fire rescue center, complete with living quarters and administrative offices.
The image of the building has been carefully designed to reinforce a traditional image and symbol of the firehouse: porcelain enamel bricks, blue roof, and dalmatian pattern at the front entrance, while functionally it is a modern, single-story facility.

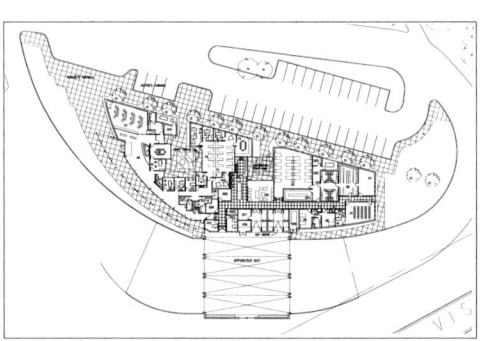

Planta baja / Ground floor plan

Detalle del alzado / Detail of elevation

Maqueta de la fachada principal / Model of principal facade

1992/1996 Hôtel du Departement de Haute Garonne, Toulouse, Francia.
Venturi, Scott Brown y Associates y Anderson/Schwartz Architects con Hermet, Blanc, Lagausie, Mommens Architectes.
Como ganadores de un concurso internacional, los arquitectos han recibido recientemente el encargo de completar el proyecto y realizar la construcción de un nuevo centro legislativo y administrativo regional en Toulouse, Francia. El programa consiste en un complejo de unos 40.000 m^2, incluyendo oficinas, la cámara legislativa, diversos espacios públicos y administrativos auxiliares, un amplio aparcamiento subterráneo para el público y el personal, y espacios ceremoniales interiores y exteriores.
La solución de proyecto crea una «calle cívica» definida por dos edificios administrativos lineales conectados por dos puentes acristalados. Esos flexibles y repetitivos edificios de oficinas están complementados por, y contrastan con, la expresión cultural de la Asamblea y una monumental entrada cívica, evocadora de una de las puertas de entrada a la ciudad de Toulouse del siglo XVIII.

1992/1996 Southwest Regional Capitol, Toulouse, France. Venturi, Scott Brown and Associates and Anderson/Schwartz Architects with Hermet, Blanc, Lagausie, Mommens Architects.
As winners of an international competition, the architects have been commissioned to design a new regional administrative and legislative center in Toulouse, France. The program calls for a complex of about 40,000 m^2, including offices, the legislative assembly chamber, various public and governmental support spaces, extensive underground parking for public and staff, and outdoor and indoor ceremonial spaces.
The design solution creates a "civic street" defined by two linear administration buildings, linked by two glass-clad bridges. These very flexible and repetitive office buildings are complemented and contrasted with the cultural expression of the state assembly and a monumental civic entrance which echoes one of the 18th-century gates to the city of Toulouse.

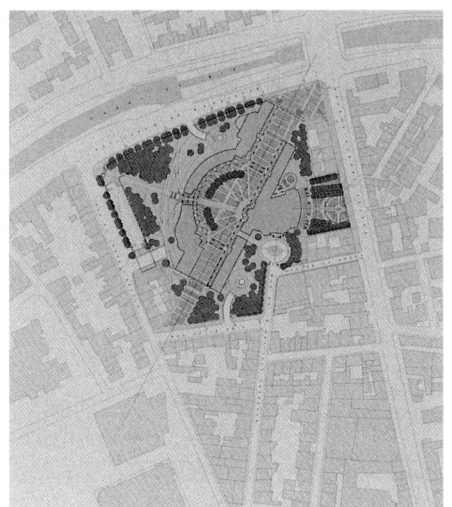
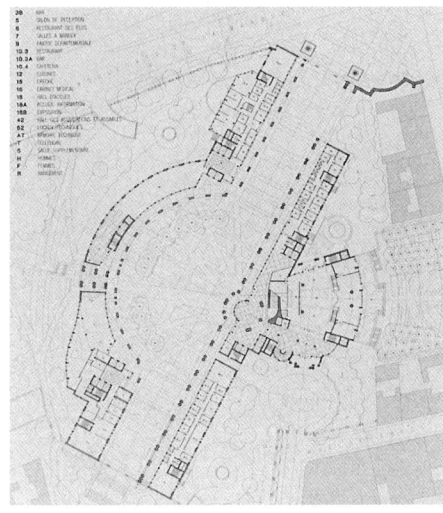

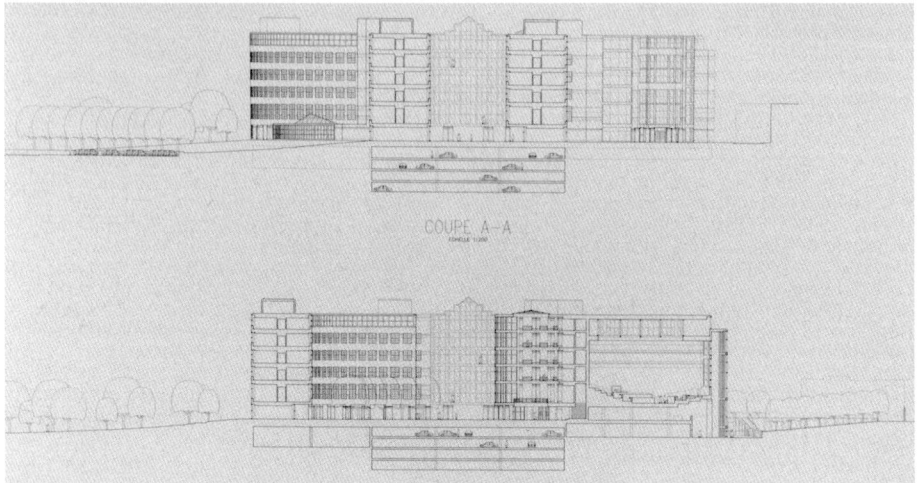

Secciones / Sections

Maqueta: vista del nodeste / Model: northeast view

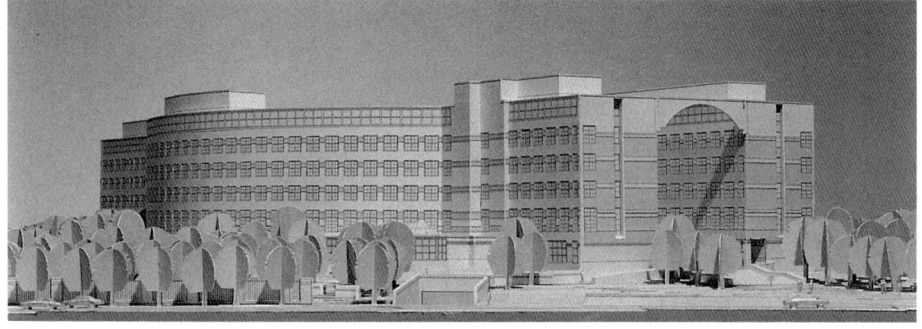

Maqueta: vista del sudoeste / Model: southwest view

Maqueta: vista de la plaza pública Model: view of the public square

1992/1996 The New Student Center Complex, Universidad de Delaware, Newark, Delaware. Venturi, Scott Brown y Associates.

El edificio está proyectado como un reconocimiento a su contexto; al mismo tiempo, ha de servir para realzar el escenario en el que está implantado mediante elementos de diseño que creen armonía entre las partes y dentro del contexto —elementos que unas veces armonizarán con el contexto por analogía, y otras por contraste. Los materiales son similares a los de otros edificios característicos del campus. Uno de los elementos de contraste de la composición es la gran escala arquitectónica de los pilares que componen la fachada principal; aunque a su vez, estos pilares, con sus complejos ritmos, componen una arcada cuya referencia histórica, estilizada y abstraída, corresponde a la de los edificios clásico-georgianos que dominan el campus.

El proyecto del Student Center acepta sin mimetismos la rica historia arquitectónica del campus. Es georgiano por su espíritu y por los materiales, ritmos y alusiones clásicas, pero *no* es literalmente georgiano. En lugar de esto, es sincero para con el espíritu de nuestro tiempo y apropiado a su tamaño y escala. Los usos del Student Center le obligan a ser grande, profundo y bajo; tal volumen no puede ser real y propiamente georgiano. Al igual que los arquitectos que construyeron los edificios georgianos del campus en los años veinte adaptaron el estilo a su tiempo y necesidades, de la misma manera, los arquitectos de hoy en día lo han adaptado al momento y necesidades presentes.

1992/1996 The New Student Center Complex, University of Delaware, Newark, Delaware. Venturi, Scott Brown and Associates.

The Student Center is designed to acknowledge its context; at the same time the building seeks to enhance this setting by means of the elements of its design that create harmony among the parts and within the context —elements that are sometimes analogous to context and sometimes in contrast to it. The materials are analogous to those of typical buildings on the campus. A contrasting element of the composition is the large scale of the piers that make up the main facade — these, with their complex rhythms, compose an arcade whose historical reference, stylized and abstract, corresponds to that of the Classical-Georgian buildings that dominate the campus.

The design of the Student Center acknowledges without mimicry the rich architectural history of the campus. It is Georgian in spirit and in its materials, rhythms and classical allusions, without being literal. Instead, it is true to the spirit of our time and appropriate to its size and scale. The uses of the Student Center dictate that it be large, deep and low; such massing cannot be truly and correctly Georgian. Just as the architects of the 1920s Georgian buildings in the historic campus core adapted the style to their time and purposes, so the architects have adapted it to the 1990s.

Perspectiva del interior
Interior perspective

Planta baja
Ground floor plan

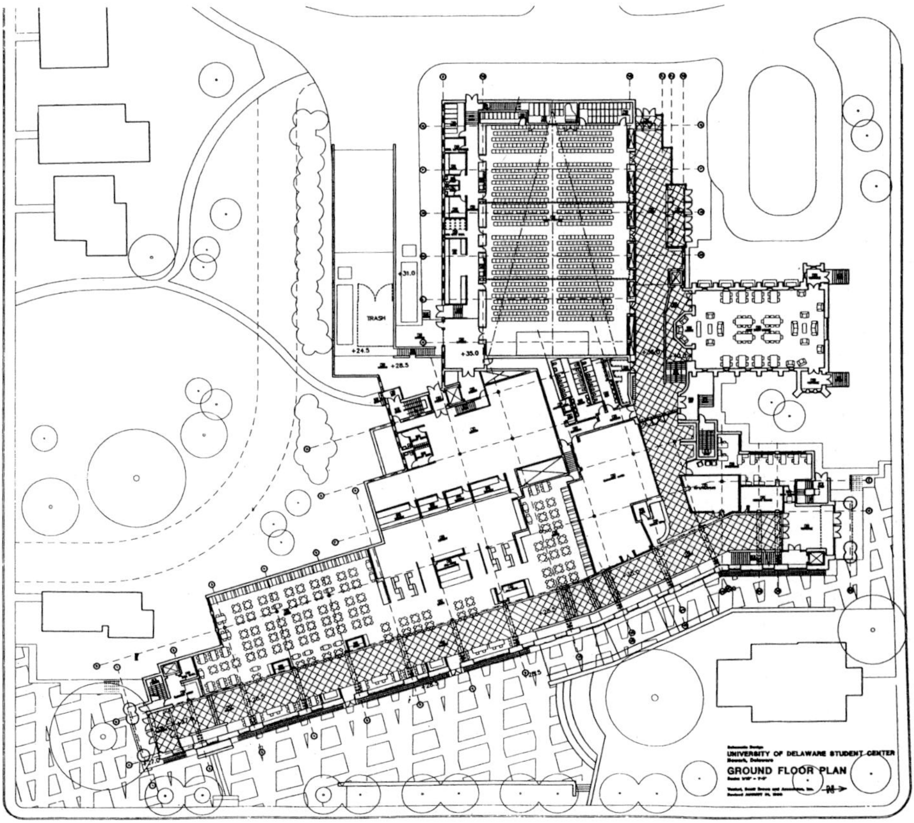

1992- Civic Center Cultural Complex, Denver, Colorado. Venturi, Scott Brown y Associates.
Los elementos del «Arco» y el «Atrio urbano» del que forman parte, pretenden establecer un escenario y un contexto para la 13th Avenue, en los que los edificios CHS, DPL y DAM de las instituciones existentes —Colorado Historical Society, Denver Public Library y Denver Art Museum, respectivamente— pueden contribuir a conformar el Civic Center Cultural Complex y el Center for Western American Culture (Centro para la cultura del oeste americano). Tan ambiciosas aspiraciones requieren una manifestación física a escala cívica que exprese suficientemente la importancia nacional del complejo.
El vigor cívico se logra a través de la gran amplitud del Arco, de una milla de diámetro. Esto rompe con la ortogonalidad geométrica de la retícula urbana; es más amplio que ella y consigue que el Atrio urbano, aunque más modesto en tamaño, tenga una escala arquitectónica mayor que el Civic Center Park. El trazado, ritmo y regularidad del Arco contrasta con la diversidad de escalas, materiales, colores y estilos de los edificios institucionales existentes.
Debido a sus cualidades inherentes de ligereza de forma, retranqueo y transparencia, los elementos del Arco no impiden la visión de las montañas o de las instituciones. Su acabado de acero inoxidable arenado contrasta con el de la obra de fábrica de los edificios vecinos, produciendo un tenue brillo a la luz del sol y proyectando matices y valores similares a los de las montañas circundantes.
Cada uno de los elementos del arco consiste en un mástil vertical de 33 m de altura y 355 mm de diámetro, sostenido por dos riostras inclinadas, de sección cuadrada, que se cruzan con el mástil cerca de su vértice. Mástil y riostras están ligados entre sí mediante barras diagonales. Los reflectores de porcelana esmaltada de vivos colores, colocados cerca del pináculo de cada poste y riostra, crean una curva punteada que dibuja el Arco sobre el fondo del cielo.

1992- Civic Center Cultural Complex Master Plan, Denver, Colorado.
Venturi, Scott Brown and Associates.
The Arc elements and the Urban Forecourt of which they are part are intended to establish a common setting and context on 13th Avenue, where the CHS, DPL and DAM can collaborate to form the Civic Center Cultural Complex and the Center for Western American Culture. These ambitious aspirations require a physical manifestation that is civic in scale and expresses the national importance of the complex.
Civic boldness is achieved through the Arc's mile-diameter curve. This breaks the orthogonal geometry of the city grid; it is larger than the grid and makes the Forecourt grander in scale (though more modest in size) than the Civic Center Park. The Arc's sweep, rhythm and regularity contrast with the existing institutions' diversity of scales, materials, colors and styles.
The Arc elements, owing to their slightness of form, recessiveness and transparency, do not diminish views of the mountains or the institutions. Their sandblasted stainless steel finish contrasts with the masonry of surrounding buildings and shimmers in sunlight, projecting hues and values similar to those of the surrounding mountains.
Each element consists of a 14" diameter, 110' vertical pole supported by two slanted, square-section struts that cross the pole near its apex. Brightly colored reflectors near the pinnacle of each pole and strut create points in the sky that define the Arc.

SOUTH ELEVATION WITH SIGN RECOMMENDATION

SOUTH ELEVATION OF FUTURE BUILDING RECOMMENDATION

WEST ELEVATION OF CHS SHOWING FUTURE BUILDING RECOMMENDATION

PLAN

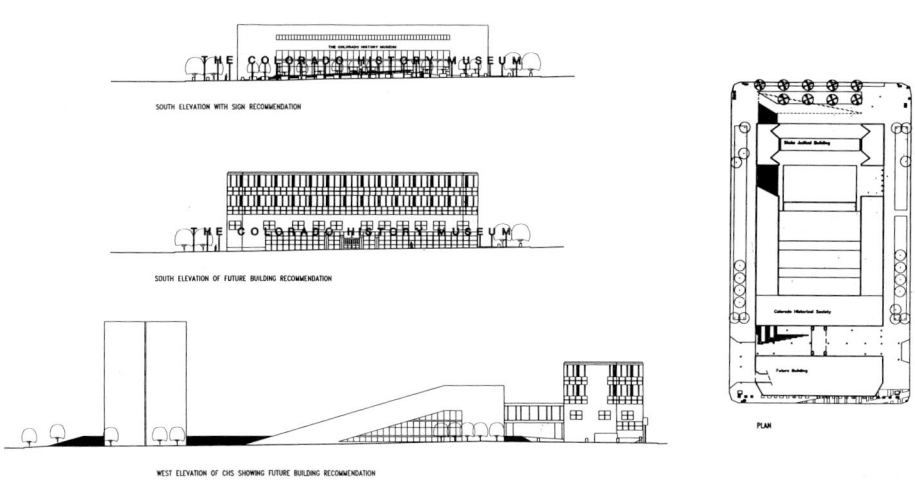

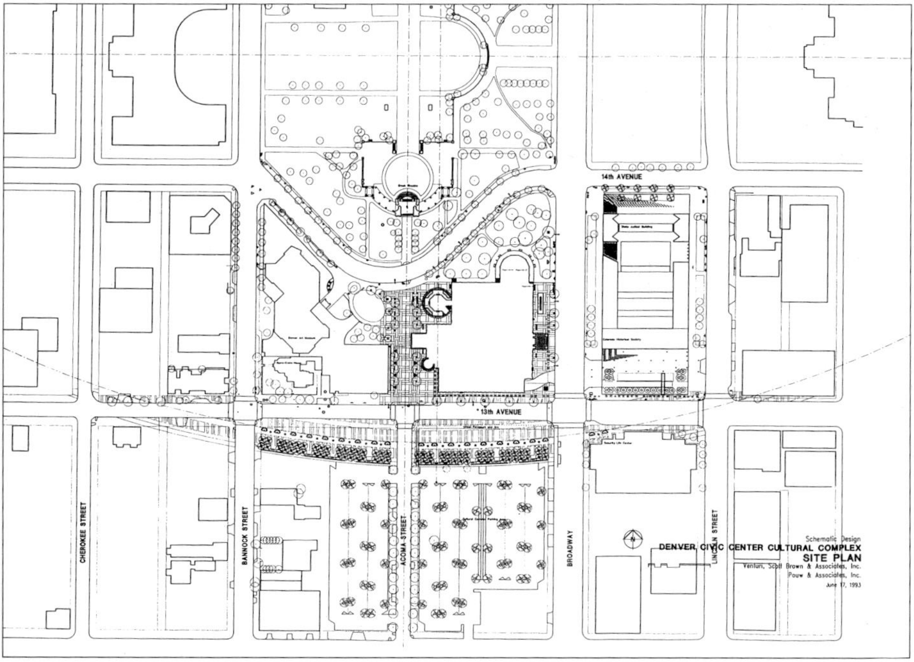

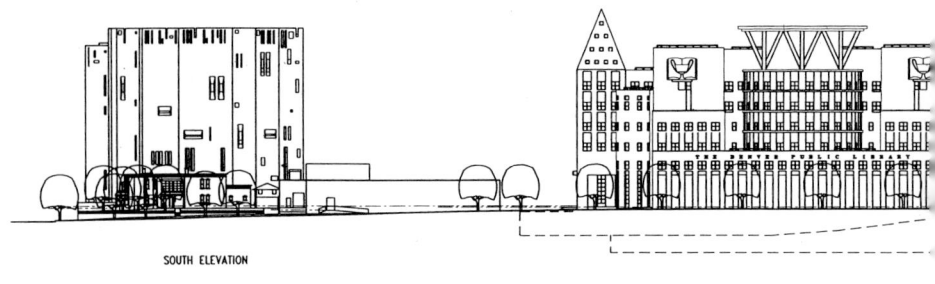

SOUTH ELEVATION

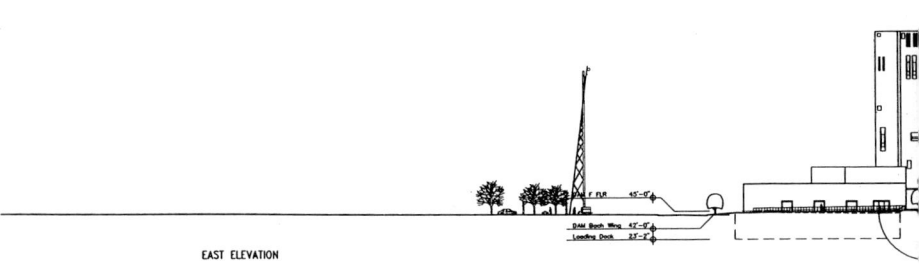

EAST ELEVATION

Vista en perspectiva   Perspective view

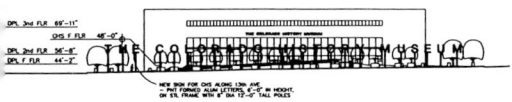

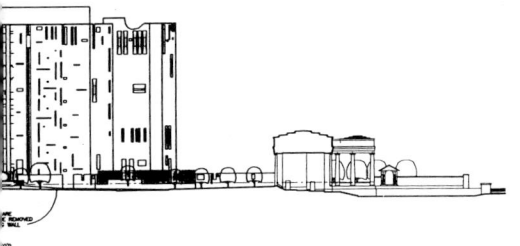

DPL 3rd FLR 69'-11"
CHS F FLR 48'-0"
DPL 2nd FLR 56'-8"
DPL F FLR 44'-2"
THE COLORADO HISTORY MUSEUM
NEW SIGN FOR CHS ALONG 13th AVE
– PNT FORMED ALUM LETTERS, 6'-0" IN HEIGHT,
ON STL FRAME WITH 8" DIA 12'-0" TALL POLES

Schematic Design
DENVER CIVIC CENTER CULTURAL COMPLEX
VIEW FROM 13TH AVENUE LOOKING WEST
Venturi, Scott Brown & Associates, Inc.
Pouw & Associates, Inc.
June 17, 1993

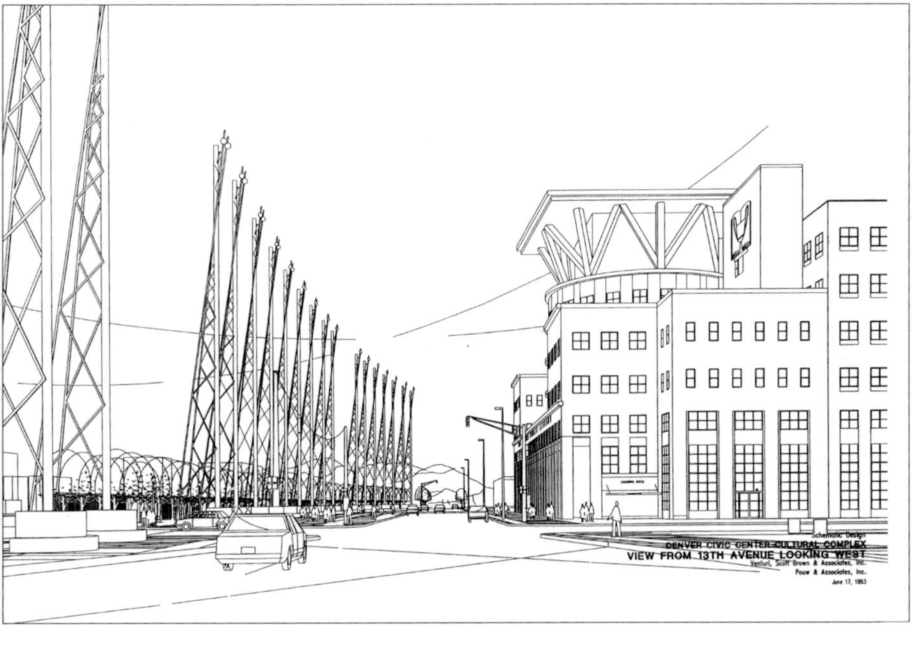

1992/1998 Terminal del transbordador Whitehall, Nueva York, Nueva York.
Venturi, Scott Brown y Associates, y Anderson/Schwartz Architects.
En una época en que el espacio cívico ha sido suplantado por los grandes centros comerciales, la nueva Terminal del transbordador de Whitehall es una oportunidad única para crear un escenario cívico que suponga una mejora para la ciudad de Nueva York y para la vida cotidiana de los viajeros abonados.
El proyecto, ganador de un concurso internacional, propone una entrada arquitectónica y simbólica a la ciudad, la cual indudablemente se verá complementada y mejorada por esta forma singular de acceso urbano, al tiempo que servirá para hacer más fácil y menos dificultuosa la vida a los cerca de 70.000 usuarios diarios del transbordador.
El diseño asume la singularidad de la ubicación de la terminal, que le confiere la particularidad de ser, a la vez, el primer y el último edificio de la isla de Manhattan, y se acomoda a la diversidad de su contexto social, cultural y arquitectónico. Sus objetivos principales son los siguientes:
—un flujo continuo de la gran masa de viajeros abonados, dentro de un agradable y monumental espacio cívico abovedado;
—un impacto memorable. El primer edificio del extremo sur de la isla de Manhattan debe ser un símbolo mundial de la ciudad de Nueva York que pueda ponerse al lado de otros tan significativos como Times Square, el Empire State o la estatua de la Libertad.

1992/1998 Whitehall Ferry Terminal, New York, New York. Venturi, Scott Brown and Associates and Anderson/Schwartz Architects.
In an era when civic space has been supplanted by shopping centers, the new Whitehall Ferry Terminal is an unparalleled opportunity to create a civic setting that celebrates New York City and enhances the everyday lives of commuters.
The winning project in an international competition proposes an architectural and symbolic gateway to the city that will complement and enhance this unique urban approach while making life for 70,000 daily commuters as easy and problem-free as possible.
The design acknowledges the terminal's paramount location as the first and last building on Manhattan Island and accommodates at the same time the diversity of its context —social, cultural and architectural. Its main goals are:
— a smooth flow of high-volume commuter traffic within a gracious, monumental, barrel-vaulted civic space.
— a memorable impact. The first building on the Southern tip of Manhattan Island should be a world-wide symbol of New York that stands with Times Square, the Empire State Building, and the Statue of Liberty.

Vista desde el puerto   View from the harbor

Axonométrica

Axonometric

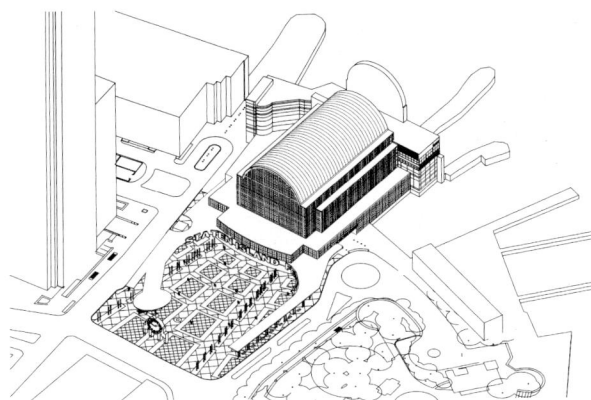

Emplazamiento

Site plan

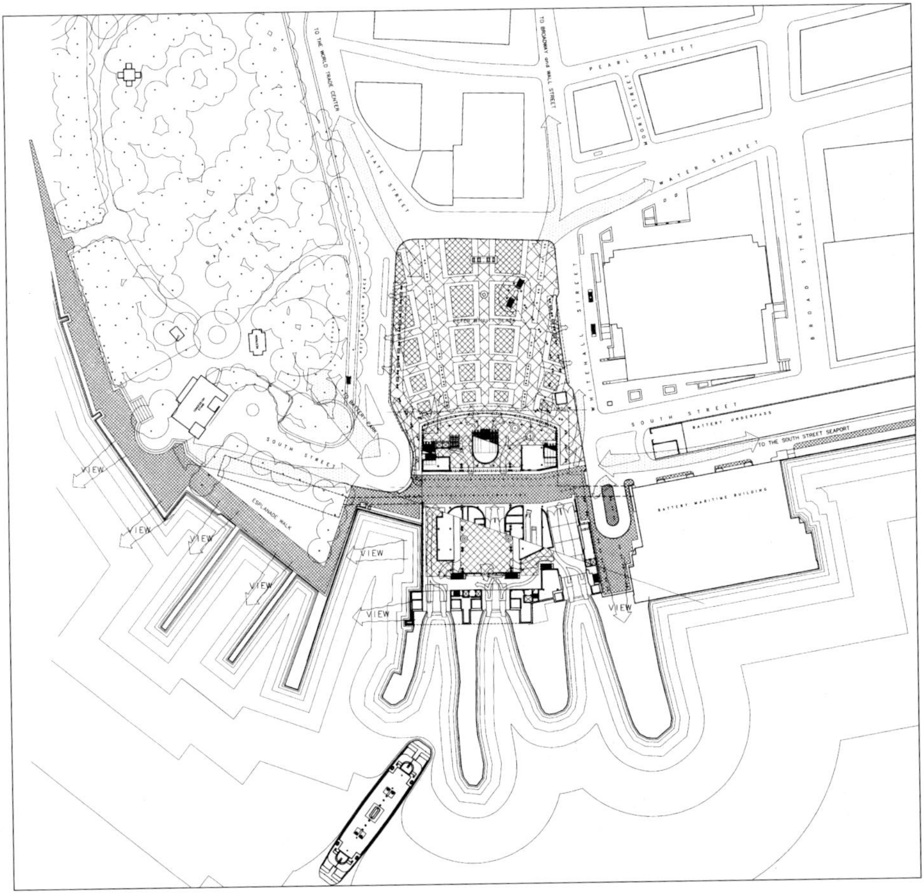

Vista en perspectiva de la sala de espera realizada con ordenador
Computer generated perspective view of the waiting room

Sección transversal
Cross section

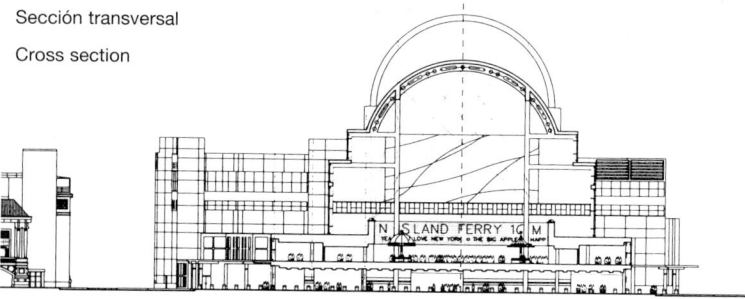

Sección longitudinal
Longitudinal section

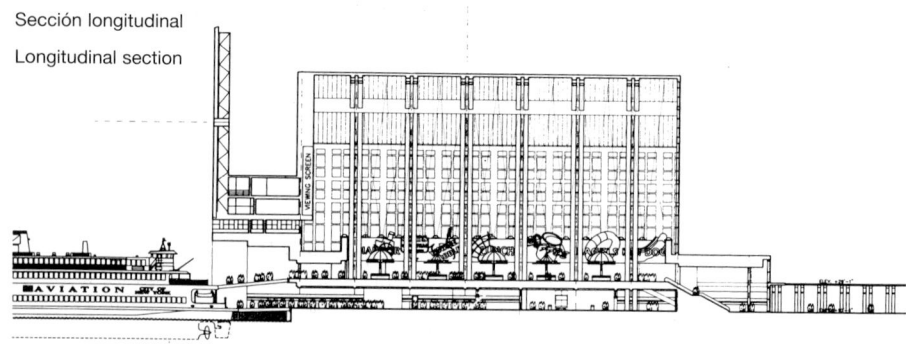

Alzado sur mirando al puerto
South elevation facing the harbor

Alzado norte con frente a la plaza
North elevation fronting the plaza

Alzado oeste mirando al parque
West elevation facing the park

Alzado este
East elevation

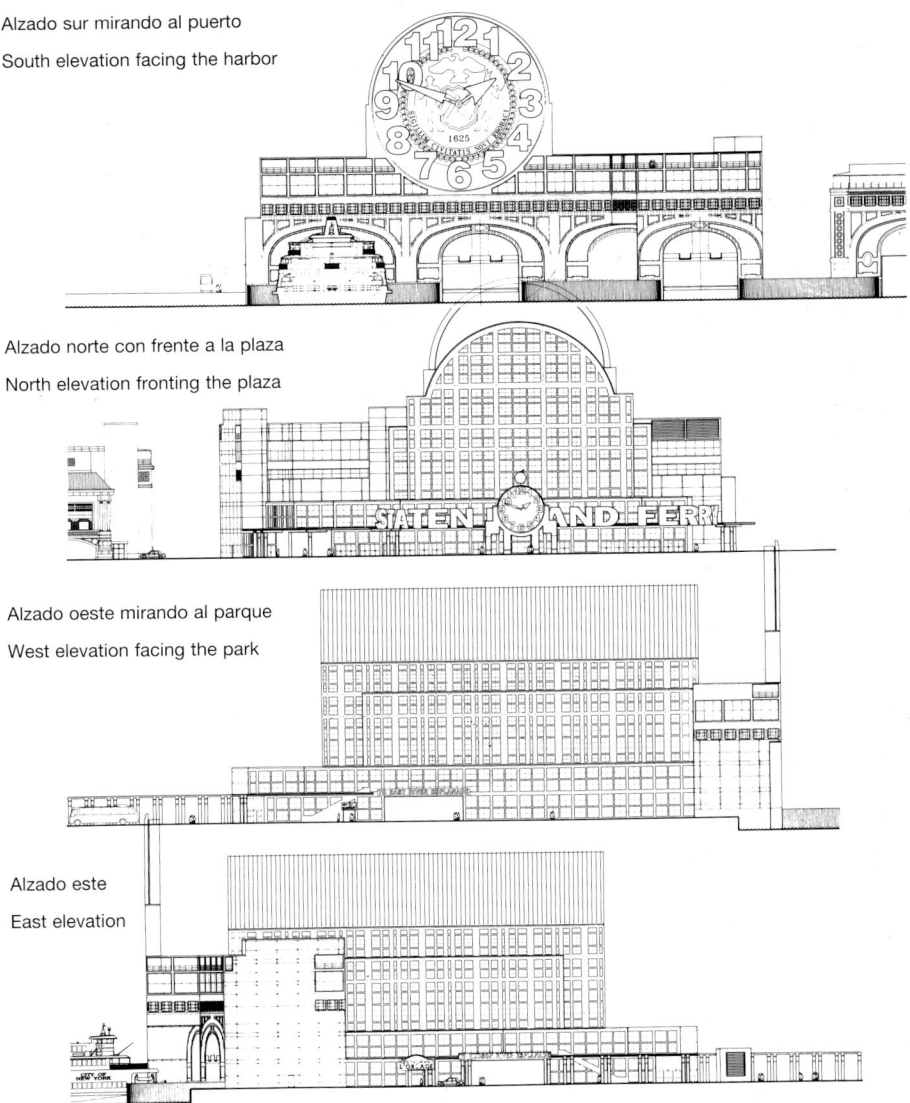

1994 Hotel Times Square, Nueva York, Nueva York. Venturi, Scott Brown y Associates.

El proyecto refleja el estimulante carácter de la zona de la calle 42. Durante buena parte de este siglo, las postales de Times Square y su zona de teatros han venido alegrando la vista de todos aquéllos que volvían a casa procedentes de lugares tan remotos como Taipei o Tombuctú. Times Square, Picadilly Circus y Ginza colman millones de fantasías. La oportunidad de añadir un estrato a esta mágica plaza, y de ayudarla a que durante el siglo XXI siga teniendo el mismo carácter lúdico que la ha caracterizado durante gran parte del siglo XX, es un reto sin precedentes.
El equipo de arquitectos ha trabajado del interior al exterior y del exterior al interior, para conseguir un hotel absolutamente satisfactorio en cuanto a eficiencia, acceso, vistas y panorámicas, y también desde el punto de vista de los locales comerciales que lo acompañan, especialmente en la calle 42.
Los arquitectos han conseguido una solución original y estimulante, gracias a que han sabido armonizar los requerimientos inherentes a los usos de hotel, comercial y de diversión, con los de imagen, visibilidad perceptiva, acceso y servicio, derivados de la localización del edificio.
El solar admitía construir unos 110.000 m^2 dentro del gálibo, de los cuales unos 75.000 m^2 se destinan al uso de hotel, mientras que las zonas comercial y de diversión ocupan 37.500 m^2.
Se han conservado y potenciado las actividades comerciales y de diversión. El acceso se ha concebido meramente como una entrada hacia el vestíbulo del hotel situado a nivel superior.
Dados el emplazamiento y usos del edificio, la señalización configura un importante elemento de su imagen y percepción, coadyuvando también a su funcionamiento rentable. Los rótulos ayudan a retener los sentidos de vitalidad y variedad que durante el transcurso de los años han llegado a formar parte del patrimonio de la calle 42. La clave para conseguir una señalización ambiental "rica" reside en diferenciar las escalas de los rótulos, grandes y pequeños, altos y bajos, rótulos para leer de cerca y de lejos.
Los métodos de proyección de rótulos están cambiando rápidamente.
Técnicas tales como el sistema "LED" de rotulación a gran escala, todavía inédito en Nueva York, ya son moneda de uso corriente en Tokio. Un buen sistema de señalización del edificio debe ser capaz de soportar la inserción de nuevas tecnologías a lo largo del tiempo.

1994 Times Square Hotel, New York, New York. Venturi, Scott Brown and Associates.

The hotel proposed for this site reflects the exciting character of the 42nd Street area. Picture postcards of Times Square and its theater district have delighted those back home, from Taipei to Timbuktu for most of this century. Times Square, Picadilly Circus, and the Ginza hold the stuff of a million fantasies. The opportunity to add a layer to this magic place and help it be, in the 21st century, the joy it has been for much of the 20th, is an unprecedented challenge.
We have worked from the inside-out and from the outside-in, to design a hotel floor plate best suited for efficiency, access, views and vistas; and accompanying retail, particularly 42nd Street.
By meshing the requirements of hotel, retail and entertainment uses with those of image, perceptual visibility, access and service, derived from the site's location, we have developed a unique and exciting solution.
A total of approximately 1,2 million square feet can be built within the site zoning envelope. The area will accommodate the hotel requirements of 800,000 square feet, as well as commercial and entertainment areas of 400,000 square feet.
The retail and entertainment activities characteristic of 42nd Street since the turn of the century are to be retained and augmented. Hotel access at ground floor will merely constitute an entry to a higher level hotel lobby.
Given the location and uses of the building, signage will be a major element of its imagery and perception, as well as its economic functioning. Signs will help retain the sense of vitality and variety that have become the heritage of 42nd Street. The key to a "rich" sign environment is differing scales of signs, large and small, high and low, that read close and far.
Methods of sign projection are changing fast. Techniques such as large-scale LED displays that are not yet affordable in New York are becoming commonplace in Tokyo. State-of-the-art signage using new and sophisticated systems, will provide more effective means of suggesting movement, fantasy, and communicating small and large messages.

Biografías

Biographies

Robert Venturi, FAIA
1925 Nace en Filadelfia, el 25 de junio.
1947 Licenciatura en Artes (B.A.) *summa cum laude* por la Universidad de Princeton.
1950 Maestro en Bellas Artes (M.F.A.) en la Universidad de Princeton.
1954/1956 Premio Roma de Arquitectura, de la Academia Americana de Roma.

Robert Venturi es el responsable de los proyectos de arquitectura y urbanismo del estudio Venturi, Scott Brown y Associates. Su obra, reconocida internacionalmente a través de numerosas exposiciones y publicaciones, se configura como una de las mayores contribuciones teóricas contemporáneas. La amplia serie de proyectos que ha realizado demuestra, además, una sensibilidad por el contexto que sabe plasmar confiriendo a cada una de sus obras la expresión estética más apropiada. Su arquitectura, sus escritos, su obra docente y sus conferencias por todo el mundo han determinado una influencia decisiva en el panorama arquitectónico actual. Su libro *Complejidad y contradicción en la arquitectura* puede definirse como un hito en la teoría arquitectónica contemporánea.

Actividad didáctica y conferencias
1957/1965 Instructor y profesor de Arquitectura asociado en la Universidad de Pensilvania.
1966 Arquitecto residente en la Academia Americana de Roma.
1966/1967 Profesor visitante en la Escuela de Arquitectura y Urbanismo de la Universidad de California en Los Ángeles (UCLA).
1966/1970 Profesor de Arquitectura en la cátedra Charlotte Shepherd Davenport de la Universidad de Yale.
1969 Supervisor visitante en la Universidad Rice.
1977/1981 Miembro de la Junta de supervisores del Departamento de Arte y Arqueología de la Universidad de Princeton.
1982 Conferencia sobre Walter Gropius en la Escuela de Graduados de Diseño de la Universidad de Harvard.
1986/1987 Profesor visitante de Proyectos de la cátedra Eero Saarinen en la Escuela de Arquitectura de la Universidad de Yale.

Robert Venturi, FAIA
1925 Born in Philadelphia, on June 25th.
1947 B.A. in Arts, *summa cum laude*, Princeton University.
1950 Master in Fine Arts (M.F.A.), Princeton University.
1954/1956 Rome Architecture Prize from the American Academy in Rome.

Robert Venturi is responsible for the architecture and urban design projects produced by the firm of Venturi, Scott Brown and Associates. His work has been acclaimed internationally in numerous exhibitions and publications, and is one of the major contributions to contemporary architectural theory. The wide range of Venturi's projects demonstrates, moreover, a sensitivity to context that has enabled him to confer on each one of his projects the most appropriate aesthetic expression. His architecture, his writings, his teaching activity and lectures delivered all around the world have made him a decisively influential figure on the architectural scene of our time. His book *Complexity and Contradiction in Architecture* is a landmark in contemporary architectural theory.

Teaching and lectures
1957/1965 Tutor and Associate Professor at the University of Pennsylvania.
1966 Resident Architect at the American Academy in Rome.
1966/1967 Visiting Professor at the School of Architecture and Urbanism at the University of California in Los Angeles (UCLA).
1966/1970 Charlotte Shepherd Davenport Professor of Architecture at Yale University.
1969 Visiting Professor, Rice University.
1977/1981 Member of the Board of Supervisors of the Department of Art and Archaeology at Princeton University.
1982 Walter Gropius lecture at the Harvard Graduate School of Design.
1986/1987 Eero Saarinen Visiting Professor of Projects at Yale School of Architecture.

Distinctions
1965 US State Department travel scholarship for a lecture tour of the USSR.
1973 Arnold W. Brunner Memorial Prize for Architecture.

Distinciones
1965 Beca del Departamento de Estado, para conferencias y viajes en la URSS.
1973 Premio de Arquitectura Arnold W. Brunner Memorial.
1976 Citación, Creative Art Award, Brandeis University.
1978 Medalla Philadelphia Art Alliance. Medalla AIA por *Complejidad y contradicción en la arquitectura.*
1980 Citación, National Association of Schools of Art, Moore College of Art.
1983 Hazlett Memorial Award for Excellence in the Arts, Commonwealth of Pennsylvania. Medalla de la Thomas Jefferson Memorial Foundation, Universidad de Virginia. Condecoración y premio Louis Sullivan, de la International Union of Bricklayers and Allied Craftsmen.
1985 Medalla James Madison, Universidad de Princeton.
1986 Medalla del Presidente, The Architecture League de Nueva York.
1988 Premio Creative Achievement, The Association of Collegiate Schools of Architecture.
1991 Premio The Pritzkar Architectural, de la Fundación Hyatt.

Honores académicos
1977 Doctor Honorífico en Bellas Artes (DFA) del Oberlin College.
1979 Doctor Honorífico en Bellas Artes (DFA) de la Universidad de Yale.
1980 Doctor Honorífico en Bellas Artes (DFA) de la Universidad de Pensilvania.
1983 Doctor Honorífico en Bellas Artes (DFA) de la Universidad de Princeton.
1984 Doctor Honorífico en Disciplina Humanística del Instituto Tecnológico de New Jersey.
1985 Doctor Honorífico en Bellas Artes (DFA) del Philadelphia College of Art.
1989 Doctor en Letras por la Universidad de Carolina del Norte de Chapel Hill.

Denise Scott Brown, ARIBA
1931 Nacida en Zambia el 3 de octubre.
1955 Se gradúa en Arquitectura por la Architectural Association de Londres. Curso sobre «Arquitectura tropical» en la Architectural Association de Londres.
1960 Alcanza el grado de Maestra en Planeamiento Urbano (MCP), en la Universidad de Pensilvania.
1965 Alcanza el grado de Maestra en Arquitectura (M. Arch.), en la Universidad de Pensilvania.

1976 Citation, Creative Art Award, Brandeis University.
1978 Philadelphia Art Alliance Medal AIA Medal for *Complexity and Contradiction in Architecture.*
1980 Citation, National Association of Schools of Art, Moore College of Art.
1983 Hazlett Memorial Award for Excellence in the Arts, Commonwealth of Pennsylvania. Medal of the Thomas Jefferson Memorial Foundation, University of Virginia. Louis Sullivan Prize, International Union of Bricklayers and Allied Craftsmen.
1985 James Madison Medal, Princeton University.
1986 President's Medal, The Architecture League of New York.
1988 Creative Achievement Award from the Association of Collegiate Schools of Architecture.
1991 The Pritzker Architectural Prize, Hyatt Foundation.

Academic Distinctions
1977 Honorary Doctorate in Fine Art (DFA), Oberlin College.
1979 Honorary Doctorate in Fine Art (DFA), Yale University.
1980 Honorary Doctorate in Fine Art (DFA), University of Pennsylvania.
1983 Honorary Doctorate in Fine Art (DFA), Princeton University.
1984 Honorary Doctorate in Humanities, New Jersey Technological Institute.
1985 Honorary Doctorate in Fine Art (DFA), Philadelphia College of Art.
1989 Doctor of Letters, University of North Carolina at Chapel Hill.

Denise Scott Brown, ARIBA
1931 Born in Zambia, on October 3rd.
1955 Graduate in Architecture, The Architectural Association, London, England. Course in "Tropical architecture" at the Architectural Association, London, England.
1960 Master of Community Planning (MCP), University of Pennsylvania.
1965 Master of Architecture (M. Arch.), University of Pennsylvania.

As an architect and urban designer, Denise Scott Brown's work and writings focus primarily on the relationship between architecture, town planning and social issues. Within the firm of Venturi, Scott Brown and Associates, Denise Scott Brown is the person responsible for planning and urban design projects, and for programming. Her extensive experience of interdisciplinary work enables the firm to undertake a

Arquitecta y urbanista, su obra y sus escritos se centran principalmente en la relación entre arquitectura, el planeamiento urbano y los aspectos sociales. En el estudio Venturi, Scott Brown & Associates, Denise es la responsable de los proyectos de planeamiento, urbanismo, así como de la programación de los mismos. Su larga experiencia interdisciplinar permite al estudio afrontar una serie amplia de proyectos y estudios urbanísticos relacionados, tanto con la transformación total de un área, como con su reutilización, y ello, tanto en centros históricos como en las zonas periféricas y en las ciudades pequeñas.

En la labor de planificación se indagan los aspectos sociales, económicos y políticos que cada proyecto plantea, además de la lógica consideración de los factores estéticos y de imagen. Denise Scott Brown desarrolla un papel preeminente en la coordinación entre las diversas exigencias de los numerosos grupos e intereses que confluyen en el proceso de planificación productiva.

Actividad didáctica y conferencias
1960/1965 Profesora ayudante en la Escuela de Bellas Artes de la Universidad de Pensilvania.
1965 Profesora visitante en el departamento de Diseño Ambiental de la Universidad de California en Berkeley.
1965/1968 Profesora asociada en la Escuela de Arquitectura y Urbanismo de la Universidad de California en Los Ángeles (UCLA).
1967/1970 Profesora visitante de la asignatura de Diseño Urbano en el Departamento de Arquitectura de la Universidad de Yale.
1969 Supervisora visitante en la Rice University.
1970 Postgraduada becada en el Departamento de Arquitectura del Morse College, en la Universidad de Yale.
1972 Lectora en la Universidad de California en Santa Bárbara.
1973 Conferenciante en el Oberlin College.
1982/1983 Profesora visitante en la Escuela de Bellas Artes de la Universidad de Pensilvania.
1987 Profesora visitante de Proyectos de la cátedra Eero Saarinen, en la Escuela de Arquitectura de la Universidad de Yale.
1989 Profesora de la cátedra Eliot Noyes en la Escuela de Graduados de Diseño de la Universidad de Harvard.
Conferenciante y miembro del jurado: diversos actos y concursos en Europa, América y África.
1990 Supervisora visitante de la cátedra Eliot Noyes en la Escuela de Graduados de Diseño de la Universidad de Harvard.

wide range of urban design projects and studies, whether these concern the total transformation of an area or its reutilization, and whether it be in the context of a historic city center, a peripheral zone or a small town.
The work of planning is very closely attentive to the social, economic and political issues involved in each project, as well as the inevitable concern with the aesthetic aspects of the image. Denise Scott Brown plays a vital role in bringing together and coordinating the demands of the various different groups and interests involved in the process of productive planning.

Teaching and lectures
1960/1965 Assistant tutor School of Fine Art, University of Pennsylvania.
1965 Visiting Professor of Environmental Design, University of California at Berkeley.
1965/1968 Associate Professor, School of Architecture and Urban Design at the University of California at Los Angeles (UCLA).
1967/1970 Visiting Professor of Urban Design, Yale School of Architecture.
1969 Visiting Professor, Rice University.
1970 Scholarship for postgraduate study, Morse College, Department of Architecture, Yale University.
1972 Reader, University of California at Santa Barbara.
1973 Lecturer, Oberlin College.
1982/1983 Visiting Professor, School of Fine Art, University of Pennsylvania.
1987 Eero Saarinen Visiting Professor, Yale School of Architecture.
1989 Eliot Noyes Visiting Professor, Harvard Graduate School of Design.
Lecturer and jury member: various events and competitions in Europe, America and Africa.
1990 Eliot Noyes Visiting Supervisor, Harvard Graduate School of Design.

Distinctions
1977 Honorary Doctorate in Fine Art (DFA), Oberlin College.
1979 Award of the National Association of Schools of Art.
1983 Hazlett Memorial Award for Excellence in the Arts, Commonwealth of Pennsylvania.
1984 Honorary Doctorate in Humanities, New Jersey Technological Institute.
1985 Honorary Doctorate in Fine Art (DFA), New School for Social Research, Parsons School of Design.
Honorary Doctorate in Fine Arts (DFA) Philadelphia College of Art.

Distinciones
1977 Doctora Honorífica en Bellas Artes (DFA) del Oberlin College.
1979 Premio de la National Association of Schools of Art.
1983 Hazlett Memorial Award for Excellence in the Arts, Commonwealth of Pennsylvania.
1984 Doctora Honorífica en Disciplina Humanística del Instituto Tecnológico de New Jersey.
1985 Doctora Honorífica en Bellas Artes (DFA) de la New School for Social Research, Parsons Schools of Design.
Doctora Honorífica en Bellas Artes (DFA) del Philadelphia College of Art.
1986 Encomienda The Innovative Leadership in Architecture, Women's Way.
The Trailbrazer Award, National Home Fashions League.
Medalla del Presidente, The Architectural League of New York.
1987 Premio Chicago Architecture.
1991 Doctora Honorífica en Ingeniería por la Technical University de Nueva Escocia.
Profesora Eminente, Association of Collegiate Schools of Architecture.

Galardones por sus proyectos de planeamiento
1980 Progressive Architecture Annual Awards, Urban Design and Planning: citación por el *Jim Thorpe Planning Study* .
Premios nacionales HUD de Diseño ambiental urbano: mención espacial «Conceptos de diseño urbano» por el *Plan de recuperación para Washington Avenue, Miami Beach*, y Premio honorífico por *Old City Study and Facade Easement Program*.
Premio de reconocimiento por *City Edges-Schuylkill River Corridor Study*, por la película y exposición *Signs of Life-Symbols in the American City*, y por *The Strand Planning Study* para Galveston (Texas), por parte del National Endowment for the Arts, Design Arts Program.
Encomienda de Conservación histórica por el *Jim Thorpe Planning Study*, concedida por la Commonwealth of Pennsylvania, Historical and Museums Commission.
1981 Citación por *Princeton Urban Design Study*, por parte de Progressive Architecture Annual Awards, Urban Design and Planning.
1982 Citación por el *Plan de recuperación para Washington Avenue, Miami Beach*, por parte de Progressive Architecture Annual Awards, Urban Design and Planning.

1986 The Innovative Leadership in Architecture Commendation, Women's Way.
The Trailblazer Award, National Home Fashions League.
The President's Medal, The Architectural League of New York.
1987 Chicago Architecture Prize.
1991 Honorary Doctorate in Engineering, Nova Scotia Technical College
Distinguished Professor, Association of Collegiate Schools of Architecture.

Awards for Planning Projects
1980 Progressive Architecture Annual Awards, Urban Design and Planning: Citation for the *Jim Thorpe Planning Study*.
HUD National Awards for Urban Environment Design: "Concepts of urban design" special mention for the *Urban Renewal Plan for Washington Avenue, Miami Beach*, and honorary prize for *Old City Study and Facade Easement Program*.
Recognition award for *City Edges-Schuylkill River Corridor Study*, for the film and exhibition *Signs of Life-Symbols in the American City*, and for *The Strand Planning Study for Galveston* (Texas), from the National Endowment for the Arts, Design Arts Program.
Historical Conservation Commendation for the *Jim Thorpe Planning Study* from the Commonwealth of Pennsylvania Historical and Museums Commission.
1981 Citation for *Princeton Urban Study* in the Urban Design and Planning section of the Progressive Architecture Annual Awards.
1982 Citation for the *Urban Renewal Plan for Washington Avenue, Miami Beach* in the Urban Design and Planning section of the Progressive Architecture Annual Awards.
1983 Citation for the *Fair Mount in the City* study of Fairmount Park (Philadelphia) from the Pennsylvania Historical and Museums Commission's Preservation Awards Program.
Citation for the *Fair Mount in the City* from the Eastern Pennsylvania Chapter of the American Planning Association.

Steven Izenour, AIA, Partner
1940 Born in New Haven, Connecticut, on July 16th.
1962 B.A. in Arts, Swarthmore College.
1965 B. Arch. in Architecture, University of Pennsylvania.
1969 M. Ed. Master of Education, Yale University.

1983 Citación por *Fair Mount in the City*, estudio sobre Fairmount Park (Filadelfia), por parte de la Pennsylvania Historical and Museums Commission, Preservations Awards Program.
Citación por *Fair Mount in the City*, por parte de la Eastern Pennsylvania Chapter American Planning Association.

Steven Izenour, AIA, Senior Associate
1940 Nace el 16 de julio en New Haven (Connecticut).
1962 Licenciatura en Artes (B.A.) por el Swarthmore College.
1965 Licenciatura en Arquitectura (B. Arch.) por la Universidad de Pensilvania.
1969 Maestro en Pedagogía (MED) por la Universidad de Yale.

Steven Izenour desarrolla un importante papel en todos los proyectos de arquitectura y urbanismo del estudio. Es el responsable de los escenarios, las funciones audiovisuales, las exposiciones y los proyectos de grafismo. Su producción se caracteriza por una particular habilidad compositiva, combinada con un profundo conocimiento de la tecnología de la comunicación, cualidades que utiliza con suma sensibilidad en sus relaciones con el contexto. Coautor con Robert Venturi y Denise Scott Brown de *Aprendiendo de Las Vegas,* ha dirigido algunas investigaciones que luego se han convertido en importantes exposiciones. Ha desarrollado actividades docentes y de investigación en numerosas universidades de todo el mundo.

Reconocimientos
1964 Beca de investigación Dohlfinger McMahon.
1966 Beca de investigación John Stewardson, Universidad de Pensilvania.
1967/1968 Beca de la Fundación Fulbright.

Actividad docente
1967/1968 Profesor becado en la Universidad de Yale.
1970/1973 Supervisor de Diseño en la Drexel University.
1972 Supervisor de Diseño en la Universidad de Pensilvania.
1978 Supervisor visitante en la Universidad de Texas.
1980 Supervisor visitante en la Universidad de Carolina del Norte.
1983 Supervisor visitante en el Technical College de Nueva Escocia.

Steven Izenour plays an important part in all the firm's architecture and urban design projects. He is in charge of staging audio-visual presentations, exhibitions and graphics projects. His work is characterized by his exceptional compositional ability, combined with a thorough knowledge of communications technologies, skills which he uses with the greatest sensitivity in the relationship with the context. Co-author with Robert Venturi and Denise Scott Brown of *Learning from Las Vegas*, he has directed several research studies which subsequently formed the basis of major exhibitions. He has been active in teaching and research work in numerous universities around the world.

Recognitions
1964 Dohlfinger McMahon Research Scholarship.
1966 John Stewardson Research Scholarship, University of Pennsylvania.
1967/1968 Scholarship from the Fulbright Foundation.

Teaching
1967/1968 Fellowship tutor, Yale University.
1970/1973 Design Professor, Drexel University.
1972 Design Professor, University of Pennsylvania.
1978 Visiting Professor, University of Texas.
1980 Visiting Professor, University of North Carolina.
1983 Visiting Professor, Nova Scotia Technical College.

David M. Vaughan, AIA, Partner
1937 Born in St Louis, Missouri on June 11th.
1959 B. Eng. in Engineering, Yale University.
1966 M. Arch. Master of Architecture, University of Pennsylvania.
1968 Advanced studies, Louis Kahn Master of Architecture Course, University of Pennsylvania.

David Vaughan has received numerous awards for his project design work. Within the firm, his principal role is in the field of administration and site supervision. He has been responsible for some of the most complex projects undertaken by Venturi, Scott Brown and Associates: commercial and office buildings, restoration and conversion schemes, squares and parks. With his great skill in controlling the project process, he takes charge of relations with the developer from the embryonic phase of the project through to its completion. He has successfully directed projects involving the multi-disciplinary guidance of teams in different countries.

David M. Vaughan, AIA, Senior Associate
1937 Nace el 11 de junio en St. Louis.
1959 Licenciatura en Ingeniería (B. Eng.) por la Universidad de Yale.
1966 Maestro en Arquitectura (M. Arch.) por la Universidad de Pensilvania.
1968 Estudios superiores de Maestro en Arquitectura en la cátedra Louis Kahn, en la Universidad de Pensilvania.

Ha recibido numerosos reconocimientos como proyectista. En el estudio, desarrolla principalmente un papel de administración y de dirección de obras. Ha sido el responsable de los proyectos más complejos del estudio Venturi, Scott Brown y Associates: edificios comerciales y de oficinas, restauraciones y reformas, plazas y jardines. Dotado de gran capacidad para controlar el proceso de proyecto, gestiona las relaciones con el promotor desde la fase embrionaria hasta su realización. Ha dirigido con éxito proyectos que comportaban el asesoramiento multidisciplinar de equipos extranjeros, en diversos países.

Distinciones
1965 Medalla de Diseño Paul Phillipe Cret. Beca Dales de investigación en Europa, Universidad de Pensilvania.
1966 Medalla de plata de Diseño, Universidad de Pensilvania.
Premio de la Sociedad Americana de Arquitectos (AIA), por diseño y expediente académico.
1968 Beca de investigación John Stewardson, Universidad de Pensilvania.

Actividad docente
Conferenciante y supervisor visitante en la Universidad de Pensilvania, Pennsylvania State University, Universidad de Oregon, Engineer's Club of Philadelphia, Construction Specifications Institute of Philadelphia.

Distinctions
1965 Paul Phillipe Cret Design Medal, Dales Scholarship for Research in Europe, University of Pennsylvania.
1966 Silver Medal for Design, University of Pennsylvania.
Award of the American Institute of Architects for design and academic record.
1968 John Stewardson Research Scholarship, University of Pennsylvania.

Teaching
Visiting lecturer and supervisor at the University of Pennsylvania, Pennsylvania State University, University of Oregon, Engineers' Club of Philadelphia, Construction Specifications Institute of Philadelphia.

Cronología de obras y proyectos

Chronology of works and projects

Los números entre paréntesis se refieren a las páginas de este libro

The numbers in parentheses refer to the pages of this book

Robert Venturi
1957 Casa Pearson, Chestnut Hill, Filadelfia, Pensilvania. Proyecto.
1959 Casa en la playa. Proyecto (24).

Robert Venturi, Cope y Lippincott, arquitectos asociados
1958/1960 Restauración interior de la Casa James B. Duke, Instituto de Bellas Artes, Universidad de Nueva York, Nueva York (22).
1959 Restauración de la casa Williams, Filadelfia, Pensilvania.
Proyecto de Residencia de ancianos «Gwynned Friends Meeting», Gwynned, Pensilvania.
Restauración de la casa Altschul, Centro religioso, Universidad de Nueva York, Nueva York.
Proyecto de reforma en el Laboratorio de Idiomas, Universidad de Nueva York, Nueva York.

Venturi y Short
1960 Ampliación de la casa Mills, Princeton, Nueva Jersey.
Franklin Delano Roosevelt Memorial Park, Washington, D.C. Proyecto de concurso (32).
1960/1963 Sede social para la North Penn Visiting Nurse's Association, Ambler, Pensilvania (34).
1961 Casa Miller, Easthampton, Long Island, Nueva York. Proyecto.
Restauración de la casa Williams, Jarrettown, Pensilvania.
1961/1962 Restauración del Restaurante Grand's, Filadelfia, Pensilvania. Demolido (38).
1962 Casa Meiss, Princeton, Nueva Jersey. Proyecto.
Dormitorios para estudiantes y gimnasio Hun School, Princeton, Nueva Jersey.
1963 Ampliación (garaje) y restauración de la casa Haas, Ambler, Pensilvania.

Venturi y Rauch
1959/1964 Casa Vanna Venturi, Chestnut Hill, Filadelfia, Pensilvania (27).

Robert Venturi
1957 Pearson House, Chestnut Hill, Philadelphia, Pennsylvania. Project.
1959 House on the Beach. Project (24).

Robert Venturi, Cope and Lippincott, associate architects
1958/1960 Interior Restoration of James B. Duke House, Institute of Fine Arts, New York University, New York, New York (22).
1959 Restoration of the Williams House, Philadelphia, Pennsylvania.
Project for "Gwynned Friends Meeting", Gwynned, Pennsylvania.
Resoration of Altschul House Religious Center, New York University, New York, New York.
Project for refurbishment of the Language Laboratory, New York University, New York, New York.

Venturi and Short
1960 Extension to the Mills House, Princeton, New Jersey.
Franklin Delano Roosevelt Memorial Park, Washington, D.C. Competition project (32).
1960/1963 Headquarters for North Penn Visiting Nurses' Association, Ambler, Pennsylvania (34).
1961 Miller House, Easthampton, Long Island, New York. Project.
Restoration of the Williams House, Jarrettown, Pennsylvania.
1961/1962 Restoration of Grand's Restaurant, Philadelphia, Pennsylvania. Demolished (38).
1962 Meiss House, Princeton, New Jersey. Project.
Student Dormitories and Gymnasium for Hun School, Princeton, New Jersey.
1963 Garage and restoration, Haas House, Ambler, Pennsylvania.

Venturi and Rauch
1959/1964 Vanna Venturi House, Chestnut Hill, Philadelphia, Pennsylvania (27).
1960/1966 Guild House, Philadelphia, Pennsylvania (with Cope and Lippincott) (36).

1960/1966 Residencia de ancianos Guild House, Filadelfia, Pensilvania (con Cope y Lippincott) (36).
1964 Poplar Street Park, Wilmington, Delaware (con G. Patton).
Fuente en Fairmount Park, Filadelfia, Pensilvania. Proyecto de concurso (con D. Scott Brown).
Berkeley Museum and Art Gallery, Berkeley, California. Proyecto de concurso.
1965 Ampliación de la casa Haas, Ambler, Pensilvania.
1965/1966 Estudio de planeamiento para el centro de North Canton, Ohio: Ayuntamiento, sede para la YMCA y biblioteca. Proyecto (con Clarke y Rapuano) (40).
Proyecto de concurso para Copley Square, Boston, Massachusetts (42).
1965/1968 Consultorio médico Varga-Brigio, Bridgeton, Nueva Jersey (44).
Parque de bomberos nº 4, Columbus, Indiana (46).
1966 Ampliación de la casa Mills, Princeton, Nueva Jersey.
Princeton Memorial Park, Princeton, Nueva Jersey. Proyecto.
Casa Frugg, Proyectos I y II, Princeton, Nueva Jersey (48, 50).
1967 National Football Hall of Fame, Rutgers University, Nueva Brunswick, Nueva Jersey. Proyecto de concurso (52).
Edificio de oficinas para Transportation Square, Washington, D.C. Proyecto.
Exposición *Obra de Venturi y Rauch*, Philadelphia Art Alliance, Filadelfia, Pensilvania.
Viviendas en Brighton Beach, Nueva York, Proyecto de concurso.
1967/1969 Casa Lieb, Loveladies, Nueva Jersey (57).
1967/1974 Parque de bomberos Dixwell, Nueva Haven, Connecticut (55).
1968 Casa Hersey, Hyannisport, Massachusetts. Proyecto (60).
1968/1969 Casa D'Agostino, Clinton, Nueva York, Proyecto (62).
Casa Wike, Devon, Pensilvania. Proyecto (64).
Restauración de la Iglesia de San Francisco de Sales, Filadelfia, Pensilvania (66).
1968/1972 Plan urbanístico para South Street, Filadelfia, Pensilvania (directora de equipo D. Scott Brown) (68).
1968/1973 Edificio para el Departamento de Humanidades, Universidad del Estado de Nueva York, Purchase, Nueva York, (70).
1969 Viviendas en Washington Square, Filadelfia, Pensilvania. Proyecto.

1964 Poplar Street Park, Wilmington, Delaware (with G. Patton).
Fountain in Fairmount Park, Philadelphia, Pennsylvania. Competition project (with D. Scott Brown).
Berkeley Museum and Art Gallery, University of California, Berkeley, California. Competition project.
1965 Extension to the Haas House, Ambler, Pennsylvania.
1965/1966 Planning Study for the City Center, North Canton, Ohio: City Hall, YMCA and Library. Project (with Clarke and Rapuano) (40).
Copley Square Competition, Boston, Massachusetts (42).
1965/1968 Varga-Brigio Medical Office, Bridgeton, New Jersey (44).
Fire Station Nº. 4, Columbus, Indiana (46).
1966 Extension to the Mills House, Princeton, New Jersey.
Princeton Memorial Park, Princeton, New Jersey. Project.
Frug House, Projects I and II, Princeton, New Jersey (48, 50).
1967 National Football Hall of Fame, Rutgers University, New Brunswick, New Jersey. Competition project (52).
Transportation Square Office Building, Washington, D.C. Project.
Work by Venturi and Rauch exhibition, Philadelphia Art Alliance, Philadelphia, Pennsylvania.
Brighton Beach Housing, Brooklyn, New York. Competition project.
1967/1969 Lieb House, Loveladies, New Jersey (57).
1967/1974 Dixwell Fire Station, New Haven, Connecticut (55).
1968 Hersey House, Hyannisport, Massachusetts. Project (60).
1968/1969 D'Agostino House, Clinton, New York. Project (62).
Wike House, Devon, Pennsylvania. Project (64).
Restoration of Saint Francis de Sales Church, Philadelphia, Pennsylvania. Demolished (66).
1968/1972 Urban Plan for South Street, Philadelphia, Pennsylvania. (project team leader D. Scott Brown) (68).
1968/1973 Humanities Department Building, State University of New York. Purchase, New York. (70).
1969 Washington Square Housing, Philadelphia, Pennsylvania. Project.
Centro cívico en Thousand Oaks, California. Competition project (76).
1969/1970 Mathematics Department Building, Yale University, New Haven, Connecticut.

1969/1970 Edificio para el Departamento de Matemáticas, Universidad de Yale, Nueva Haven, Connecticut. Proyecto de concurso (primer premio) (72).
1970 Complejo teatral, comercial y de oficinas para Times Square, Nueva York, Nueva York. Proyecto.
Southeastern Pennsylvania Transportation Authority, plan de desarrollo de servicios, Filadelfia, Pensilvania. Proyecto.
Lawton Plaza, New Rochelle, Nueva York. Proyecto.
Edificio para el Departamento de Ciencias Sociales, State University of Nueva York, Purchase, Nueva York.
Ampliación de la Biblioteca Carol W. Newman, Blacksburg, Virginia (estudio técnico: Vosbeck, Kendrick y Redinger).
Exposición *Venturi and Rauch,* Whitney Museum of Art, Nueva York, Nueva York.
1970/1972 Plan urbanístico para California City, California. Proyecto (directora de equipo: D. Scott Brown) (78).
Casas Trubek y Wislocki, Nantucket Island, Massachusetts (80).
1970/1974 Casa Brant, Greenwich, Connecticut (84).
1971 Teatro Hartford Stage Company, Hartford, Connecticut.
1972 Exposición Internacional del Bicentenario, Filadelfia, Pensilvania. Proyecto (directora de equipo: D. Scott Brown) (88).
Viviendas en Wissahickon Avenue, Filadelfia, Pensilvania. Proyecto.
Casa Cusak, Sea Isle City, Nueva Jersey.
Restauración del Bushnell Memorial Hall, Hartford, Connecticut (con G. Izenour).
Plan para Fairmount Manor Community, Filadelfia, Pensilvania.
Plan para South Central Philadelphia.
Ampliación y restauración de la Casa Lieb, Penn Valley, Pensilvania.
National Heritage Visitor's Center, Thunder Bay, Ontario, Canadá.
1972/1976 Museo y parque Franklin Court, Filadelfia, Pensilvania (con J. Miller) (86).
1973 Centro comercial «Saga Bay», Dade County, Florida. Proyecto.
East River Park, Nueva York, Nueva York.
Señalización para la Universidad de Pensilvania, Filadelfia, Pensilvania. Proyecto de concurso.
Garaje para la casa Haas, Ambler, Pensilvania.
1973/1974 Estudio sobre las afueras de la ciudad, Filadelfia, Pensilvania, (con Murphy, Levy, Wurman; directora de equipo: D. Scott Brown) (90).

Competition project (first prize) (72).
1970 Times Square theatre, shopping and office complex, New York, New York. Project.
Southeastern Pennsylvania Transportation Authority, service development plan, Philadelphia, Pennsylvania. Project.
Lawton Plaza, New Rochelle, New York. Project.
Social Sciences Department Building, State University of New York. Purchase, New York.
Carol W. Newman Library Addition, Blacksburg, Virginia (technical study: Vosbeck, Kendrick and Redinger).
Venturi and Rauch exhibition, Whitney Museum of Art, New York, New York.
1970/1972 Urban Plan for California City, California. Project (project team leader D. Scott Brown) (78).
Trubek and Wislocki Houses, Nantucket Island, Massachusetts (80).
1970/1974 Brant House, Greenwich, Connecticut (84).
1971 Theatre for Hartford Stage Company, Hartford, Connecticut.
1972 Bicentennial International Exhibition, Philadelphia, Pennsylvania. Project (project team leader D. Scott Brown) (88).
Wissahickon Avenue Housing, Philadelphia, Pennsylvania. Project.
Cusack House, Sea Isle City, New Jersey. Project.
Bushnell Memorial Hall Restoration, Hartford, Connecticut (with G. Izenour).
Plan for Fairmount Manor Community, Philadelphia, Pennsylvania.
Plan for South Central Philadelphia, Pennsylvania.
Extension and restoration of the Lieb House, Penn Valley, Pennsylvania.
National Heritage Visitors' Center, Thunder Bay, Ontario, Canada. Project.
1972/1976 Franklin Court Museum and Park, Philadelphia, Pennsylvania (with J. Miller) (86).
1973 "Saga Bay" Shopping Center, Dade County, Florida. Project.
East River Park, New York, New York. Project.
Signage for the University of Pennsylvania, Philadelphia, Pennsylvania. Competition project.
Garage for the Haas House, Ambler, Pennsylvania.
1973/1974 City Edges Study, Philadelphia, Pennsylvania (with Murphy, Levy, Wurman; project team leader D. Scott Brown) (90).

1973/1977	Ampliación y restauración del Museo de Arte Allen Memorial, Oberlin, Ohio (91).
1974	NAVFAC Community Center, Filadelfia, Pensilvania. Lieb Pool House, Penn Valley, Pensilvania. Proyecto. Morris Arboretum, Complejo educacional, Filadelfia, Pensilvania. Proyecto. Estudio de planeamiento *The Strand,* Galveston, Texas. Exposición *Signs of Life: Symbols in the American City,* Smithsonian Institution, Washington D.C.
1974/1975	Casa Tucker, Westchester County, Nueva York. (96).
1974/1976	Faculty Club, Universidad del Estado de Pensilvania, State College, Pensilvania (94).
1975	Exposición *Three Centuries of American Art,* Philadelphia Museum of Art, Filadelfia, Pensilvania. Exposición *Two Hundred Years of American Sculpture,* Whitney Museum of Art, Nueva York, Nueva York. Exposición *Venturi and Rauch,* Peale House, Filadelfia, Pensilvania.
1975/1977	Casa Brant-Johnson, Vail, Colorado (99). Casa Brant, Tuckers Town, Bermudas (con Onions, Bouchard y McCulloch) (102).
1976	Casa Brant, Greenwich, Connecticut. Proyecto de ampliación. Exposición *Venturi and Rauch,* Bienal de Venecia. Mural en Scranton, Pensilvania. Proyecto de concurso. Restauración interna del edificio de la Insurance Company of North America, Capital Management Corporation, Filadelfia, Pensilvania. Plan urbanístico para Heritage Plaza, Salem, Massachusetts. Edificio-exposición para Basco, Concorde, Delaware. Estudio de programación y exposición *Arisbe,* Milford, Pensilvania.
1977	Reforma interior de la Casa Haas, Ambler, Pensilvania. Hotel y casino Marlborough-Blenheim, Atlantic City, Nueva Jersey. Proyecto de ampliación y restauración (109). Restauración de local comercial para Palley's Jewellers, Atlantic City, Nueva Jersey. Plan parcial para la revitalización del casco antiguo de Filadelfia, Pensilvania. Estudio de planificación I para St. Christopher's Hospital, Filadelfia, Pensilvania.

1973/1977	Allen Memorial Art Museum Addition and Restoration, Oberlin, Ohio (91).
1974	NAVFAC Community Center, Philadelphia, Pennsylvania. Project. Lieb Pool House, Penn Valley, Pennsylvania. Project. Morris Arboretum educational complex, Philadelphia, Pennsylvania. Project. Planning Study for The Strand, Galveston, Texas. *Signs of Life: Symbols in the American City* Exhibition, Smithsonian Institution, Washington, D.C.
1974/1975	Tucker House, Westchester County, New York (96).
1974/1976	Faculty Club, Penn State University, State College, Pennsylvania (94).
1975	*Three Centuries of American Art* Exhibition, Philadelphia. Museum of Art, Philadelphia, Pennsylvania. *Two Hundred Years of American Sculpture* Exhibition, Whitney Museum of Art, New York, New York. *Venturi and Rauch* Exhibition, Peale House, Philadelphia, Pennsylvania.
1975/1977	Brant-Johnson House, Vail, Colorado (99). Brant House, Tuckers Town, Bermuda (with Onions, Bouchard and McCulloch) (102).
1976	Brant House Addition, Greenwich, Connecticut. Project. *Venturi and Rauch* Exhibition, Venice Biennale, Italy. Mural in Scranton, Pennsylvania. Competition project. Interior design of the Insurance Company of North America's Capital Management Corporation Offices, Philadelphia, Pennsylvania. Urban Plan for Heritage Plaza, Salem, Massachusetts. Showroom for Basco, Concord, Delaware. *Arisbe* Programming Study and Exhibition, Milford, Pennsylvania.
1977	Interior renovation of the Haas House, Ambler, Pennsylvania. Marlborough-Blenheim Hotel and Casino, Atlantic City, New Jersey. Addition and restoration project (109). Palley's Jewellers Restoration, Atlantic City, New Jersey. Project. Old City Philadelphia Planning Study, Philadelphia, Pennsylvania. Best Showroom, Oxford Valley, Philadelphia, Pennsylvania (110). Jim Thorpe Opera House Restoration, Jim Thorpe, Pennsylvania.

Salón de exposiciones para los productos Best, Oxford Valley, Filadelfia, Pensilvania (110).
Restauración del Teatro de la ópera Jim Thorpe, Jim Thorpe, Pensilvania.
Estudio de revitalización del centro histórico de Mauch Chunk, Jim Thorpe, Pensilvania.
Casa Goldstein, Long Island, Nueva York, Proyecto.
Casas eclécticas. Estudio teórico (105).
Edificio para la County Federal Savings and Loan Association, Fairfield, Connecticut. Proyecto.

1977/1980 Western Plaza, Washington, D.C. (107).

1978 Salón de exposiciones para productos Basco (reforma de la fachada), Bristol Township, Filadelfia, Pensilvania (director de equipo: S. Izenour) (112).
Centro de visitantes, Hartwell Lake, Georgia. Proyecto de concurso (113).
Museo de la Ciencia, Charlotte, Carolina del Norte. Proyecto (115).
Club de Jazz Nichol's Alley, Houston, Texas. Proyecto (116).
Edificio para el Institute for Scientific Information, Filadelfia, Pensilvania.
Estudio de planificación II para St. Christopher's Hospital, Filadelfia, Pensilvania.
Restauración de la Settlement Music School, Germantown, Filadelfia, Pensilvania.
Moore School Computer Museum, Filadelfia, Pensilvania. Proyecto.
Proyecto de ampliación de la Casa Brant, Greenwich, Connecticut.
Estudio de planeamiento para el centro direccional de Princeton, Nueva Jersey.

1978/1979 Plan urbanístico de recuperación para Washington Avenue, Miami Beach, Florida (directora de equipo: D. Scott Brown) (118).
Plan de desarrollo urbanístico para Princeton, Nueva Jersey (directora de equipo: D. Scott Brown) (119).
Casa inspirada en Mt. Vernon, Greenwich, Connecticut. Proyecto (120).

1978/1981 Casa de campo en New Castle County, Delaware (122).

1979 Estudio de planeamiento para Jenkintown, Pensilvania.
Energy Expo'82, Knoxville, Tennessee. Proyecto de concurso.
Casa en Pittsburg, Pensilvania.
Viviendas en Chinatown, Filadelfia, Pensilvania.
Sede del Parlamento australiano, Canberra, Australia. Proyecto de concurso.

Mauch Chunk Historic Center Revitalization Plan, Jim Thorpe, Pennsylvania.
Goldstein House, Long Island, New York. Project.
Eclectic Houses. Theoretical study (105).
County Federal Savings and Loan Association, Fairfield, Connecticut. Project.

1977/1980 Western Plaza, Washington, D.C. (107).

1978 Basco Showroom, Bristol Township, Philadelphia, Pennsylvania (project team leader: S. Izenour). Facade study project (112).
Hartwell Lake Visitors' Center, Georgia. Competition project (113).
Science Museum, Charlotte, North Carolina. Project (115).
Nichol's Alley Jazz Club, Houston, Texas. Project (116).
Institute for Scientific Information, Philadelphia, Pennsylvania.
St. Christopher's Hospital Planning Study, Philadelphia, Pennsylvania.
Settlement Music School Addition and Restoration, Germantown, Philadelphia, Pennsylvania.
Moore School Computer Museum, Philadelphia, Pennsylvania. Project.
Brant House Addition, Greenwich, Connecticut. Project.

1978/1979 Urban renewal plan for Washington Avenue, Miami Beach, Florida (project team leader: D. Scott Brown) (118).
Princeton Urban Design and Planning Study, Princeton, New Jersey (project team leader: D. Scott Brown) (119).
House inspired by Mount Vernon, Greenwich, Connecticut. Project (120).

1978/1981 Country House, New Castle County, Delaware (122).

1979 Planning Study for Jenkintown, Pennsylvania.
Energy Expo'82, Knoxville, Tennessee. Competition project.
House in Pittsburg, Pennsylvania.
Chinatown Housing, Philadelphia, Pennsylvania.
Australian Parliament House, Canberra, Australia. Competition project.
Knoll International Furniture, New York, New York (128).
Art Center in Reading, Pennsylvania. Project.

1979/1980 Coxe-Hayden House and Studio, Block Island, Rhode Island (125).
Museum of Decorative Arts, Frankfurt am Main, Germany. Competition project (130).

Muebles para Knoll International, Nueva
York (128).
Centro de Arte en Reading, Pensilvania.
Proyecto.
1979/1980 Casa y estudio Coxe-Hayden,
Block Island, Rhode Island (125).
Museo de Artes Decorativas, Frankfurt
am Main. Proyecto de concurso (130).
1980/1985 Westway State Park, Nueva York,
Nueva York. Proyecto (con Clarke y
Rapuano) (132).

Venturi, Rauch y Scott Brown
1980 Plan director para el Museo de Arte de
Filadelfia, Pensilvania.
Prototipo de tienda para Dansk
International, Miami, Florida. Proyecto.
Metropolitan Tower (reforma interior de
los locales de YMCA), Filadelfia,
Pensilvania.
Penn's Light (diseño urbano), Filadelfia,
Pensilvania. Proyecto.
Social Ecology Building Program, Universidad de California en Irvine, California.
Sede del Wheelabrator Frye Corporate,
Hampton, Nueva Hampshire. Proyecto.
Restauración del Houston Hall,
Universidad de Pensilvania, Filadelfia,
Pensilvania.
Condominios Park Regency, Houston,
Texas. Proyecto.
1980/1981 Plan de rehabilitación urbana para
Hennepin Avenue, Minneapolis,
Minnesota (directora de equipo: D. Scott
Brown) (134).
1980/1983 Gordon Wu Hall, Butler College,
Universidad de Princeton, Nueva Jersey
(137).
1980/1984 Reforma de la Widener Memorial
Tree House (Zoo para niños), Filadelfia,
Pensilvania (con S. Izenour) (135).
1981 Salón de exposiciones de productos para
Knoll International, Nueva York.
Reforma interior del Blair Hall,
Universidad de Princeton, Nueva Jersey.
Casa en Long Island, Nueva York.
Exposición *Contemporary American
Realism since 1960,* Academia de
Bellas Artes de Pensilvania, Filadelfia,
Pensilvania.
Reforma del Shippensburg State College,
Shippensburg, Pensilvania.
Edificio comercial y residencial en
Khulafa Street, Bagdad. Irak. Proyecto
(141).
Casa en la isla de Nantucket,
Massachusetts.
1982 Welcome Park, Filadelfia, Pensilvania.
Exposición *VRSB Drawings,* Protetch
Gallery, Nueva York.

1980/1985 Westway State Park and Highway
Project, New York, New York (with Clarke
and Rapuano) (132).

Venturi, Rauch and Scott Brown
1980 Philadelphia Museum of Art Master Plan,
Pennsylvania.
Dansk International Shop Prototype,
Miami, Florida. Project.
Metropolitan Towers Interior Design,
Philadelphia, Pennsylvania.
Penn's Light, Philadelphia,
Pennsylvania. Project.
Social Ecology Building Program,
University of California at Irvine,
California.
Wheelabrator Frye Corporate
Headquarters, Hampton, New
Hampshire. Project.
Houston Hall Restoration, University of
Philadelphia, Pennsylvania.
Park Regency Condominiums, Houston,
Texas.
1980/1981 Hennepin Avenue Urban Design and
Planning Study, Minneapolis, Minnesota
(project team leader: D. Scott Brown)
(134).
1980/1983 Gordon Wu Hall, Butler College,
Princeton University, New Jersey (137).
1980/1984 Widener Memorial Tree House
Childrens' Zoo, Philadelphia,
Pennsylvania (project team leader:
S. Izenour) (135).
1981 Knoll International Showroom, New York,
New York.
Blair Hall Interiors, Princeton University,
New Jersey.
House on Long Island, New York.
*Contemporary American Realism Since
1960* Exhibition, Pennsylvania Academy
of Fine Arts, Philadelphia, Pennsylvania.
Shippenburg State College Restoration,
Shippenburg, Pennsylvania.
Commercial and Residential Building,
Khulafa Street, Baghdad, Iraq. Project
(141).
House on Nantucket Island,
Massachusetts.
1982 Welcome Park, Philadelphia,
Pennsylvania.
VRSB Drawings Exhibition, Protech
Gallery, New York, New York.
Primate Complex, Philadelphia
Zoolological Gardens, Philadelphia,
Pennsylvania.
Philadelphia Museum of Art West Wing
Restoration, Philadelphia, Pennsylvania.
Mosque, Baghdad, Iraq. Competition
project (143).

Complejo para primates, Jardín Zoológico de Filadelfia, Pensilvania.
Restauración del ala occidental del Museo de Arte de Filadelfia, Filadelfia, Pensilvania.
Mezquita en Bagdad, Irak. Proyecto de concurso (143).

1983 Edificio para la Graduate School of Management and Organized Research, Universidad de California en Irvine, California. Proyecto.
Viviendas Winterthur, Wilmington, Delaware. Proyecto.

1983/1984 Plan urbanístico para Republic Square, Austin, Texas (directora de equipo: D. Scott Brown) (154).

1983/1986 Laboratorios de Biología molecular Lewis Thomas, Universidad de Princeton, Nueva Jersey (con Payette Associates) (149).

1983/1988 Museo de Arte Laguna Gloria, Austin, Texas. Proyecto (con Renfro y Steibomer) (147).

1983/1989 Casa Kalpakjian, Glen Glove, Nueva York (151).

1984 Restauración del Forbes College, Universidad de Princeton, Nueva Jersey.
Nueva entrada a la Universidad de Princeton, Nueva Jersey.
Restauración del Tarble Student Center, Swarthmore College, Swarthmore, Pensilvania.
Obelisco para la exposición *Progetto Roma,* Roma. (proyecto) (159).
Restauración de la Biblioteca Alessi, Omegna, Italia (con A. Mendini).
Juego de té para Alessi, Milán.
Despacho para la Trienal de Milán.
Research Park Development Study, Princeton, Nueva Jersey. Proyecto.
Viviendas para el Institute for Advanced Studies (estudio preliminar), Princeton, Nueva Jersey. Proyecto.
La Gran Manzana, Times Square, Nueva York. Proyecto de diseño urbano (157).
Vajilla de cristal para Swid Powell, Nueva York (161).
Servicio de té *Italian Village* para Swid Powell, Nueva York, Nueva York (161).
Exposición *High Styles,* Museo de Arte Americano Whitney, Nueva York, Nueva York.

1984/1986 Muebles para ARC, Nueva York, Nueva York (160).

1984/1987 Plan urbanístico para el centro de Memphis, Tennessee (directora de equipo: D. Scott Brown) (155).
Professional Programs Facility, Universidad de California en Irvine, California (estudio técnico: Bissell Associates).

1983 Graduate School of Management and Organized Research Building, University of California at Irvine, California. Project.
Winterthur Housing, Wilmington, Delaware. Project.

1983/1984 Republic Square Urban Plan, Austin, Texas (project team leader: D. Scott Brown) (154).

1983/1986 Lewis Thomas Molecular Biology Laboratories, Princeton University, New Jersey (with Payette Associates) (149).

1983/1988 Laguna Gloria Art Museum, Austin, Texas. Project (with Renfro and Steibomer) (147).

1983/1989 Kalpakjian House, Glen Cove, New York (151).

1984 Forbes College Restoration, Princeton University, New Jersey.
New Entrance, Princeton University, New Jersey.
Tarble Student Center Restoration, Swarthmore College, Swarthmore, Pennsylvania.
Obelisk for the exhibition *Progetto Roma*, Rome, Italy. Project (159).
Alessi Library Restoration, Omegna, Italy (with A. Mendini).
Tea set for Alessi, Milan, Italy.
Milan Triennale Office, Milan, Italy.
Research Park Development Study, Princeton, New Jersey. Project.
Housing for the Institute for Advanced Studies, Princeton, New Jersey. Project.
The Big Apple, Times Square, New York, New York. Urban design project (157).
Italian Village tea service for Swid Powell, New York, New York (161).
High Styles Exhibition, Whitney Museum of American Art, New York, New York.

1984/1986 Furniture for ARC, New York, New York (160).

1984/1987 Urban plan for the Center of Memphis, Tennessee (project team leader: D. Scott Brown) (155).
Professional Programs Facility, University of California at Irvine, California (technical study: Bissell Asociates).
Ponte dell'Accademia, Venice Biennale, Italy. Competition project (163).
Set of porcelain for Swid Powell, New York, New York (162).
The Sunshine Dream Village, Orlando, Florida. Project.
Warren Pearl House, West Palm Beach, Florida.
Art Shop, Philadelphia Museum of Art, Pennsylvania.
Office Building, Jacksonville, Florida. Project.

Puente de la Academia, Bienal de Venecia. Proyecto de concurso (163).
Juego de porcelana para Swid Powell, Nueva York, Nueva York. (162).
The Sunshine Dream Village, Orlando, Florida. Proyecto.
Casa Warren Pearl, West Palm Beach, Florida.
Tienda de arte, Museo de Arte de Filadelfia, Pensilvania.
Edificio de oficinas, Jacksonville, Florida. Proyecto.
Restauración y reforma de la Biblioteca Furness (Biblioteca de Bellas Artes Fisher), Universidad de Pensilvania, Filadelfia, Pensilvania (con el asesoramiento en la restauración del Clio Group).
East Side Study, Princeton University, Nueva Jersey.
Casa en Eastern Long Island, Nueva York.

1985/1989 Edificio de Investigaciones clínicas para la Universidad de Pensilvania, Filadelfia, Pensilvania (con Payette Associates) (166).

1985/1991 Ala Sainsbury de la National Gallery, Londres (168).

1986 Diseño de joyas para Munari, Venecia.
Ampliación y restauración del Museo de Arte Contemporáneo de San Diego, La Jolla, California (178).
Iluminación del puente Benjamin Franklin, Filadelfia, Pensilvania.
Viviendas Fan Pier, Boston, Massachusetts. Proyecto.
Complejo Hotel Convention, Walt Disney Company, Orlando, Florida. Proyecto.
Ampliación y restauración de la Thayer School of Engineering, Dartmouth College, Hanover, Nueva Hampshire (con Payette Associates).

1986/1991 Museo de Arte de Seattle, Seattle, Washington (con Olson, Sundberg Associates) (174).

1987 Casa en Tuxedo Park, Nueva York.

1987/1996 Philadelphia Orchestra Hall, Filadelfia, Pensilvania (189).
Entrada al nuevo *campus,* Universidad de Princeton, Nueva Jersey.
Reforma y restauración del Prospect Faculty Club, Universidad de Princeton, Nueva Jersey (con Short y Ford; asesoramiento histórico: Heritage Studios).

1988 Estudio de viabilidad para el Museo de Arte Contemporáneo de Massachusetts (con SOM y Frank O. Gehry & Associates) (208).
Plan de rehabilitación del área de la Universidad de Princeton, Nueva Jersey.
Estudio de viabilidad para el SAS/SEAS Natural Sciences & Engineering, Universi-

Furness Library Restoration, University of Pennsylvania, Philadelphia, Pennsylvania (with the Clio Group) (202).
East Side Study, Princeton University, New Jersey.
House on Eastern Long Island, New York.

1985/1989 Clinical Research Building, University of Pennsylvania, Philadelphia, Pennsylvania (with Payette Associates) (166).

1985/1991 Sainsbury Wing, National Gallery, London, England (168).

1986 Jewelry for Munari, Venice, Italy.
San Diego Museum of Contemporary Art Addition and Restoration, La Jolla, California (178).
Benjamin Franklin Bridge Lighting, Philadelphia, Pennsylvania.
Fan Pier Housing, Boston, Massachusetts. Project.
Hotel Convention Complex, Disney World, Orlando, Florida. Project.
Thayer School of Engineering Addition and Restoration, Dartmouth College, Hanover, New Hampshire (with Payette Associates).

1986/1991 Seattle Museum of Art, Seattle, Washington (with Olson, Sundberg Associates) (174).

1987 House in Tuxedo Park, New York. Project.

1987/1996 Philadelphia Orchestra Hall, Philadelphia, Pennsylvania (189).
New Entrance to Campus, Princeton University, New Jersey.
Prospect Faculty Club Interiors and Restoration, Princeton University, New Jersey (with Short and Ford and Heritage Studios).

1988 Massachusetts Museum of Contemporary Art Feasibility Study (with SOM and Frank O. Gehry & Associates) (208).
University Area Rehabilitation Plan, Princeton, New Jersey.
SAS/SEAS Natural Sciences & Engineering Department Feasibility Study, University of Pennsylvania, Philadelphia, Pennsylvania (with Payette Associates).
Christopher Columbus Monument, Philadelphia, Pennsylvania. Project.
Euro Disney Hotel, Euro Disneyland, Villiers-sur-Marne, France. Project.
Disney Entertainment Center, Orlando, Florida. Project.
Memorial Hall Feasibility Study, Harvard University, Cambridge, Massachusetts (212).
Moffett Laboratory Addition, Princeton University, New Jersey. Project (with Payette Associates).

dad de Pensilvania, Filadelfia, Pensilvania (con Payette Associates).
Monumento a Cristóbal Colón, Filadelfia, Pensilvania. Proyecto.
Hotel Euro Disney, Euro Disneyland, Villiers-sur-Marne, Francia. Proyecto.
Disney Entertainment Center, Orlando, Florida. Proyecto.
Estudio de viabilidad para el Memorial Hall, Universidad de Harvard, Cambridge, Massachusetts (212).
Ampliación del Laboratorio Moffett, Universidad de Princeton, Nueva Jersey. Proyecto (con Payette Associates).
de planeamiento para Euro Disney, Euro Disneyland, Villiers-sur-Marne, Francia.
Garitas de guardia de la entrada al campus, Universidad de Princeton, Nueva Jersey.
Plan general para Port Imperial, West Nueva York, Nueva Jersey (estudio técnico: SOM).
Reforma del Robertson Hall, Woodrow Wilson School, Universidad de Princeton, Nueva Jersey.
Reloj de cuco para Alessi (197).

Venturi, Scott Brown y Associates
1986/1989 Casa en Seal Harbour, Maine (185).
1986/1990 Fisher and Bendheim Hall, Universidad de Princeton, Nueva Jersey (180).
1986/1991 Laboratorios de Investigación médica Gordon and Virginia MacDonald, Universidad de California, Los Ángeles, California (con Payette Associates) (183).
1988 Plan urbanístico para el Dartmouth College, Hanover, Nueva Hampshire (directora de equipo: D. Scott Brown) (195).
1989 Estudio de viabilidad para la Biblioteca Baker, Dartmouth College, Hanover, Nueva Hampshire.
Pabellón de Estados Unidos para la Expo'92, Sevilla. Proyecto de concurso (con S. Izenour) (198).
Estudio de viabilidad para la reforma del Logan Hall, Universidad de Pensilvania, Filadelfia, Pensilvania.
U.S. Mail Box Markuse Corporation, Boston, Massachusetts.
Edificio para el Departamento de Estadística, Universidad de Stanford, Stanford, California. Proyecto (con Robertson, Mills y Williams).
Hacienda vinícola E. & J. Gallo, Sonoma County, California. Proyecto.
Planimetría general para el Museo de Bellas Artes, Houston, Texas.
Museo infantil, Houston, Texas (estudio técnico: Cannady Jackson & Ryan) (222).

Euro Disneyland Planning Study, Villiers-sur-Marne, France.
Gatehouses, Princeton University, New Jersey.
Port Imperial Master Plan, West New York, New Jersey (technical study: SOM).
Robertson Hall Interiors, Woodrow Wilson School, Princeton University, New Jersey.
Cuckoo Clock for Alessi, Milan, Italy (197).

Venturi, Scott Brown and Associates
1986/1989 House in Seal Harbour, Maine (185).
1986/1990 Fisher and Bendheim Hall, Princeton University, New Jersey (180).
1986/1991 Gordon and Virginia MacDonald Medical Research Laboratories,University of California, Los Angeles, California (with Payette Associates) (183).
1988 Campus Plan for Dartmouth College, Hanover, New Hampshire (project team leader: D. Scott Brown) (195).
1989 Baker Library Feasibility Study, Dartmouth College, Hanover, New Hampshire.
United States Pavilion for Expo'92, Seville, Spain. Competition project (project team leader: S. Izenour) (198).
Logan Hall Feasibility Study, University of Pennsylvania,Philadelphia, Pennsylvania.
U.S. Mail Box, Markuse Corporation, Boston, Massachusetts.
Statistics Department Building, Stanford University, Stanford, California. Project (with Robertson, Mills and Williams).
Vineyard for E. & J. Gallo, Sonoma County, California. Project.
Museum of Fine Art Master Plan, Houston, Texas.
Children's Museum, Houston, Texas (with Cannady, Jackson & Ryan) (222).
Study for Knoll Extra, New York, New York.
Princeton Club Interiors, New York, New York. (design consultants: Anderson/Schwartz Architects) (220).
Pavilion for Battery Park City, New York, New York. Competition project.
Campus plan for the University of Pennsylvania campus, Philadelphia, Pennsylvania.
Existing Facilities Reutilization Study, University of Pennsylvania, Philadelphia, Pennsylvania.
Tableware, upholstery, fabrics, table linen, carpets and furniture for Swid Powell, Alessi, Reed and Barton, Fieldcrest-Cannon, Design Tex and V'Soske.
1989/1992 Bard College Library, Annandale-on-Hudson, New York (216).

Estudio para Knoll Extra, Nueva York.
Restauración interior del Princeton Club, Nueva York (asesores decoración: Anderson/Schwartz Architects) (220).
Pabellón para el Battery Park, Nueva York. Proyecto de concurso.
Plan urbanístico para el *campus* de la Universidad de Pensilvania, Filadelfia, Pensilvania.
Estudio sobre la reutilización de equipo para la Universidad de Pensilvania, Filadelfia, Pensilvania.
Servicios de mesa, tapicería, telas, mantelería, alfombras y muebles para Swid Powell, Alessi, Reed and Barton, Fieldcrest-Cannon, Design Tex, y V' Soske.
1989/1992 Biblioteca del Bard College, Annandale-on-Hudson, Nueva York (216).
1990 Edificio para el Institute for Advanced Science and Technology de la Universidad de Pensilvania, Filadelfia, Pensilvania (con Payette Associates) (226).
1990/1995 The Disney Animation Building, Burbank, California. Proyecto de concurso.
Estudio *Berlin When the Wall Comes Down,* The New Berlin Planning Workshop, Berlín.
Prototipo de casas, Mitsui, Tokio. Proyecto.
Armarios de cocina, Hanssem, Seúl, Corea.
Estudio de viabilidad para el Life Sciences Building, Facultad de Medicina, Filadelfia, Pensilvania (con Payette Associates).
Estudio de programación para el National Museum of American Indian, Smithsonian Institution, Washington, D.C.
Exposición *Work of VSBA,* Knoll International Japan, Tokio.
1990/1997 Nuevo Hôtel du Departement de la Haute-Garonne (edificio para el gobierno regional del Departamento de Haute-Garonne), Toulouse (con Anderson/Schwartz Architects y Hermet, Blanc, Lagausie, Mommens Architectes) (239).
1991 Centro cívico Perris, Perris, California. Proyecto de concurso. (Con Anderson/Schwartz Associates y Quennell Rothschild Associates, arquitectos paisajistas) (228).
Estudio Gateway SR-46 e I-65, Columbus, Indiana.
Planificación del recinto de la Escuela de Artes y Ciencias, Universidad de Pensilvania, Filadelfia, Pensilvania.
1992 Exposición de la obra de VSBA, Seúl, Corea del sur.

1990 University of Pennsylvania Institute for Advanced Science and Technology Building, Philadelphia, Pennsylvania (with Payette Associates) (226).
1990/1995 Disney Animation Building, Burbank, California.
Berlin When the Wall Comes Down, Berlin, Germany. Competition project.
Prototype for Houses, Mitsui, Tokyo, Japan. Project.
Kitchen Cupboards, Hanssem, Seoul, Korea. Project.
Life Sciences Building Feasibility Study, Faculty of Medicine, Philadelphia, Pennsylvania (with Payette Associates).
Programming study for the National Museum of the American Indian, Smithsonian Institution, Washington, D.C.
Work of VSBA exhibition, Knoll International Japan, Tokyo.
1990/1997 Hôtel du Departement de la Haute-Garonne (regional government headquarters), Toulouse, France (with Anderson/Schwartz Architects and Hermet, Blanc, Lagausie, Mommens Architectes) (239).
1991 Perris Civic Center Competiton, Perris, California. Competition project. (And Anderson/Schwartz Architects with Quennell Rothschild Associates, Landscape Architects) (228).
SR-46 and I-65 Gateway Study, Columbus, Indiana.
School of Art and Science Precinct Planning, University of Pennsylvania, Philadelphia, Pennsylvania.
1992 Exhibition of the Work of VSBA, Seoul, South Korea.
Reedy Creek Fire Station, Disney World, Orlando, Florida (238).
Nikko Kirifuri Resort, Nikko, Japan.
Denver Civic Center Cultural Complex Master Plan, Denver, Colorado (244).
1992/1998 Whitehall Ferry Terminal, New York, New York (and Anderson/Schward Architects) (248).
1993 Stedelijik Museum Competition, Amsterdam, Holland (234).
ICA Exhibition, Institute of Contemporary Art, University of Pennsylvanya, Philadelphia (236).
New York City Police Training Academy, New York, New York. Competition project (and Anderson/Schwartz Architects) (236).
Edison Project, New York, New York.
Barnes Foundation, Marion, Pennylvania. Renovation.

Sede para los servicios de emergencia de la Reedy Creek, Disneylandia, Orlando, Florida (238).
Centro de recreo Nikko Kirifuri, Nikko, Japon.
Plan director del Civic Center Cultural Complex de Denver, Denver, Colorado (244).
1992/1998 Terminal del transbordador Whitehall, Nueva York, Nueva York (y Anderson/Schward Architects) (248).
1993 Concurso del Museo Stedelijk, Amsterdam, Holanda (232).
Exposición ICA, Instituto de Arte Contemporáneo, Universidad de Filadelfia, Filadelfia, Pensilvania (234).
Academia de adiestramiento para la Policía de Nueva York, South Bronx, Nueva York, Proyecto de concurso (y Anderson/Schwartz Architects) (236).
Proyecto Edison, Nueva York, Nueva York.
Fundación Barnes, Marion, Pensilvania. Restauración.
Edifio del laboratorio, Universidad de California en Los Ángeles, 2º Fase, Los Angeles, California.
Casa Leisenring, West Chester, Pensilvania.
Disney Celebrayion Bank, Disneylandia, Orlando, Florida.
Gasolinera Disney, Disneylandia, Orlando, Florida.
1993/1995 New Student Center Complex, Universidad de Delaware (242).
Centro para el estudio de las enfermedades humanas, Facultad de Medicina de Yale, New Haven, Connecticut (con Payette Asociates, arquitectos asociados) (230).
1994 Complejo Residencial Hall, Universidad de Cincinnati, Cincinnati, Ohio.
Edificio Disney Production, Burbank, California.
Disney Welcome Center, I-95, Carolina del sur.
Residencia para Humanity, Houston, Texas.

Laboratory Building, University of California at Los Angeles, Phase 2, Los Angeles, California.
Leisenring House, West Chester, Pennsylvania.
Disney Celebration Bank, Disney Word, Orlando, Florida.
Disney Gas Station, Disney World, Orlando, Florida.
1993/1995 New Student Center Complex, University of Delaware (242).
Center for the Study of Human Disease, Yale School of Medicine, New Haven, Connecticut (with Payette Asociates) (230).
1994 Residence Hall Complex, University of Cincinnati, Cincinnati, Ohio.
Disney Production Building, Burbank, California.
Disney Welcome Center, I-95, South Carolina.
Housing for Humanity, Houston, Texas.

**Principales escritos de Robert Venturi y Denise Scott Brown/
Principal writings by Robert Venturi and Denise Scott Brown**

Robert Venturi
1953 "The Campidoglio: A Case Study", *The Architectural Review*, May, pp. 333-334. (Reimprimido como "A View from the Campidoglio", 1984).
1960 "Project for a Beach House", *Architectural Design*, November.
1966 *Complexity and Contradiction Architecture*, New York, Museum of Modern Art and Graham Foundation, 1966; 2nd edition 1977. (Also published in French, German, Greek, Italian, Japanese and Croat).
Versión castellana: *Complejidad y Contradicción en la Arquitectura*, Editorial Gustavo Gili, S.A., Barcelona, 1974.

1967 "Three Projects: Architecture and Landscape, Architecture and Sculpture, Architecture and City Planning", *Perspecta*, n°. 11, pp. 103-106.
1968 "A Bill-Ding Board Involving Movies, Relics and Space", *Architectural Forum*, April, pp. 74-76.
1976 "Plain and Fancy Architecture by Cass Gilbert at Oberlin", *Apollo*, February, pp. 86-89.
1978 "A Definition of Architecture as Shelter with Decoration on it, and Another Plea for the Symbolism of Ordinary Architecture", *Architecture and Urbanism*, January, pp. 3-14. (También publicado en *L'Architecture d'Aujourd'-hui*, n°. 197, June, pp. 7-8).
1979 "Learning the Right Lessons from the Beaux Arts", *Architectural Design*, January, pp. 23-31.
1982 "Diversity, Relevance and Representation in Historicism, or Plus ça Change, plus… A Plea For Pattern all over Architecture with a Postscript on my Mother's House", en *Architectural Record*, June, pp. 114-119. (También publicada en *L'Architecture d'Aujourd'-hui*, October, pp. 94-101; y en *Arquitecturas bis*, n°. 3, 1984, pp. 24-29).
"Il proppio vocabolario", *Gran Bazaar*, February, pp. 152-157.
"RIBA Discourse", July 1981; transaction 1, *RIBA Journal*, May 1982, pp. 47-56.
1983 "On Aalto", *Quaderns*, n°.157, abril/juny, p. 55.
"Proposals for the Iraq State Mosque, Bagdad", *L'Architecture d'Aujourd'hui*, September, pp. 28-35.
1985 "A Bureau in William and Mary Style", *Le Affinità Elettive*, Triennale di Milano, pp. 153-158.
1988 "Alvar Aalto", *Alvar Aalto*, monografía publicada por el Centre Pompidou, Paris.
"From Invention to Convention in Architecture", *RSA Journal*, January, pp. 89-103.
1990 Conferencia y coloquio en Korea el 28 de junio, 1990, *Plus: Architecture + Interior Design*, August, pp. 124-128.

Denise Scott Brown

1962 "Form, Design and the City", *Journal of the American Institute of Planners*, November.
1964 "Natal Plans", *Journal of the American Institute of Planners*, May, pp. 161-166.
1965 "The Meaningful City", *Journal of the American Institute of Architects*, January, pp. 27-32. También publicado en *Connection*, Spring 1967.
1966 "Development Proposal for Dodge House Park", *Arts and Architecture*, April, p. 16
1967 "The Function of a Table", *Architectural Design,* April.
"Planning the Expo", *Journal of the American Institute of Planners*, July, pp. 268-272.
"Planning the Powder Room", *Journal of the American Institute of Architects*, April, pp. 81-83.
"Team 10, Perspecta 10, and the Present State of Architectural Theory", *Journal of the American Institute of Planners*, January, pp. 42-50.
1968 "The Bicentennial's Fantasy Stage", *The Philadelphia Evening Bulletin*, March 8.
"Little Magazines in Architecture and Urbanism", *Journal of the American Institute of Planners*, September, pp. 344-346.
1969 "On Pop Art, Permissiveness and Planning", *Journal of the American Institute of Planners*, May, pp. 184-186.
1971 "Learning from Pop" and "Reply to Frampton", *Casabella* , n°s. 389/390, May-June, pp. 14-46. (Also in *Journal of Popular Culture*, Spring 1973, pp. 387-401).
1974 "Evaluation of the Humanities Building at Purchase" (with Elizabeth and Steve Izenour), *Architectural Record*, October, p. 122.
"Giovanni Maria Cosco, 1926-1973", *Rassegna dell'Istituto di Architettura e Urbanistica*, Università di Roma, August-December, pp. 127-129.
1976 "A House is more than a Home" (with S. Izenour, D. Boone, M. Maxwell, R. Venturi, E. Izenour and J. Schueren), *Progressive Architecture*, August, pp. 62-67.
"On Architectural Formalism and Social Concern: A Discourse for Social Planners and Radical Chic Architects", *Oppositions 5*, Summer, pp. 99-112.
"Signs of Life: Symbols in the American City" (con S. Izenour), New York Apertura, n°.77, pp. 49-65. Catálogo de la exposición.
"The Symbolic Architecture of the American Suburb", *Suburban Alternatives: 11 American Projects*. Catálogo de la exposición sobre arquitectura americana en la Bienal de Venecia.
1977 "Forum: the Beaux Arts Exhibition", *Opposition*, n°8, Spring, pp.165-166.
1979 "Highboy: The Making of an Eclectic", *Saturday Review*, March 17, pp. 54-58.
"On Formal Analysis as Design Research", *Journal of Architectural Education*, May, pp. 8-11.

1980 "Architectural Taste in a Pluralistic Society", *The Harvard Architecture Review*, Spring, pp.41-51.
"Revitalizing Miami", *Urban Design International*, January-February, pp. 20-25.
1981 "Denise Scott Brown" (with L. Gilbert and G. Moore), *Particular Passions*, New York, Clarkson N. Potter Inc.
1982 "An Urban Design Plan", *Design Quarterly*, vol.117, pp.12-23.
"Drawing for the Deco District", *Archithese*, 2-82, March, pp.17-21.
1983 "Changing Family Forms", *Journal of the American Planning Association*, Spring, pp.133-137.
1984 "A Worm's Eye View of Recent Architectural History", *Architectural Record*, February, pp. 69-81.
1985 "Visions of the Future Based on Lessons from the Past", *The Land, the City and the Human Spirit*, ed. L. Fuller, University of Texas, pp.108-114.
1986 "From Memphis, Down the Mississippi to the World", prefacio a *Memphis: 1948-1958*, Memphis Brook Museum of Art, pp.VIII-XI.
"Invention and Tradition in the Making of American Place", *American Architecture*, ed. D. G. De Long, H. Searing, R. A. M. Stern, Rizzoli, New York, pp.158-170.
"My Miami Beach", *Interview*, September, pp.156-158.
"Republic Square District, Austin, Texas", *Lotus International*, pp. 90-105.
1987 "Looking from the Future into the Immediate Past", *Architecture*, May, p. 116-117.
1988 "In Praise of Wannamaker's", *International Design*, November-December, pp. 41-44.
"Interview with Denise Scott Brown", *Everyday Masterpieces, Memory & Modernity*, ed. Serra, Bollack and Killian, Panini, Modena, pp. 203-210.
1989 "Room at the Top? Sexism and the Star System in Architecture",in *Architecture: A Place for Women*, ed. E. Perry Berkeley and M. McQuaid, Washington and London, Smithsonian Institution Press, pp. 237-246.
1990 *Urban Concepts: Denise Scott Brown*, Academy Editions, London, and St. Martin Press, New York.

Robert Venturi and Denise Scott Brown
1969 "Learning from Lutyens", *Journal of the Royal Institute of British Architects*, pp. 353-354.
"Mass Communications on the People Freeway, or Pirnaesi is too Easy", *Perspecta*, n°.12, pp. 49-56.
1970 "Replay to Pawley-Leading from the Rear", *Architectural Design*, July, pp. 4 and 370.
1972 *Learning from Las Vegas* (con S. Izenour), Cambridge, MIT Press, 1972; 1977².
(Also published in Japanese and Italian. Versión castellana: *Aprendiendo de Las Vegas. El simbolismo olvidado de la forma arquitectónica*, Editorial Gustavo Gili, S.A., Barcelona, 1978).
1973 "Interview with Robert Venturi and Denise Scott Brown", *Conversations with Architects*, ed. P. Cook, and H. Klotz, Praeger Publisher, New York.
1974 "Functionalism, Yes, But...,", *Architecture and Urbanism (A + U)*,November, pp. 33-34.
1976 "Interview with Robert Venturi and Denise Scott Brown", by H. R. Lipstadt, *Architecture, Mouvement, Continuité*, June, pp. 95-102.
1979 "Les Signes Urbains ou Le Nouveay Symbolisme", *Affichage*, July, pp. 13-19.
1980 "Interview, Robert Venturi and Denise Scott Brown", *The Harvard Architecture Review*, vol. 1, Spring, pp. 228-239.
1983 "Process and Symbol in the Design of Furniture for Knoll", in *Venturi Collection*, Knoll International, New York.
1984 "London Calling", entrevista con Robert Venturi y Denise Scott Brown por I. Lathan in *Building Design*, May 1, p.16.
A View from the Campidoglio: Selected Essays, 1953-1984, Harper & Row, New York.
1985 "Interview with Robert Venturi and Denise Scott Brown", *American Architecture Now*, vol. II, Rizzoli, New York.
1986 "Robert Venturi and Denise Scott Brown on the National Gallery Extension", entrevista con A. Forty en *Artscribe International*, September-October, pp. 32-34.
1991 "Two Naïfs in Japan", *Architecture and Decorative Arts*. Catálogo para la exposición VSBA en Japón, Kajima Press, Tokyo.

Denise Scott Brown and Robert Venturi
1968 "On Ducks and Decoration", *Architecture Canada*, October, p. 48.
1969 "The Bicentennial Commemoration", *Architectural Forum*, October, pp. 66-69.
1970 "Co-op City: Learning to Like It", *Progressive Architecture*, February, pp. 63-64.
1971 *Aprendiendo de todas las cosas*, Tusquets Editor, Barcelona, 1971.
1973 "The Highway", *Modulus*, vol. 9, University of Virginia, pp. 6-15.